Volume 1

História da Literatura no Rio Grande do Sul

Publicado com o apoio de:

Luís Augusto Fischer
Coordenador geral

História da Literatura no Rio Grande do Sul

Volume 1
A constelação romântica
Período formativo

Porto Alegre e Rio Grande
2024

© Luís Augusto Fischer, 2024.
© Editora Coragem e Editora da FURG, 2024.

A reprodução e propagação sem fins comerciais do conteúdo desta publicação, parcial ou total, não somente é permitida como também é encorajada por nossos editores, desde que citadas as fontes.

Organização e coordenação geral
Luís Augusto Fischer

Capa e projeto gráfico
Flávio Wild

Diagramação e produção editorial
Thomás Daniel Vieira

Preparação de texto
Cláudia Laitano, Laura Rossini dos Santos e Rodrigo Ennes

Revisão final
Mauro Nicola Póvoas, Nathália Boni Cadore e Olívia Barros de Freitas

Fotografia da capa
Flávio Wild

EDITORA CORAGEM LTDA
www.editoracoragem.com.br
contato@editoracoragem.com.br
(51) 98014.2709

Dados Internacionais de Catalogação na Publicação (CIP)

C758 A constelação romântica: período formativo / Luís Augusto Fischer,
coordenador; Maria Eunice Moreira... [et al.]. – Porto Alegre: Coragem;
Rio Grande: Editora da FURG, 2024.
355 p. : il. – (História da Literatura no Rio Grande do Sul; v.1)

ISBN: 978-65-85243-31-5

1.Literatura – Rio Grande do Sul – História. 2. Romance – Literatura
gaúcha. 3. Poesia – Literatura gaúcha. 4. Literatura de viagem – Rio Grande
do Sul. 5. Sociedade Partenon Literário. 6. Lendas – Crenças populares – Rio
Grande do Sul. 7. Qorpo-Santo, 1829-1883. 8. Lopes Neto, J. Simões,1865-1916.
I. Fischer, Luís Augusto. II. Moreira, Maria Eunice. III. Série.

CDU: 869.0(816.5)(091)

Bibliotecária responsável: Jacira Gil Bernardes – CRB 10/463

UNIVERSIDADE FEDERAL DE RIO GRANDE – FURG

Reitor
DANILO GIROLDO
Vice-Reitor
RENATO DURO DIAS
Chefe de Gabinete do Reitor
JACIRA CRISTIANE P. DA SILVA
Pró-Reitor de Extensão e Cultura
DANIEL PORCIUNCULA PRADO
Pró-Reitor de Planejamento e Administração
DIEGO D'ÁVILA DA ROSA
Pró-Reitor de Infraestrutura
RAFAEL GONZALES ROCHA
Pró-Reitora de Graduação
SIBELE DA ROCHA MARTINS
Pró-Reitora de Assuntos Estudantis
DAIANE TEIXEIRA GAUTÉRIO
Pró-Reitora de Gestão e Des. de Pessoas
CAMILA ESTIMA DE O. SOUTO
Pró-Reitor de Pesquisa e Pós-Graduação
EDUARDO RESENDE SECCHI
Pró-Reitora de Inovação e T. I.
DANÚBIA BUENO ESPÍNDOLA

EDITORA DA FURG

Coordenadora
Cleusa Maria Lucas de Oliveira

COMITÊ EDITORIAL

Presidente
Daniel Porciuncula Prado
Titulares
Anderson Orestes Cavalcante Lobato
Angelica Conceição Dias Miranda
Carla Amorim Neves Gonçalves
Cleusa Maria Lucas de Oliveira
Eduardo Resende Secchi
Eliana Badiale Furlong
Leandro Bugoni
Luiz Eduardo Maia Nery
Marcia Carvalho Rodrigues

HISTÓRIA DA LITERATURA NO RIO GRANDE DO SUL

EQUIPE EDITORIAL DA COLEÇÃO

Coordenador Geral:
Luís Augusto Fischer
Coordenador Associado:
Mauro Nicola Póvoas
Coordenadores:
Olívia Barros de Freitas
Heloisa Sousa Pinto Netto
Mires Bender
Karina de Castilhos Lucena
Fábio Augusto Steyer.

CONSELHO EDITORIAL

Eunice Piazza Gai (UNISC)
João Luis Pereira Ourique (UFPel)
Luciana Murari (PUCRS)
Luís Augusto Fischer (UFRGS)
Márcia Duarte (UNISINOS)
Mauro Nicola Póvoas (FURG)
Paulo Becker (UPF)
Pedro Brum Santos (UFSM)

Editora da FURG
Campus Carreiros
Avenida Itália, km 8
CEP 96203-900
Rio Grande – RS – Brasil
editora@furg.br

Sumário

A constelação romântica: período formativo

**Introdução geral: uma nova história
para a literatura gaúcha**   11
Luís Augusto Fischer

1.1   **Literatura no Rio Grande do Sul:
momentos preambulares**   27
Maria Eunice Moreira

1.2   **Literatura de viagem e
viajantes nas terras do Sul**   33
Gerson Roberto Neumann

1.3   **As primeiras manifestações literárias
no Rio Grande do Sul**   53
Mauro Nicola Póvoas

1.4   **Os primórdios da poesia e os primeiros
autores românticos**   83
Ana Cristina Pinto Matias
Artur Emilio Alarcon Vaz

1.5   **A Sociedade Partenon Literário e a
sua *Revista Mensal***   93
Mauro Nicola Póvoas

1.6   ***Esqritos* de uma pulga ou um *Qorpo*
estranho na literatura brasileira**   123
Denise Espírito Santo

1.6.1   **Qorpo-Santo, o antípoda**   141
Flávio Wolf de Aguiar

1.7	Longe demais das capitais: poesia pós-romântica Guto Leite	149
1.8	À sombra da modernidade: o regionalismo realista no Rio Grande do Sul Luciana Murari	167
1.9	Simões Lopes Neto Luís Augusto Fischer Patrícia Lima	191
1.9.1	Refinamento e engajamento Ligia Chiappini	219
1.10	A gauchesca platina e a rio-grandense João Luis Pereira Ourique	227
1.11	Lendas e crenças populares rio-grandenses Sylvie Dion	253
1.11.1	Sua Majestade, o Tatu Donaldo Schüler	279
1.12	Criações indígenas ao sul do Brasil Ana Lúcia Liberato Tettamanzy Eliana Inge Pritsch	285
1.13	As vidas de Sepé Eliana Inge Pritsch	319
	Autores do volume	347

Luís Augusto Fischer

Introdução geral:
uma nova história para a literatura gaúcha

Que a literatura no Rio Grande do Sul foi muitas vezes vista como uma unidade, um tanto à parte do conjunto da literatura no Brasil, é coisa sabida. Estão aí os marcos de João Pinto da Silva, em sua *História literária do Rio Grande do Sul* (1924), Guilhermino Cesar, em sua *História da literatura do Rio Grande do Sul* (1956) e, depois deles, Flávio Loureiro Chaves com seu *O ensaio literário no Rio Grande do Sul – 1868–1960* (1979), Regina Zilberman com *A literatura no Rio Grande do Sul* (1982), Donaldo Schuler com *A poesia no Rio Grande do Sul* (1987), Diana Maria Marchi com *A literatura infantil gaúcha: uma história possível* (2000) e outros.

Essa unidade já foi explicada por vários motivos. Há os metafísicos: essa autonomia poderia ser derivada de uma essência localista, na linha da crença antiga no genius loci, o suposto espírito do lugar. Há outros mais objetivos: a autonomia local das letras seria derivada do sonho de autonomia que de algum modo percorre a história política e mental sul-rio-grandense ao menos desde o tempo da Independência e dos Farrapos. E há outros empiristas e materialistas: a unidade local nasceria do relativo isolamento do estado sulino ao longo de muito tempo, em combinação com o fato de ter sido este o único estado brasileiro com fronteira internacional viva também por muito tempo, fatores que teriam ensejado a criação local de circuitos de escrita, produção editorial

A constelação romântica: período formativo

e leitura ao mesmo tempo profundamente enraizados na vida local e distantes dos outros centros letrados brasileiros.

No fim das contas nenhum deles é desprezável como fator da condição relativamente unitária e autônoma da literatura no estado sulino. Se neste novo século, com a velocidade a força da integração digital dos mercados, de e em todos os quadrantes, parecerá talvez coisa antiga essa distância entre a literatura do Rio Grande do Sul e a do restante do Brasil — especialmente para as novas gerações, que convivem organicamente com a rede mundial de comunicação —, vale lembrar que essa condição foi um problema real, um obstáculo, um tema presente, para muita gente, por muito tempo.

O livro que agora se apresenta resulta de uma tentativa de dar sistematicidade a essa tradição, nas condições atuais. Sabidas as fundas diferenças entre nosso presente e o mundo anterior à internet, é preciso reconhecer que no Rio Grande do Sul, por muitas gerações, se estabeleceram tanto uma prática de literatura quanto uma visada sobre essa prática tendentes a reforçar o sentido de pertencimento local, às vezes de modo xenófobo, o que é reprovável, mas às vezes de modo crítico, o que deriva de reconhecimento objetivo da existência de algo que alguns chamarão de identidade gaúcha e que outros, entre os quais nos alinhamos, chamarão de um fenômeno cultural objetivo, a ser descrito e interpretado. Eis aqui as diretrizes básicas do presente trabalho.

Empreitada grande, produzida com o melhor de nossa força acadêmica no setor, ao longo de alguns anos, eis aqui uma nova história da literatura no Rio Grande do Sul. Dezenas de colegas pesquisadores, professores universitários ou escolares, formados e residentes no estado ou em outros estados brasileiros, e mesmo em outros países, jornalistas culturais e escritores, de diferentes histórias pessoais e de ao menos três gerações cronológicas, nos reunimos aqui, na forma de um livro, para repassar e dar a ver esse grande patrimônio composto pelos livros e autores, estilos e instituições, iniciativas e processos, que o estado sulino viu nascer desde que as letras por aqui começaram a ser cultivadas, até os dias atuais.

Não nos anima nada nem remotamente aparentado de um sentido separatista; o que aqui vai tem espírito crítico, com perspectiva historiográfica, em busca de relatar e apreciar uma trajetória histórica.

Como todo livro de história, este também se rege por uma visão diacrônica, que segue a régua do passar do tempo: aqui se pretende contar, ao mesmo tempo em que se analisa e interpreta, o material de que se ocupa. Como qualquer livro de história da literatura, este sabe que participa de uma série bastante particular de relatos historiográficos — a série que, tendo origem no século XVIII, dá conta de afiliar a produção literária ao âmbito da formação das nações modernas. Nesse último sentido, também este livro sabe que paga um certo preço a uma tradição que por décadas frequentou as salas de aula na educação das novas gerações, como tropa auxiliar na longa batalha pela validação de perspectivas, de ideologias, de construções mentais que se ligavam diretamente com a política, como foi o caso da chamada identidade nacional.

Mas "nacional" será termo aplicável ao nosso caso? Não, é claro, porque não se trata aqui de uma nação reconhecida como tal — mas há algo de ressonante nessa discussão para o caso gaúcho, estado brasileiro que por variados motivos e largo tempo concebeu-se como uma construção histórica diferente da (imaginada) generalidade do país de que faz parte. De certo modo, aquele processo de busca de identidade nacional ocorrido nos países ocidentais na virada do século XVIII para o XIX também no Rio Grande do Sul se verificou, malgrado a evidência de que se tratava e se trata de uma unidade da federação brasileira.

A constelação romântica: período formativo

Ideias, fantasias, imaginações por vezes adquirem força que relativiza as evidências empíricas.

Mas a pergunta permanece viva, mesmo em se tratando aqui de uma unidade infranacional: sobrevinda a grande mudança de paradigmas operada com a mais recente onda de mundialização dos mercados, a partir da simbólica queda do Muro de Berlim e da dissolução da União Soviética, onda contemporânea deste nosso tempo, com hegemonia estadunidense no Ocidente e emergência da China como potência global, processo esse acompanhado e algumas vezes protagonizado pela digitalização de tudo, no mundo das comunicações, enfim, neste novo tempo, perguntamo-nos, ainda caberá produzir relatos como uma história da literatura de um lugar, no caso de um estado brasileiro, uma vez tendo sido posta ao chão a ideologia nacionalista que desde o começo animou justamente a produção das histórias de literatura?

As perguntas não param por aqui. Se quisermos fazer jus ao que já sabemos, mesmo a palavra "literatura" mudou muito de significado, nesta recente virada histórica. Se até uma ou duas gerações atrás era simples designar qual a abrangência do termo — literatura era, seguramente, composta de romances, contos, poemas, peças teatrais, ensaios, e, já com ressalvas, crônicas e memórias —, agora a coisa se alterou. (Para dar mais perspectiva histórica ainda, veja-se que o mesmo termo já havia mudado radicalmente, numa conjuntura anterior: antes do tempo das independências na América, "literatura" alcançava os tratados e ensaios que depois passaram a ser reconhecidos em outros ramos específicos do trabalho intelectual, como a Sociologia, o Folclore, a Filosofia, a História. A partir do que se convencionou chamar de Romantismo, e só então, por "literatura" passou-se a entender o texto deliberadamente ficcional.)

Na mais recente mudança, a literatura feita para crianças e adolescentes ingressou de pleno direito no reino literário.

15

Quadrinhos também, e depois deles as novelas gráficas. A canção, este gênero artístico claramente letrado, embora não apenas literário, tão decisivo no Brasil, começa também a ser acolhida nos domínios da literatura. (Fica para outro momento pensar sobre o que dizer das narrativas de linguagem visual, que mesclam imagens em movimento, enredo fantástico e interação pela via de aparelhos digitais.)

Essas são algumas das dúvidas relevantes, que precisam ser evocadas nesta abertura, de modo a expor o ponto de vista que animou os que aqui se empenharam em produzir relatos e reflexões e trazer a público o material todo, na forma de uma história.

A tarefa que nos propusemos depende de discernimento empírico e de escolhas conceituais, o que sabemos desde o começo do empreendimento. É preciso registrar que o ponto zero de tudo foi o projeto da *História geral do Rio Grande do Sul*, coordenado por Tau Golin e Nelson Boeira, que produziu cinco volumes, em seis tomos, entre os anos 2006 e 2009. Cada volume contava com um ou dois professores-pesquisadores na coordenação. Foi dessa rica experiência que nasceu a primeira hipótese de produzir uma história específica para a literatura do estado. Se agora estamos publicando nossa História sem relação editorial com esse excelente trabalho, é por motivos alheios à nossa vontade.

Alguns passos foram tomados. Primeiro, tendo um desenho geral do que pensávamos, na forma de um sumário provisório, foi organizado um conselho editorial, composto por professores das principais universidades gaúchas, a saber, aquelas que contavam naquele momento com trabalho de pesquisa organizada, para além de ensino. Assim se integraram ao conselho os colegas (com seu local de trabalho no momento do convite) Eunice Piazza Gai (Universidade de Santa Cruz do Sul – UNISC), João Luis Pereira Ourique (Universidade Federal de Pelotas – UFPel), Luciana Murari (Universidade de Caxias do Sul – UCS), Mauro

Nicola Póvoas (Universidade Federal do Rio Grande – FURG), Paulo Becker (Universidade de Passo Fundo – UPF), Márcia Duarte (Universidade do Vale do Rio dos Sinos – UNISINOS), Pedro Brum Santos (Universidade Federal de Santa Maria – UFSM), além do autor desta apresentação, Luís Augusto Fischer (Universidade Federal do Rio Grande do Sul – UFRGS). Foi estabelecido um regime de coordenação para os vários volumes, contando com Olívia Barros de Freitas, Heloísa Sousa Pinto Netto, Karina Lucena e Mires Bender, com o auxílio de Fábio Steyer, ficando a supervisão dos trabalhos com Mauro Nicola Póvoas e o mesmo autor das presentes linhas.

Munidos de visão panorâmica sobre o conjunto dos trabalhos e pesquisas realizados sobre a literatura produzida no Rio Grande do Sul, o conselho e os editores escolheram os nomes para cada um dos tópicos, capítulos e seções. Na afinação daquele sumário inicial, muita água correu: procuramos ser abrangentes no tempo e no espaço, sem deixar nada relevante de fora, mesmo sabendo que nenhuma história escrita pode fantasiar alcançar a completude de seu objeto; da mesma forma, tentamos não deixar de pensar em nenhum nome, em sua hierarquia, de forma que os maiores recebessem tratamento destacado, mas os menores ganhassem menção adequada. Escrever uma história requer, no mínimo patamar, um respeito essencial ao objeto que aborda, em nosso caso um objeto multifacetado e quem sabe inabordável mesmo, assim como exige atenção para o futuro, lá onde estará o leitor com quem não convivemos e que talvez nos leia com a fé que os leitores iniciantes em história costumam ter. Não podemos decepcionar nem o passado, nosso objeto, nem o futuro.

A seguir foram feitos os convites, ainda no ano de 2015, sempre levando em conta pesquisa já feita, um mestrado ou um doutorado, ou algum trabalho já publicado, ou ainda, quando não, a afinidade entre o tema e o colega a ser convidado. Chegamos então a uma nominata básica; foram feitos os convites, motivo de alguns poucos ajustes. O trabalho foi então deflagrado no plano da produção dos capítulos.

No andar da carroça, foi necessário atrasar algumas vezes o limite final. Assim como houve colegas que aceitaram o encargo e prontamente atenderam ao prazo estipulado, muitos pediram mais prazo. Motivos para tal não faltam na vida de professores, é claro. Houve então três adiamentos, e nesse processo houve algumas desistências, algumas lamentavelmente fora de hora, porque desonravam o projeto todo e o atrasaram muito mais do que seria razoável. Isso gerou a necessidade de novos convites, que por sua vez exigiam novos prazos, num processo que apenas agora se cumpriu plenamente. (Com todo o esforço que fizemos, mesmo assim acabamos por precisar nós mesmos, editores, tomar conta de mais de um capítulo, alguma falha criada por desistência. A repetição de nomes não era desejável, nem desejada, mas foi inevitável.)

Vale aqui, no fim das contas, agradecer aos colaboradores, e de modo especial a todos os que se somaram ao projeto já com os prazos correndo.

As escolhas conceituais de fundo, relativas à filosofia da presente *História da literatura no Rio Grande do Sul*, se explicam necessariamente de modo complexo. Para não tornar excessivo o tamanho desta apresentação e não afugentar o leitor sem interesse específico no debate historiográfico, optamos por apresentar brevemente alguns princípios que orientaram as decisões e concepções implicadas na organização desta história.

1. A *História da literatura no Rio Grande do Sul* não foi concebida como uma publicação didática, nem como um trabalho a favor de qualquer ideia essencialista de identidade estadual ou regional. Aqui temos um conjunto de estudos, cada um deles produzido por um especialista ou por um ótimo conhecedor do tópico, sempre com a clara intenção de descrever o processo, o

A constelação romântica: período formativo

caso, o autor, os livros, a tendência, o estilo estipulado previamente, pelos editores e conselho editorial.

Quanto ao leitor imaginado, estimamos que nosso trabalho tenha circulação nos ambientes universitários, de Letras e de Humanidades, entre professores de literatura na escola média, assim como no circuito dos leitores leigos interessados na literatura aqui produzida, adultos ou jovens.

Não há qualquer ingenuidade, enfim, de imaginar esta como uma história capaz de esgotar o assunto, ou de ser a única possível, ou de estar acima de divergências ou fora do alcance de controvérsias. Trata-se, assim, de uma *História* com vocação para oferecer um panorama, conscientemente ancorado em nosso tempo, organizado por um vetor cronológico e um conjunto de recortes tópicos.

2. A presente *História* tem como referência geográfica e histórica o Rio Grande do Sul, região do Império português na América, província e depois estado brasileiro, não uma nação, embora tenha havido, no mesmo âmbito geográfico, por quase dez anos, uma República do Piratini, durante a chamada Guerra dos Farrapos — e só aqui já há matéria suficiente para muitas indagações. Como mencionado antes, este recorte particular chamado "história da literatura", pertencente ao grande domínio da narrativa historiográfica mas alimentado também por uma perspectiva de crítica literária, nasceu e se desenvolveu em função de um âmbito nacional e de um propósito nacionalista: escrever a história da literatura de uma nação correspondeu a uma postulação estritamente nacional, que rechaçava ou, quando menos, relativizava a importância da literatura produzida em outro país (no caso brasileiro, a portuguesa), reivindicando, ao mesmo tempo, a primazia e, em muitos casos, a excelência da literatura do novo país, de cuja vida ela, a literatura, fazia parte em posição destacada — no caso de nosso país, ser brasileiro implicava idealmente saber da literatura produzida por brasileiros

no território brasileiro, reconhecendo-se o leitor como brasileiro ao conhecer esse patrimônio. Um grande processo tautológico.

Esse longo processo, de produção de histórias da literatura, ocorreu entre o fim do século XVIII e talvez a Segunda Guerra Mundial, com variações e flutuações, mas mantendo em geral essa mesma característica. A partir de então, e com maior vigor a partir do final do século XX, com a chamada globalização, o fim da alternativa soviética, a queda do Muro de Berlim, a liberalização das fronteiras nacionais, o enfraquecimento dos Estados nacionais e, não menos, a intensificação da circulação de informações via digital, com isso tudo aflorou claramente na consciência científica e na prática historiográfica uma muito diferente noção dos diálogos, dos fluxos, das trocas, também no campo da literatura, entre países, entre diferentes formações, entre tempos. Se antes se falava apenas em "influência" de uma cultura sobre outra, significando um polo central ativo, na Europa, e um polo praticamente passivo, na América, a partir de então passou-se a pensar o próprio trânsito, mediante traduções literárias, por exemplo, como parte do sistema geral.

Salvo para versões muito triviais do que se chamou de "literatura comparada", nada disso quer dizer que de então em diante deixou de haver influência ou imposição, mas o debate passou da ideia genérica de contato desigual entre nações culturalmente monolíticas para a percepção de um processo vasto, naturalmente com centros e periferias, aqueles tantas vezes impondo-se a essas, sem ouvi-las e mesmo ser reconhecer seu mero direito à existência. O que mudou essencialmente na última geração foi entender que o limite nacional, então mais ou menos naturalizado, era fruto de uma convenção que deixava de fora justamente o trânsito entre nacional e não-nacional, entre local e não-local. E deixava de fora também os esforços de produção letrada no polo da periferia, que apresentava em parte uma reação meramente trivial, de aceitação passiva, mas

A constelação romântica: período formativo

em outras partes apresentava muito outra atitude, da resistência orgulhosa à negociação complexa.

O que dizer, então, sobre a presente história da literatura, que tem como âmbito apenas um estado de uma nação, uma província, e não o conjunto do país a que ela pertence?

Primeiro de tudo, aqui não escrevemos uma história de literatura que se pense como parte de um projeto de construção nacional: o estado do Rio Grande do Sul é apenas o limite geográfico-histórico, a moldura que informa o conjunto dos estudos. Não há qualquer coisa de essencial, de metafísico, a ser desvendado, ao contrário portanto de um veio significativo dessa tradição historiográfica. Correspondentemente, não se tratará aqui de algo como o antigo modelo das "influências", externas ao mundo aqui estudado, assim como não se pensará organizadamente sobre as relações entre a literatura produzida no Rio Grande do Sul e a literatura produzida na generalidade do Brasil, ou sobre as relações entre o estado sulino e os países vizinhos, Uruguai e Argentina, também significativas – e, em caso talvez único no conjunto do Brasil, é preciso reconhecer que o Rio Grande do Sul de fato, para além e por sobre determinações políticas de fronteiras nacionais, constitui parte de uma formação cultural não-nacional, que Ángel Rama uma vez denominou, em excelente síntese, a "comarca do Pampa". Nenhum desses aspectos foi vetado aqui, evidentemente.

Por outro lado, em segundo lugar, aqui sim escrevemos uma história que reconhece haver um âmbito específico, que coincide, em linhas gerais, com os limites do estado gaúcho. Nesse âmbito, a muitas gerações ocorreu considerar o estado como unidade — mental, intelectual, estética, para além de geográfico-histórica —, como se poderá ver na impressionante sequência de pensadores, nenhum deles separatista mas todos eles atentos e dispostos a enfrentar temas com peso de realidade, que começa com Apolinário Porto Alegre, passa por Alcides Maya e João

Pinto da Silva, depois pela geração modernista com Augusto Meyer e Moysés Vellinho, alcançando depois mais de uma geração universitária na área de Letras, a começar por Guilhermino Cesar. Existe uma tradição nítida a sondar, nomear e estudar o fenômeno chamado literatura gaúcha, ou sul-rio-grandense.

Mas, livres de qualquer essencialismo, escolhemos justamente uma fórmula específica para assim marcar nossa concepção: não se trata de escrever uma história da literatura *do* Rio Grande do Sul, mas uma história da literatura *no* Rio Grande do Sul. Isso significa que a literatura é, para nós, um fenômeno, uma prática, uma produção discursiva simbólica que ocorre em toda parte de modo muito semelhante quanto a sua produção e circulação, mas pode ser recortada, para observação, em dimensões como a que aqui se pratica, enfocando um estado brasileiro como âmbito, no qual a literatura se forma de modo singular, sem prejuízo de participar de todo o fenômeno literário em si, brasileiro, americano e ocidental. Estamos longe já da visada de Afrânio Coutinho, que em fins dos anos de 1950 organizou e publicou uma obra coletiva intitulada *A literatura no Brasil* (e não uma possível *A literatura brasileira*) e expôs suas convicções em todos os volumes, depois reunidas em *Introdução à literatura no Brasil*, mostrando uma fé de tipo científico e objetivista que agora não pode mais ser tomada como critério válido. Mas não podemos esquecer que, no título escolhido, ele marcou uma tentativa potencialmente comparatista e antiessencialista, que aqui evocamos.

3. Em termos de quadro conceitual amplo, mais importante ainda será lembrar aqui o sentido que Antonio Candido deu, nos textos introdutórios à sua *Formação da literatura brasileira*, à noção de "sistema literário", um conjunto de autores, obras e público leitor, estabelecido em um determinado lugar e depois mantido e renovado ao largo das gerações, de tal forma que se possa reconhecer, a certa altura das coisas, um circuito formado,

A constelação romântica: período formativo

não mais correspondendo a uma reação a influências externas ao sistema e sim agora respondendo a uma causalidade interna, com os novos autores lendo os anteriores e estabelecendo uma nova tradição. Com essa tese, de grande originalidade em seu contexto inicial (final dos anos 1950) uma vez que se ultrapassou o debate ocioso sobre o começo cronológico exato da literatura no Brasil (se era com a *Carta* de Caminha, se com os poemas e dramas de Anchieta, se com a *Prosopopeia*, ou se apenas com a primeira obra publicada após a Independência etc.), Candido colocou no centro da cena não esse critério trivial da cronologia, mas o todo do processo social em que uma literatura se organiza.

Dito de outro modo: a formação de uma literatura (a nacional brasileira para Candido, para o presente trabalho a literatura no Rio Grande do Sul) é um fenômeno concreto, empírico, que envolve autores, obras e público objetivamente, isto é, para aquém e para além da nacionalidade como fenômeno político ou como comunidade imaginada (como postulou Benedict Anderson). Como na obra de Candido, também aqui se desfez a centralidade de critérios meramente formais, como a pura e simples impressão de um livro, a data que leva impressa, assim como, de outro lado, o fato de o autor ter nascido ou apenas ter passado a viver em determinado espaço geográfico-histórico. Esses elementos guardam interesse, é certo, mas não é com eles que Candido, e nós em seu rastro, concebe sua visada historiográfica.

No Rio Grande do Sul há um exemplo curioso, para contraste: em seu *Dicionário bibliográfico gaúcho* (1991), Pedro Leite Villas-Bôas não abriu verbete para Guilhermino Cesar, sob o argumento de que ele era mineiro de nascimento e por isso não poderia pertencer ao universo de seu livro, não obstante o fato evidente de que fez a maior parte de sua carreira acadêmica, intelectual e editorial no estado sulino. E há o exemplo oposto, muito original e intelectualmente ousado, a *História literária do Rio Grande do Sul* (1924), de João Pinto da Silva, que soube

23

descrever seu objeto com muita destreza e discernimento, sem arroubos ufanistas e com perspectiva comparatista esclarecida, sem prejuízo de haver estudado apenas o que se havia publicado até então, antes da emergência da geração de Erico Verissimo, Dyonelio Machado, Augusto Meyer e Mario Quintana, assim como da Editora e Livraria Globo, que de fato evidenciou a existência de um sistema literário completo no Rio Grande do Sul, dos anos 1930 em diante.

Muito se pode discutir em torno desses pontos, como por exemplo a omissão, nas formulações de Candido, de elementos diretamente mercadológicos implicados em tal formação — ele vê um sistema em formação, entre 1760 e 1870, no Brasil, sem mencionar as editoras e os livros físicos, assim como vê sistema formado quando do aparecimento de Machado de Assis, situação um tanto paradoxal tendo em vista os próprios termos da tese, em *Formação da literatura brasileira*, uma vez se tome em conta o fato de, no começo da República no Brasil, haver ainda uns 80% de analfabetos e portanto não haver leitores em massa. Seja como for, a dimensão antes mencionada, da formação de uma literatura como um processo sociológico permanente, está na alma do presente estudo a partir da formulação de Candido.

4. O sumário do presente trabalho tem duas dimensões estruturantes, uma diacrônica e outra sincrônica. Aquela se vê pela régua cronológica que se impõe ao conjunto estudado, começando no século XIX e vindo até o século XXI; esta se vê em cada um dos capítulos, dedicados em regra a recortes daquela extensão no tempo. Mas há também uma parte final, de número 6, que apresenta um conjunto de estudos que se dedicam ao que podemos chamar, acompanhando a palavra de Fernand Braudel, de "longas durações". Aqui o horizonte é diacrônico, para abordar um conjunto de escritores e livros em sua tradição interna, como a literatura produzida por teutodescendentes ou aquela produzida por afrodescendentes, assim como para descrever um

A constelação romântica: período formativo

fenômeno como as associações e academias, ou ainda a profícua tradição de tradutores no estado.

Assim, cortes sincrônicos ou processos diacrônicos estão sempre sendo considerados, o que afasta uma compreensão linear trivial, bem como uma leitura de causação geracional elementar e a ideia antissociológica que considera a moda estética como o parâmetro de excelência para conceber uma história da literatura. Em certo sentido, aqui se tentou praticar, no conjunto da *História da literatura no Rio Grande do Sul*, um ideal de história como um móbile, uma estrutura tridimensional e múltipla (que alguma vez Pierre Bourdieu considerou um ideal para o caso), em lugar da tradicional visão da história como um fluxograma linear.

5. Como mencionado acima, a própria noção de literatura se modificou muito, em particular nos últimos cinquenta anos. Se até a altura da II Guerra Mundial parecia óbvio que "literatura" envolvia apenas livros e somente os gêneros canônicos como romance, conto, poesia, teatro e algo do impreciso campo do ensaio, hoje é evidente que deve abranger o que podemos chamar, mais amplamente, de "as artes da palavra" — como a canção (incluindo o samba popular ligado ao carnaval), as histórias em quadrinhos, para nem falar na crônica e na literatura para crianças.

Mas aqui se aborda, por certo, o campo da crítica literária, tanto a de jornal quanto a acadêmica, motivo pelo qual há capítulos que estudam também os cursos de graduação e de pós-graduação em Letras. Em certo sentido, tudo que se relaciona às práticas letradas foi objeto de nosso trabalho, o que inclui até mesmo o fenômeno relativamente recente das oficinas e das leituras ao vivo de poesia e de literatura em geral.

Aliás, é possível entender a presente *História* como, de um lado, o depoimento da atual geração de professores e pesquisadores universitários no campo da Literatura, e de outro como um fruto amadurecido exatamente dentro dos programas de pós-graduação no campo, aqui no estado. Se é verdade que a

25

prática de produzir histórias de literatura não tem sido algo central nesse âmbito, não é menos certo que ela segue sendo uma possibilidade, tanto para indivíduos como os que aqui escrevem quanto para pesquisas estruturadas em programas inteiros, como ocorre na FURG.

6. Um último esclarecimento, ainda no campo das definições historiográficas. Como não temos ilusão de estar aqui narrando uma história da literatura a partir de um olimpo, nem o acadêmico nem qualquer outro, os juízos, encadeamentos ou explicações são sempre contingentes, passíveis de contestação e reforma. Supondo o ideal da discussão de mérito, esta *História* quer incentivar o debate, legando para o futuro uma tentativa levada a cabo por uma geração que nunca desconheceu ou minimizou as condições históricas objetivas de seu trabalho, de sua perspectiva, de sua capacidade de leitura e interpretação.

Até mesmo numa dimensão eminentemente prática essa relativa parcialidade se apresenta. Em certos capítulos, o autor é, ao mesmo tempo, um praticante, um elemento ativo do universo que aborda. Não se trata, porém, de uma história escrita como autojustificação de um escritor, num possível conflito de interesses entre a voz autorizada que organiza o conjunto e a posição do dono dessa voz como um escritor daquela modalidade ou daquele período que ele mesmo enfoca; trata-se de outra contingência, que nosso trabalho assume com clareza e o leitor saberá avaliar.

Maria Eunice Moreira

1.1

Literatura no Rio Grande do Sul: momentos preambulares

Em *História da literatura e narração* (1999), David Perkins dá a ideia de que o começo de uma história da literatura é sempre arbitrário. Depois de retomadas e olhares para trás, cada historiador inicia a sua narração do ponto de partida que mais lhe convém. Muitas são as razões que levam a esse tipo de procedimento: disponibilidade de fontes, circunstâncias políticas e sociais, surgimento de uma obra que possa ser indicada como momento inaugural, opção do pesquisador.

Publicada por João Pinto da Silva em 1924[1], a *História literária do Rio Grande do Sul* — "primeira incursão abrangente e significativa promovida no Estado no plano da historiografia"[2], conforme Carlos Alexandre Baumgarten — ilustra tal fórmula. Após um primeiro capítulo em que trata de tópicos como a inexistência de "quaisquer vestígios de civilização pré-colombiana"[3] no território, a rudeza do ambiente e dos seus habitantes, a falta de instrução formal e o atraso literário do continente no período colonial, João Pinto da Silva sinaliza que o ciclo literário do Rio Grande do Sul ligado à tradição escrita teve início em 1834, com Delfina Benigna da Cunha e a edição de *Poesias oferecidas às senhoras rio-grandenses*.

---

1. O livro teve outras duas edições, em 1930 e 2013.

2. Carlos Alexandre Baumgarten, "A historiografia literária sulina: dos primeiros textos a João Pinto da Silva", p. 42.

3. João Pinto da Silva, *História literária do Rio Grande do Sul*, p. 25.

A constelação romântica: período formativo

Decorridas pouco mais de três décadas da publicação de João Pinto da Silva, na *História da literatura do Rio Grande do Sul* (1956), assinada por Guilhermino Cesar, também se podia observar um começo arbitrário: o primeiro período analisado pelo autor desenvolvia-se desde as origens até 1834. Para Guilhermino Cesar, as origens tinham uma data — 1737 — ano em que o Rio Grande do Sul deixou de ser uma "Terra de ninguém"[4] e passou a ser, oficialmente, alvo das políticas portuguesas de colonização. Assim como João Pinto da Silva, Guilhermino Cesar fez um recorrido pelos problemas de fronteira física e linguística do continente, pelos conflitos constantes, pela falta de instrução, recreação, cultura e ambiente propício à criação literária. O pesquisador mineiro afirmou, com ênfase, que, antes da "implementação da imprensa na província, em 1827, na cidade de Porto Alegre, não há notícia de atividade literária propriamente dita no vasto território continentino".[5] Ainda que frisasse esse último acontecimento, Guilhermino Cesar voltou ao mesmo marco do seu antecessor e destacou que esse período nebuloso se encerrou com a publicação das poesias de Delfina Benigna da Cunha.

Poesias oferecidas às senhoras rio-grandenses continuou a ser considerado o marco inaugural da literatura do Rio Grande do Sul em outros trabalhos de cunho histórico. Em *As bases da literatura rio-grandense: história, autores e textos*, por exemplo, Fernando Bernardi não teve receios de afirmar: "Nossa literatura inicia com a poetisa Delfina Benigna da Cunha, por volta de 1840".[6] Regina Zilberman, em *Literatura gaúcha*, concede a palavra a Domingos Carvalho da Silva, para ressaltar a importância de poetisa de São José do Norte, reconhecendo sua posição

---

4. Recupero a expressão de outra obra de Guilhermino Cesar, *História do Rio Grande do Sul*: período colonial, de 1970.

5. Guilhermino Cesar, *História da literatura do Rio Grande do Sul*, p. 33-34.

6. Francisco Bernardi, *As bases da literatura rio-grandense*: história, autores e textos, p. 10.

pioneira não só no Rio Grande, mas no Brasil: "foi ela a primeira a publicar um verdadeiro (verdadeiro no sentido gráfico) livro de poesia".[7] Já no século XXI, em *Literatura gaúcha*, Luís Augusto Fischer também se refere às *Poesias oferecidas às senhoras rio-grandenses*, obra "de poesia frágil, de pouca exigência"[8], mas de caráter desbravador e pioneiro.

Se 1834 foi o começo da literatura do Rio Grande do Sul, se Delfina Benigna foi a pioneira, quais eventos, quais nomes, quais circunstâncias e quais névoas precederam esse momento primordial? Qualquer estudioso da história da literatura gaúcha tem de levar em conta os acontecimentos anteriores à publicação de *Poesias oferecidas às senhoras rio-grandenses*. Para chegar a 1834 é preciso olhar para trás e compreender quais eram as condições de vida cultural e mental no Rio Grande do Sul desde que o território deixara de ser, em 1737, uma "Terra de ninguém".

Observando as datas, chega-se, sem grandes esforços, à conclusão de que o processo de colonização do espaço que hoje se conhece como o Rio Grande do Sul caminhava em marcha lenta. Os portugueses chegaram ao Brasil em 1500 e trinta anos depois começaram a colonizar as terras encontradas. Por que a parte sul do Brasil passou a interessar à coroa lusitana quase duzentos anos após a expedição de Martim Afonso de Souza? Há duas explicações plausíveis para isso: a confusão entre Portugal e Espanha sobre a posse da terra e as potencialidades econômicas. No tocante à primeira dessas questões, Moacyr Flores lembra que, ao Sul, Martim Afonso limitou os territórios portugueses à capitania de São Vicente e que o "Rio Grande do Sul ficou temporariamente fora da colonização portuguesa, pois pertencia às terras de Espanha [conforme o Tratado de Tordesilhas]. Só mais tarde, no século XVIII, que os lusos começaram a conquista do

---

7. Regina Zilberman, *Literatura gaúcha*: temas e figuras da ficção e da poesia do Rio Grande do Sul, p. 77.

8. Luís Augusto Fischer, *Literatura gaúcha*: história, formação e atualidade, p. 29.

litoral sulino".[9] A respeito da questão ligada às potencialidades econômicas, Sandra Jatahy Pesavento propõe a seguinte reflexão:

> A exploração colonial assentava-se basicamente em produção já existente nas áreas coloniais (as riquezas minerais, por exemplo) ou em formas de produção agrícola aqui instaladas segundo os interesses e necessidades do capitalismo nascente (caso do açúcar).
>
> O Rio Grande do Sul não se enquadrava em nenhum dos dois casos, daí a sua tardia integração ao sistema colonial.[10]

Do solo gaúcho não brotava ouro, prata ou cana, e essas ausências distanciavam o interesse dos colonizadores. Os portugueses viram com outros olhos o espaço do sul quando, no século XVII, os holandeses invadiram as colônias lusas na África. Sem a força de trabalho escrava oriunda de Angola e São Tomé, os paulistas voltaram a atenção para os indígenas que habitavam as reduções do Tape. Fundadas a partir de 1626 por jesuítas vindos do Paraguai, que "penetraram sob bandeira espanhola" e "ocuparam a área que se estendeu pela zona de Ijuí, Piratini, Jacuí, Taquari, Ibicuí, Guaíba, Rio Pardo"[11], as reduções contavam com religiosos e indígenas dedicados à propagação da fé católica, à prática agrícola e à formação de "estâncias de criação de gado trazido da província argentina de Corrientes".[12] A mão de obra indígena era mais qualificada — apta às técnicas agrícolas, aos ofícios da olaria e da carpintaria — do que aquela que provinha da África e, além disso, estava longe dos holandeses e ao alcance dos portugueses. Encerradas de forma oficial em 1640 com a restauração da autonomia de Portugal e a revalidação do Tratado de Tordesilhas, as bandeiras paulistas (Antônio Raposo Tavares,

---

9. Moacyr Flores, *História do Rio Grande do Sul*, p. 23.
10. Sandra Jatahy Pesavento, *História do Rio Grande do Sul*, p. 8.
11. *Ibid.*, p. 9.
12. *Ibid.*, p. 9.

1636, André Fernandes, 1637, Fernão Dias Pais, 1638) fizeram com que os jesuítas retirassem "os índios para a outra margem do rio Uruguai"[13] e as reduções acabaram abandonadas. Dessa primeira aventura do braço espanhol da Companhia de Jesus no Rio Grande do Sul restaram vestígios culturais e o fundamento econômico básico de apropriação da terra gaúcha — a preia do gado xucro. Os rebanhos concentrados nas estâncias dos jesuítas se espalharam pela faixa de terra que seria chamada de Vacaria do Mar. Anos mais tarde, a gadaria solta por esse espaço atrairia as atenções dos lusitanos para o Rio Grande do Sul.

Referências

BERNARDI, Francisco. *As bases da literatura rio-grandense*: história, autores e textos. Porto Alegre: AGE, 1999.

BAUMGARTEN, Carlos Alexandre. A historiografia literária sulina: dos primeiros textos a João Pinto da Silva. *In*: BAUMGARTEN, Carlos Alexandre (Org.). *História da literatura*: itinerários e perspectivas. Rio Grande: Ed. da FURG, 2011.

CESAR, Guilhermino. *História da literatura do Rio Grande do Sul*. Porto Alegre: Globo, 1956.

---

13. Flores, *op. cit.*, p. 30.

Gerson Roberto Neumann

1.2
Literatura de viagem e viajantes nas terras do Sul

Todo viajante busca relatar, em sua narrativa de viagem, algo sobre experiências vivenciadas. Segundo Walter Benjamin, o povo diz que quem viaja tem muito que contar, sendo o narrador visto como alguém que vem de longe e tem algo para contar sobre os lugares, seus povos, o clima.[1]

Sobre a importância dada ao viajar, Axel Gasquet cita, no texto *"Bajo el cielo protector. Hacia una sociologia de la literatura de viajes"*, Estrabon, segundo o qual *"los héroes más sabios son aquellos que visitaron muchos lugares y vagaron por el mundo; los poetas honraban a los que vieron la ciudad y conocieron la mente de los hombres"*.[2] Na Antiguidade, como no Renascimento, e até os nossos dias viajar é tomado como forma de aguçar a inteligência. *"Del filósofo errante de la Antigüedad se pasó luego al viajero humanista des Renascimiento y después al viajero científico (naturalista y botánico preferentemente) de los siglos XVII y XVIII"*, afirma Gasquet.[3]

A partir do século XVIII, as viagens passam a se tornar uma "atividade pública e sistematizada", segundo Lorelai Kury, no texto "Viajantes e naturalistas do século XIX".[4] E a autora

---

1. Walter Benjamin, "Der Erzähler. Betrachtungen zum Werk Nikolai Lesskows", p. 385 *et seq.*
2. Axel Gasquet, "Bajo el cielo protector: hacia una sociologia de la literatura de viajes", p. 54.
3. *Ibid.*, p. 54.
4. Lorelai Kury, "Viajantes e naturalistas do século XIX", p. 66.

A constelação romântica: período formativo

menciona que existiam instruções de viagem para os viajantes naquela época, como se lê no recorte a seguir: "recomenda-se que todo viajante sério escreva um meticuloso diário, onde anote suas observações sem nenhum código pessoal incompreensível. O diário de viagens torna-se um documento coletivo, que deve poder ser lido, caso o viajante venha a morrer".[5] Muitos viajantes, especialmente os de viagens científicas, carregavam consigo bibliotecas, como é o caso de Alexander von Humboldt.Entre os viajantes, há que se mencionar as viagens dos exploradores e aventureiros. As grandes viagens de "descobrimento" de novas terras no século XV, assim como as viagens do século XIX, as novas viagens de descobrimento do século, marcadas pelo seu cunho científico, mas refletindo também o descobrimento da própria identidade. Segundo Marc Augé, na apresentação do livro *Diez estudios sobre literatura de viajes*, anteriormente citado, "los jóvenes de la burguesía francesa curaban su melancolia viajando a Italia".[6] Muitos escritores, como Chateaubriand, Flaubert, Goethe, Gerstäcker, viajavam para se nutrirem de material para a criação de uma nova obra.

Além da viagem física, existe também a "viagem imóvel", a que se passa na cabeça daqueles que leem os textos produzidos por viajantes, relatos de viagem ou mesmo textos ficcionais que se nutrem das (ou reproduzem as) narrativas relacionadas com a viagem.[7] A leitura é uma viagem e é também uma criação, pois o leitor cria sua própria imagem daquilo que lê. Hoje o que se faz, além da leitura de relatos em forma de livros, é "navegar" na internet. Percorrem-se mundos (no passado, no presente e também no futuro), e os deslocamentos ocorrem do modo como o leitor quer, absorvendo tudo que se lhe oferece. Existe, contudo, uma grande diferença entre o que se oferece atualmente como

---

5. *Ibid.*, p. 66.
6. Manuel L. Giraldo; Juan Pimentel, *Diez estudios sobre literatura de viajes*, p. 13.
7. *Ibid.*

uma viagem pelas tecnologias da comunicação e a viagem física propriamente. Enquanto a viagem pressupõe a construção de um mesmo através do encontro com o outro, as tecnologias pretendem criar sujeitos individuais bem constituídos, resultado do intercâmbio de informações sem que ocorra uma transformação.[8]

Muitos viajantes passaram pelo Brasil e particularmente pelo Rio Grande do Sul, entrando tanto pelo norte como pelo sul do estado mais meridional de nosso país. Os viajantes que passaram pelas terras do sul do Brasil partiram e chegaram de diferentes lugares, permaneceram nessas terras por algum tempo ou demoraram-se e depois partiram novamente. Muitos registraram as suas experiências e, desta forma, fixaram sua viagem na história. Nas próximas páginas, pretende-se apresentar um pouco do que foi deixado como registro de viajantes que passaram pelas terras do Sul do Brasil.

Pelo Brasil passaram muitos viajantes, principalmente no século XIX, quando a Corte Portuguesa se transferiu para o Rio de Janeiro devido ao avanço das tropas napoleônicas na Península Ibérica. Assim, com a assinatura do Decreto de 28 de janeiro de 1808, o Príncipe Regente D. João VI abre os portos brasileiros às nações amigas. Cabe lembrar, no entanto, de nomes como os do alemão Hans Staden (1525–1579) ou do francês Jean de Léry (1536–1613), que passaram muito antes pelas terras brasileiras, em outras situações e por outras motivações, e que conheceram o Brasil como viajantes, escrevendo os seus textos como forma de relatar sobre suas viagens.

Quando se fala de viajantes nas terras brasileiras, principalmente daqueles que viajam pelo Brasil no século XIX, pensa-se em viagens científicas e de pesquisa e reconhecimento da terra. No caso de Staden e Léry a motivação era outra. Por isso, fala-se muitas vezes em um "redescobrimento" do Brasil no século XIX; de um momento em que o próprio Brasil passa a dirigir o olhar

---

8. Tal elaboração está apoiada na reflexão de Marc Augé.

A constelação romântica: período formativo

para dentro de si. Mesmo a Coroa Portuguesa não tinha explorado cientificamente o interior do Brasil, sua colônia, excetuando-se a região das minas. No capítulo "Viajantes, naturalistas e artistas estrangeiros", do livro *O Brasil monárquico: o processo de emancipação*, organizado por Sérgio Buarque de Holanda, Carlos Oberacker cita Fernando de Azevedo a este respeito: "A colônia continuava estranha à revolução científica que se processava no Velho Mundo e mergulhava na espessa obscuridade em que, sob esse aspecto, se envolvia a metrópole, que estava, como toda península 'fora da linha isotérmica dessa revolução'".[9] Já independente, o Brasil é viajado por muitos exploradores naturalistas.

Antes ainda, é importante mencionar alguns dos muitos viajantes que passaram pelo país a partir do início do século XIX. A fauna, a flora e o solo brasileiros passam a ser estudados por cientistas europeus, inicialmente portugueses, franceses e alemães. O Real Jardim Botânico é fundado em 1819 já consequência dessas viagens de estudos. Para os estudos da exploração do solo, do aproveitamento do carvão e dos minérios de ferro foram contratados Wilhelm Ludwig von Eschwege (viveu entre 1809 e 1821 no Brasil), Friedrich Ludwig Wilhelm Varnhagen (1809–1821), pai do historiador Francisco Adolfo de Varnhagen, e Wilhelm Christian Gotthelf Feldner.

Devido às relações políticas com Portugal, viajantes ingleses tiveram acesso mais irrestrito e anterior a muitos de outras nacionalidades para percorrer e explorar o Brasil do século XIX. Desta forma, chega ao Brasil Henry Koster (1809–1820), que vive até sua morte, em 1820, no nordeste brasileiro. John Luccock (1808–1819) viveu no Rio de Janeiro e de lá partiu para diversas viagens pelo Brasil. Maria Graham teve três passagens pelo Rio de Janeiro (1821 e 1823), tendo publicado o *Journal of a Voyage to Brazil, and Residence There, During Part of the Years 1821, 1822, 1823*. Também John Mawe (1809–1810) passou pelo Brasil colonial.

---

9. Carlos Oberacker, *Viajantes, naturalistas e artistas estrangeiros*, p. 119.

Com a futura imperatriz brasileira, a austríaca Dona Leopoldina, da Casa de Habsburgo, chegou ao Brasil uma comitiva científica a pedido da própria imperatriz. Dos viajantes deste grupo que passaram pelo Brasil, destacam-se os que registram, descrevem, pintam e retratam o contexto viajado: o pintor Johann Moritz Rugendas[10] (1802–1858) viajou no Brasil pelo Rio de Janeiro e por Minas Gerais entre 1822 e 1825, pintando as paisagens, os povos e os costumes que vivenciou; o botânico Carl Friedrich Philipp von Martius[11] (1794–1868) também médico, botânico e antropólogo, pode ser visto como o pesquisador mais importante da comitiva. Juntamente com o cientista Johann Baptist Ritter von Spix[12] (1781–1826), realizaram uma grande viagem pelo Brasil. Com o apoio de nativos e tropeiros, Martius e Spix saíram do Rio de Janeiro em dezembro de 1817 em direção ao norte do país, passando por São Paulo, Minas Gerais, Goiás e pela Bahia. Depois, seguiram pelo sertão de Pernambuco, Piauí e Maranhão. Depois de uma pausa em São Luís, recuperando-se do grande desgaste psicológico e físico, iniciam em 1819 a viagem pela bacia do Amazonas, que durou em torno de oito meses. Em 1820 retornaram à Alemanha, principalmente devido à doença de Johann Spix, que morre anos depois.

A primeira metade do século XIX pode ser vista como o período de maior movimentação por parte de viajantes que percorrem o Brasil devido à abertura do país às nações ditas amigas, uma vez que a família real havia transferido sua residência à colônia. Dentre os muitos viajantes que percorreram partes do Brasil, muitos

---

10. A principal obra de Rugendas é *Voyage pittoresque dans le Brésil*, 1835.

11. A *Flora brasiliensis*, principal obra resultante da viagem de Martius pelo Brasil, foi produzida entre 1840 e 1906 pelos editores Carl Friedrich Philipp von Martius, August Wilhelm Eichler e Ignatz Urban, com a participação de 65 especialistas de vários países. Além disso, von Martius publicou um romance que se passa no Brasil: *Frey Apollonio. Roman aus Brasilien, erlebt und erzählt von Hartoman: nach der handschriftlichen Urschrift von 1831.*

12. *Atlas der Reisebeschreibung von Johann Baptist von Spix und Carl Friedrich Philipp von Martius ihrer Brasilienreise von 1817 bis 1820.*

A constelação romântica: período formativo

já projetavam o país, no século XIX, como um país inserido no contexto mundial em um futuro próximo, reforçando a necessidade de o Brasil se apresentar como nação, com uma literatura e uma história próprias. O francês Ferdinand Denis[13] (1798–1890) e o alemão Carl Schlichthorst[14], já citado acima, apresentam em seus livros um capítulo referente à literatura brasileira.

Neste período do Brasil colonial, outro francês, cuja importante obra viria a se tornar muito conhecida, andou por terras brasileiras: trata-se de Auguste de Saint-Hilaire (1779–1853). Segundo a página da Biblioteca Nacional sobre a "França no Brasil",

> de todos os viajantes estrangeiros que visitaram o Brasil após a instalação da corte de João VI no Rio de Janeiro, o botânico Auguste de Saint-Hilaire (1779–1853) é talvez o que conseguiu a maior notoriedade no país, e isto menos por sua importante obra científica do que por cerca das três mil páginas que compõem o relato de suas expedições.[15]

O botânico francês percorreu uma grande extensão do país entre 1816 e 1822, e destas viagens resultaram relatos de grande valor para a leitura e compreensão do Brasil do início do século XIX. Conforme Kury, no texto "Viajantes e naturalistas do século XIX", publicado na importante obra *Brasiliana da Biblioteca Nacional: guia das fontes sobre o Brasil*, organizada por Paulo Roberto Dias Pereira, Saint-Hilaire:

---

13. Ferdinand Denis; Hippolyte Taunay, *Le Brésil, ou, Histoire, mœurs, usages et coutumes des habitans de ce royaume par M. Hippolyte Taunay, correspondant du Musée d'histoire naturelle de Paris, et M. Ferdinand Denis, membre de l´Athenée des Sciences, Belles-Lettres et Arts de Paris. Ouvrage orné de nombreuses gravures d´après les dessins faits dans le pays par M. H. Taunay.*

14. C. Schlichthorst, *Rio de Janeiro, wie es ist*. Ver Süsskind, Moreira e Neumann.

15. Ver página da Biblioteca Nacional: https://bndigital.bn.gov.br/dossies/franca-no-brasil/matrizes-nacionais/figuras-de-viajantes/as-viagens-de-auguste-de-saint-hilaire/. Acesso em: 22 jul. 2024.

não foi um amador que veio ao Brasil. Saint-Hilaire conhecia profundamente a literatura científica e de viagens da época e os procedimentos práticos do trabalho de um naturalista, tais como noções básicas de agricultura, confecção de herbários, transporte de vegetais e, principalmente, dissecação de plantas, a fim de descobrir seus órgãos, por menores ou mais escondidos que estivessem. Uma das características mais marcantes do envolvimento de Saint-Hilaire com o Brasil foi sua vinculação aos discursos e práticas utilitárias e filantrópicas que dominam a literatura de viagens desde fins do Antigo Regime. Segundo ele e as autoridades ministeriais que o enviaram, os objetivos maiores de sua viagem seriam o bem-estar da humanidade e a glória nacional. Como na época a França considerava seus interesses como universais, esses dois objetivos se confundem. O Brasil poderia ser benéfico à França por conter uma infinidade de plantas úteis ainda mal conhecidas.[16]

E Guilhermino Cesar acrescenta às palavras acima, no prefácio do livro *Viagem ao Rio Grande do Sul*, da Coleção "O Brasil visto por estrangeiros", que:

o resultado que obteve não se limitou [...] à coleta, à classificação e preservação do material encontrado. À medida que o examinava, Saint-Hilaire redigia comunicações, relatos de viagem, e permutava informações com botânicos e instituições diversas; tratava, em suma, de tornar conhecida a opulência da natureza brasileira, imperfeitamente conhecida, naquela época, inclusive por nós mesmos.[17]

No livro *Segunda viagem ao interior do Brasil: Espírito Santo*, Saint-Hilaire diz que:

---

16. Lorelai Kury, "Viajantes e naturalistas do século XIX", p. 69.
17. Guilhermino Cesar, prefácio de *Viagem ao Rio Grande do Sul*, p. 20.

depois da extinção da Companhia de Jesus, não se encontrou ninguém que fosse capaz, seja por preceitos, seja por exemplos, de propagar alguns ensinamentos entre os habitantes da província, quase abandonada, do Espírito Santo, e a terrível tirania dos governadores contribuiu ainda mais para a sua decadência.[18]

Cenário semelhante será relatado na sua viagem pelo Rio Grande do Sul, quando visita os Sete Povos das Missões, de cuja história o viajante já tem conhecimento. As ruínas que avista são prova da felicidade e prosperidade que a região viveu outrora, escreve ao entrar nas Missões.[19] Saint-Hilaire diz que até 1768 os guaranis estavam sob tutela dos jesuítas e que depois disso, com a transferência das Missões aos portugueses, houve uma perda considerável, pois "os portugueses tratavam os guaranis pior ainda que os espanhóis o fizeram".[20] Se em 1768 a população era de 30 mil habitantes, em 1821 havia somente 3 mil, segundo o autor. E ele afirma ainda:

> foram tiradas dos guaranis suas melhores pastagens; seus animais foram devorados ou conduzidos para as habitações portuguesas; as reduções ficaram em ruínas; esses templos que surpreendem o viajante foram despojados e não são mais conservados; apenas alguns anciãos conservam uma tradição de artes e ofícios. [...] Em resumo, a Província das Missões, outrora tão próspera, oferece hoje o quadro de todas as misérias que afligem nossa espécie, e, em pouco tempo, procurar-se-á aí, em vão, algum índio.[21]

A leitura de uma obra clássica da literatura brasileira, *O Uraguai*, de José Basílio da Gama, que também aborda o tema trazido à

---

18. Auguste de Saint-Hilaire, *Segunda viagem ao interior do Brasil*: Espírito Santo, p. 22.
19. Maria Emília A. T. Lima, *As caminhadas de Auguste de Saint-Hilaire*, p. 111. Também Auguste de Saint-Hilaire, 2002.
20. *Ibid.*, p. 112.
21. *Ibid.*, p. 112.

discussão pelo viajante Saint-Hilaire, permite ao leitor acompanhar todo o caminho que conduz até ao campo de batalha em que tropas portuguesas, unidas a espanholas, derrotam e expulsam os indígenas das Missões Jesuíticas, visitadas pelo viajante e descritas no livro *Viagem ao Rio Grande do Sul*. Unindo-se às leituras dos dois autores, obtém-se uma interpretação da narração do viajante que passou pelas Missões Jesuíticas no estado do Rio Grande do Sul e do poema épico escrito em Portugal, quando se constrói o cenário de guerra gerado pela assinatura do Tratado de Madri, em 1750, segundo o qual

> a Colônia do Santíssimo Sacramento, portuguesa, ninho de contrabando, ameaça militar, encravado em terras e águas espanholas [...] seria trocada por Sete Povos das Missões do Uruguai, habitadas por índios e dirigidas por Jesuítas. Estes não queriam ser lusitanos: que se mudassem...[22]

Mas eles não queriam e não o fariam, não se mudariam, pois seria praticamente impossível deslocar "30.000 pessoas (exatamente 29.191), 6.420 famílias [...] em outras tantas casas, e templos, escolas, e um milhão de cabeças de gado, hervais produtivos".[23]

Geralmente lê-se certo tom de complexo de superioridade na narrativa de viajantes em relação àqueles (pessoas, locais, cidades, países)[24] que vai visitar. No viajante francês Saint-Hilaire também são percebidos momentos em que o cientista viajante compara o seu contexto "europeu" com o local visitado, descoberto por ele. Toda comparação que se dá desta forma apresenta caráter desigual, pois o viajante chega e viaja pelo país com o objetivo de reunir mais informações sobre o país, sua fauna e flora e seu povo. O simples fato da presença do viajante é um fato

---

22. Afrânio Peixoto, Nota Preliminar à edição comemorativa do Segundo Centenário de *O Uraguai*, de José Basílio da Gama, p. XIX-XX.

23. *Ibid.*, p. XX.

24. Manuel L. Giraldo; Juan Pimentel, *Diez estudios sobre literatura de viajes*, p. 13.

A constelação romântica: período formativo

que marca desigualdade. Processa-se, neste momento do século XIX, mais um (re)descobrimento do Brasil em um período que vive mais uma fase de globalização, de intercomunicação no e do mundo, em que as distâncias se tornam menores, em que se pode melhor medir e controlar o tempo em relação ao espaço, em que se (re)definem fronteiras e Estados nacionais se afirmam.

Além do francês Saint-Hilaire, outros dois viajantes franceses tiveram uma passagem importante pelo Brasil: Arsène Isabelle e Nicolau Dreys. Ambos serão apresentados a seguir.

A partir da leitura da introdução de Augusto Meyer da obra de Arsène Isabelle, *Viagem ao Rio da Prata e ao Rio Grande do Sul*, pode-se afirmar que Saint-Hilaire e Dreys se identificaram e principalmente por parte deste houve algo como um desinteresse para com o viajante Isabelle. A identificação de Saint-Hilaire e Nicolau Dreys pode se explicar possivelmente

> por [uma] adaptação compreensiva, com as peculiarida-des continentais, devido a uma permanência mais longa no Brasil. O naturalista [Saint-Hilaire], de tanto percor-rer o interior brasileiro, passara por um treino preliminar e se achava em especiais condições para compreender e sentir as nossas coisas. Fabricante de açúcar, viajante comercial, sócio da Sociedade Auxiliadora da Indústria, Nicolau Dreys, nascido na França, departamento de Meurthe, veio para o Brasil em 1817 e aqui viveu vinte e cinco anos; com a publicação do seu livro em português e a simpatia pela gente rio-grandense que resuma de suas páginas, conquistou as nossas boas graças, tornando-se gaúcho honorário.[25]

Apesar desse maior conhecimento da realidade brasileira devido aos anos passados no país, em seu livro *Notícia descritiva da província do Rio Grande de São Pedro do Sul*, Nicolau Dreys traz uma leitura pouco aprofundada da sociedade brasileira,

---

25. Augusto Meyer, "Introdução", p. XII.

concentrando-se mais em uma descrição do Rio Grande do Sul, como o título de sua obra já diz. Dreys não vê na escravidão, ainda praticada no Brasil, algo desumano e chocante, descrevendo as relações entre senhores e escravizados como boas. O mesmo não vale para Arsène Isabelle, que se aproxima da população e busca o contato. Essa atitude e essa postura, naquela época, fazendo uma crítica ao sistema e tomando uma posição liberal, certamente não chegou com agrado na classe detentora do poder. Essa certamente pode ser considerada, também, como uma das causas do não reconhecimento da obra de Arsène Isabelle na sua época. Por isso Augusto Meyer afirma "que Arsène Isabelle foi relegado a um plano inferior, ficando à sombra de outros autores viajantes, ou viajantes autores, mesmo de um Luccock".[26]

Quanto aos dados biográficos de Arsène Isabelle, conforme Marcos Antônio Witt, no texto "Circularidade de ideias na obra Emigração e colonização", pode-se ler:

> Louis-Frédéric Arsène Isabelle chegou a Montevidéu, Uruguai, no dia 28 de fevereiro de 1830, com 34 anos de idade. Longevo, viveu entre 13 de janeiro de 1807 e 1888, tendo nascido e falecido em Havre, França. Como comerciante, fundou uma indústria têxtil de seda, em Buenos Aires, em sociedade com Edouard Nouel. Com o insucesso do empreendimento fabril, Isabelle decidiu incursionar pela própria capital uruguaia, por Buenos Aires (Argentina) e pelo Rio Grande do Sul (Brasil), financiando suas próprias despesas. A excursão iniciou em 9 de novembro de 1833 em direção à província de São Pedro do Rio Grande do Sul, estendendo-se até junho de 1834, permitindo que ele coletasse espécimes botânicos, geológicos e zoológicos; nesses momentos, aflorou sua veia naturalista.[27]

---

26. *Ibid.*, p. XIII.
27. Marcos Antônio Witt, "Circularidade de ideias na obra *Emigração e colonização*, de Arsène Isabelle", p. 20.

A figura de Arsène Isabelle é a de um viajante que se insere no cenário viajado, com a intenção de fazer negócios como Dreys, mas que constitui família e passa a compor algo como uma ponte entre o seu país de origem e o novo, onde se fixa. O argentino Ernesto Morales, citado por Augusto Meyer, diz no prefácio da tradução argentina:

> Es nombrado cónsul francés, funda una familia, intenta negocios en gran escala, ocupa un puesto de funcionario en La Aduana y en la educación pública de Montevidéo; viaja, conoce el Paraguay, Brasil y la Patagonia; escribe como redactor en jefe de Le Patriote Français contra la tiranía de Rosas; palpita con la existencia peligrosa de los amenazados por el ejército de Oribe, tanto que su hijo mayor, oficial de la Legión francesa, pierde la vida en el combate del Cerrito. El emigrado francés ya está definitivamente ligado a la vida del Plata; su pensamiento, su acción y su sangre te han fecundado.[28]

Arsène Isabelle pretende trazer mais europeus, que vivem na Europa em estado de miséria, para povoar os vastos campos inapropriadamente explorados por criadores de gado, segundo ele. Por isso, depois de viagem realizada pelo Rio Grande do Sul, trabalha no que pode ser visto como o seu maior projeto: a emigração e colonização da região do Prata. Essa ideia se concretiza no livro *Emigração e colonização na província brasileira do Rio Grande do Sul, na República Oriental do Uruguai e em toda a Bacia do Prata*. Naquela época, o viajante francês faz uma leitura da desigualdade na distribuição das terras no Sul do Sul e nos países vizinhos. Theodemiro Tostes, no texto "Nota sobre Arsène Isabelle", publicado em *Província de São Pedro*, n. 3, dezembro de 1945, afirma o seguinte sobre a questão:

> Integrado na vida desta parte da América, Isabelle não se descuida dos seus problemas nacionais e os discute

---

28. Ernesto Morales *apud* Meyer, *op. cit.*, p. XIV.

com assiduidade nas colunas do seu jornal e também em monografias. Um tema que o apaixona e absorve é o da colonização destas vastas regiões da América por elementos europeus selecionados, à base das observações que recolhera em sua viagem à província do Rio Grande. Não pode compreender que países tão propícios ao desenvolvimento de uma colonização daquele gênero prefiram conservar inaproveitados milhões de hectares de terras, a abrir suas portas à imigração por meio de tratados inteligentes. Sofre ao pensar na multidão de proletários franceses que vegetam no desconforto e na miséria, enquanto, neste lado do Atlântico, há um solo virgem que só espera braços.[29]

Voltando ao espírito de viajante de Arsène Isabelle, menos preocupado com a questão migratória, é importante dar uma atenção especial às primeiras palavras do autor da obra *Viagem ao Rio da Prata e ao Rio Grande do Sul*, pois nelas está o que o faz viajante:

Sempre tive uma inclinação irresistível pelos livros de viagem, dos quais devorei um grande número, desde *Gulliver's Travels* até a *Voyage pittoresque autour du Monde*. Essas leituras não podiam deixar de despertar em mim o desejo de viajar. É preciso, além disso, que se leve em conta a minha excessiva curiosidade...[30]

Esse espírito de viajante pode ser lido em outro viajante que passou pela região do Prata, entrou no Rio Grande do Sul pela cidade de Jaguarão, passando por Pelotas, Rio Grande, seguindo para Porto Alegre e visitando colônias de imigração alemã. Mas passa também pela capital do país, Rio de Janeiro, onde palestra para o imperador sobre a imigração de alemães na América do Sul. Trata-se do alemão Friedrich Gerstäcker (1816–1872), que passa pelo Brasil na segunda metade do século XIX. O que aproxima Gerstäcker de Isabelle é a preparação do futuro viajante ainda criança, lendo outros viajantes. Assim, Friedrich

---

29. Theodemiro Tostes *apud* Meyer, *op. cit.*, p. XV.
30. Arsène Isabelle, *Viagem ao Rio da Prata e ao Rio Grande do Sul*, p. 3.

Gerstächer afirma na sua biografia *Kleine Erzählungen und Nachgelassene Schriften* [Breves narrativas e escritos recolhidos]:

> O que me levou a querer sair para o mundo? — quero ser honesto, aquele que deu o primeiro impulso para isso foi ninguém menos que um velho conhecido de todos nós: Robinson Crusoe. Aos oito anos eu já havia tomado a firme decisão de também descobrir uma ilha deserta.[31]

Na sua lista de autores lidos, certamente figuraram nomes conhecidos, como Cooper, Defoe ou Sealsfield.

Friedrich Wilhelm Christian Gerstäcker, viajante, virtuoso narrador e contista, nasceu no dia 10 de maio de 1816, em Hamburgo, na Alemanha. Seus pais eram artistas. Seu pai, Friedrich Samuel Gerstäcker (1788–1825), foi um conhecido tenor, cantor de ópera e sua mãe, Louise Friederike Herz (1797–1890), além de atriz também foi cantora de ópera. Quando criança, Friedrich Gerstäcker mudava-se constantemente, acompanhando seus pais. Já cedo entregou-se à leitura, o que contribuiu de forma decisiva para a sua vida como viajante, emigrante, aventureiro e escritor de literatura de viagem e de aventura.

Das suas viagens pelo Brasil resultaram importantes publicações, dentre as quais cabe mencionar a referida palestra *Die Deutschen im Ausland. Vorlesung gehalten von Freidrich Gerstäcker im Saale der Kaiserlichen Militär-Academie zu Rio de Janeiro, den 21. September 1861* [Os alemães no exterior. Palestra proferida por Friedrich Gerstäcker no salão da Real Academia Militar do Rio de Janeiro, em 21 de setembro de 1861], o romance *Die Colonie. Brasilianisches Lebensbild*, publicado em 1864 e publicado em português sob o título *A colônia: cenas da vida no Brasil*.

A literatura de viagem é lida e usada por diversas áreas científicas, contribuindo para um melhor (re)conhecimento do

---

31. Friedrich Gerstäcker, *Kleine Erzählungen und Nachgelassene Schriften*, p. 1.

mundo, permitindo àqueles que não se podem lançar à viagem física uma leitura do mundo a partir das palavras daquele que viajou, como foi o caso do grande poeta alemão Johann Wolfgang von Goethe, que recebia os viajantes em sua residência, para citar apenas um exemplo. Não se pode esquecer, no entanto, que em muitos casos a exploração das terras do "mundo ainda desconhecido" por parte dos habitantes do "velho mundo" também traz prejuízos aos habitantes do local explorado.

Foram apresentados, acima, alguns viajantes cujas obras são relevantes para o contexto histórico-cultural brasileiro, principalmente pelo fato de terem viajado pelo Brasil e deixado como registro obras sobre suas impressões de viagem. Foram mencionadas obras de ingleses, alemães e franceses. Poderiam ter sido citadas de muitos outros, pois são muitos os viajantes que passaram pelo Brasil e pelo Rio Grande do Sul. Um bom exemplo se pode encontrar nos dois volumes de *Os viajantes olham Porto Alegre* (v. 1, 1754–1899; v. 2, 1899–1941), organizados por Valter Antonio Noal Filho e Sérgio da Costa Franco, coletânea ampla com trechos selecionados de relatos de viagem. O mesmo Noal, com José Newton Cardoso Marchiori, editou o volume *Santa Maria: relatos e impressões de viagem*, em 1997.

Cabe lembrar ainda que existem muitos relatos de viagem escritos por mulheres que viajavam pelo mundo, além da já citada acima Maria Graham. Entre as que passaram pelo Brasil, seguem algumas referências: Maria Graham, *Diário de uma viagem ao Brasil e de uma estada nesse país durante parte dos anos de 1821, 1822 e 1823* (1824), Ida Pfeiffer, *Viagem de uma mulher ao redor do mundo* (1858), Elizabeth e Louis Agassiz, *Viagem ao Brasil* (1869), Adèle Toussaint, *Une parisienne au Brésil avec photografies orginales* (1878), Marie von Langendonck, *Une colonie au Brésil* (1883), Carmem Olivier de Gelabert, *Viaje poético a Petropolis* (1872), Ina von Binzer, *Alegrias e tristezas de uma educadora alemã no Brasil* (1883).

A constelação romântica: período formativo

Referências

BENJAMIN, Walter. Der Erzähler. Betrachtungen zum Werk Nikolai Lesskows. In: BENJAMIN, Walter. *Illuminationen*. Frankfurt: Suhrkamp, 1977, p. 385-410.

DENIS, Ferdinand. *Résumé de l'histoire du Brésil. Suivi du Résumé de l'histoire de la Guyane*. Paris: Lecointe et Durey, Libraires, 1825.

ETTE, Ottmar. *Literatur in Bewegung. Raum und Dynamik grenzüberschreitenden Schreibens in Europa und Amerika*. Weilerswist: Berlin: Velbrück Wissenschaft, 2001.

ETTE, Ottmar. *Literatura de viaje de Humboldt a Baudrillard*. Ciudad de Mexico: Facultad de Filosofia y Letras, DAAD, 2001.

ETTE, Ottmar. *Konvivenz. Literatur und Leben nach dem Paradies*. Berlin: Kadmos, 2006.

GAMA, José Basílio da. *O Uraguai*. Edição comemorativa do Segundo Centenário anotada por Afrânio Peixoto, Rodolfo Garcia e Osvaldo Braga. Rio de Janeiro: Publicações da Academia Brasileira de Letras, 1941.

GAMA, José Basílio da. *O Uraguai*. Org. Mário Camarinha da Silva. Rio de Janeiro: Agir, 1964. (Série Nossos Clássicos, v. 77).

GERSTÄCKER, Friedrich. *Kleine Erzählungen und Nachgelassene Schriften*. Jena: Costenoble, Bd. 1, 1879.

GERSTÄCKER, Friedrich. *Die Deutschen im Ausland. Vorlesung gehalten von Freidrich Gerstäcker im Saale der Kaiserlichen Militär-Academie zu Rio de Janeiro, den 21. September 1861*. Rio de Janeiro: Druck und Herausgabe von Lorenz Winter, 1861.

GERSTÄCKER, Friedrich. *A colônia*: cenas da vida no Brasil. Trad. Gerson Roberto Neumann; Cláudia Fernanda Pavan. Porto Alegre: Gradiva, 2016.

GERSTÄCKER, Friedrich. *Die Colonie. Brasilianisches Lebensbild*. 3 Bde. Jena: Costenoble, 1864.

GASQUET, Axel. Bajo el cielo protector: hacia una sociologia de la literatura de viajes. *In*: GIRALDO, Manuel L.; PIMENTEL, Juan. *Diez estudios sobre literatura de viajes*. Madrid: Consejo Superior de Investigaciones Científicas, 2006. (Anejos de Revista de Literatura, 69).

GIRALDO, Manuel L.; PIMENTEL, Juan. *Diez estudios sobre literatura de viajes*. Madrid: Consejo Superior de Investigaciones Científicas, 2006. (Anejos de Revista de Literatura, 69).

HÖRMEYER, Joseph. *Was Georg seinen Deutschen Landsleuten über Brasilien zu erzählen weiss*. Leipzig, 1869.

HÖRMEYER, Joseph. *O que Jorge conta sobre o Brasil*. Trad. Bertholdo Klinger. Rio de Janeiro: Presença, 1966.

ISABELLE, Arsène. *Viagem ao Rio da Prata e ao Rio Grande do Sul*. Trad. Theodemiro Tostes. Brasília: Senado Federal, 2006.

ISABELLE, Arsène. *Emigração e colonização na província brasileira do Rio Grande do Sul, na República Oriental do Uruguai e em toda a Bacia do Prata*. Trad. Belfort de Oliveira. Rio de Janeiro: Souza, 1950.

KURY, Lorelai. Viajantes e naturalistas do século XIX. *In*: PEREIRA, Paulo Roberto Dias (Org.). *Brasiliana da Biblioteca Nacional*: guia das fontes sobre o Brasil. Rio de Janeiro: Fundação Biblioteca Nacional, 2001, p. 59-77.

LIMA, Maria Emília A. T. *As caminhadas de Auguste de Saint-Hilaire*. Belo Horizonte: Autêntica, 2002.

MEYER, Augusto. Introdução. *In*: ISABELLE, Arsène. *Viagem ao Rio da Prata e ao Rio Grande do Sul*. Trad. Theodemiro Tostes. Brasília: Senado Federal, 2006, p. XI-XX.

MOREIRA, Maria Eunice. *Nacionalismo literário e crítica romântica*. Porto Alegre: IEL, 1991.

NEUMANN, Gerson Roberto. *Brasilien ist nicht weit von hier!* *Die Thematik der deutschen Auswanderung nach Brasilien in der deutschen Literatur im 19. Jahrhundert (1800-1871).* Frankfurt am Main; Berlin: Peter Lang, 2005.

NOAL FILHO, Valter Antonio; FRANCO, Sérgio da Costa. *Os viajantes olham Porto Alegre.* Santa Maria: Annaterra, 2004. v. 1, 1754–1899; v. 2, 1899–1941.

NOAL FILHO, Valter Antonio; MARCHIORI, José Newton Cardoso. *Santa Maria:* relatos e impressões de viagem. Santa Maria: Ed. da UFSM, 1997.

OBERACKER, Carlos. Viajantes, naturalistas e artistas estrangeiros. *In:* HOLANDA, Sérgio Buarque de. *História geral da civilização brasileira.* O Brasil monárquico: o processo de emancipação. Tomo II, v. 1, 1962, p. 119-131.

PEREIRA, Paulo Roberto Dias (Org.). *Brasiliana da Biblioteca Nacional:* guia das fontes sobre o Brasil. Rio de Janeiro: Fundação Biblioteca Nacional, 2001.

SAINT-HILAIRE, Auguste de. *Segunda viagem ao interior do Brasil:* Espírito Santo. Trad. Carlos Madeira. São Paulo: Companhia Editora Nacional, 1936.

SAINT-HILAIRE, Auguste de. *Viagem ao Rio Grande do Sul.* Trad. Adroaldo Mesquita da Costa. Brasília: Senado Federal, 2002.

SANTIAGO, Silviano. *A viagem de Lévi-Strauss aos trópicos.* Brasília: Instituto Rio Branco; Fundação Alexandre de Gusmão, 2005.

SCHLICHTHORST, Carl. *Rio de Janeiro, wie es ist.* Hannover: Hahn, 1829.

SÜSSEKIND, Flora. *O Brasil não é longe daqui:* o narrador, a viagem. São Paulo: Companhia das Letras, 1990.

VARNHAGEN, Francisco A. *Florilégio da poesia brazileira ou collecção das mais notaveis composições dos poetas brazileiros falecidos, contendo as biographias de muitos delles, tudo precedido de um Ensaio historico sôbre as Lettras no Brazil*. Rio de Janeiro: Publicações da Academia Brasileira, 1850. Tomo I.

WITT, Marcos Antônio; MARTINS, Maria Cristina B., MOREIRA, Paulo Roberto Staudt (Org.). *Quadros alternados de E. T. Bösche*: imigrantes e soldados no Rio de Janeiro – 1825–1834. São Leopoldo: Oikos; Ed. da Unisinos, 2014.

WITT, Marcos Antônio. Circularidade de ideias na obra *Emigração e colonização*, de Arsène Isabelle. *Métis: história & cultura*, Dossiê: Processo migratório e circularidade de ideias, v. 13, n. 27, p. 15-38, jan./jun. 2015.

Mauro Nicola Póvoas

1.3

As primeiras manifestações literárias no Rio Grande do Sul

O título deste capítulo segue os passos de Antonio Candido, que aponta ser conveniente distinguir *"manifestações literárias, de literatura propriamente dita"*[1], considerando esta última como um sistema autônomo de obras, ligadas por determinados aspectos, com um número considerável de autores, obras e leitores. No Rio Grande do Sul, caso se leve em conta que o processo literário alcançou a maturidade somente a partir da fundação da Sociedade Partenon Literário e de sua *Revista Mensal*, no final da década de 1860, momento decisivo em que o Romantismo e o regionalismo consolidam-se na então província, há a possibilidade de se indicar que as produções anteriores a esta data são *manifestações* de uma literatura ainda em formação.

Cancioneiro e poesia popular gaúcha

Tendo como maior influência a tradição portuguesa, em especial a açoriana, a poesia popular sul-rio-grandense abordou temas de cunho gauchesco, assim como assuntos frequentes da lírica ocidental, tais como o amor, a morte e a religiosidade. Essa produção foi dividida por Augusto Meyer, em seu *Cancioneiro*

---

1. Antonio Candido, *Formação da literatura brasileira*: momentos decisivos – 1750–1880, p. 25, grifos do autor.

gaúcho, em três tópicos: "Motivos do fandango", "Motivos de trova e descante" e "Motivos da Guerra dos Farrapos".

A primeira vertente engloba poemas de cunho narrativo, pertencentes ao gênero do fandango sapateado, como "O Tatu", "Chimarrita", "Tirana", "Quero-mana" e "O anu". "O Tatu", em geral apontado como o canto popular sul-rio-grandense mais importante, apresenta-se, na versão coligida por Augusto Meyer, em quarenta quadras. Os versos contam as aventuras de um pobre-diabo, um animal que vira o anti-herói Tatu, com letra maiúscula, indicando a sua antropoformização, "um disfarce, habilmente elegido para fazer circular, na inocente máscara de um bicho, agudo drama da classe oprimida, que na referência direta não seria tolerado".[2] Seja na Serra, na Campanha ou em Viamão, a vida do Tatu é marcada por dificuldades de toda a ordem, sempre "Passando muitos trabalhos / Por este mundo de Deus".[3] Ao voltar para casa, depois das incontáveis andanças, reencontra a Tatua e os seus filhos, "os tatuzinhos", mas logo vem a morrer, "todo lastimado / Das dentadas de um cachorro".[4]

O outro motivo de canto e dança do folclore sul-rio-gran-dense, de inegável sabor gaúcho, mas com uma provável proce-dência açoriana, trata-se da "Chimarrita". A história, em trinta e duas estrofes, na versão de Meyer, tem como protagonista a mulher evocada no título, em sua trajetória até a morte, passando pela juventude, marcada pela beleza, e pela velhice, momento em que a pobreza e o desprezo dos homens se fazem presentes, a denunciar, com certo humor (também presente em "O Tatu", aliás), uma sociedade, a sulina, moralista e machista: "Aragana e caborteira / A Chimarrita mentiu".[5]

---

2. Donaldo Schüler, A *poesia no Rio Grande do Sul*, p. 23.

3. Augusto Meyer, *Cancioneiro gaúcho*, p. 37.

4. *Ibid.*, p. 43.

5. *Ibid.*, p. 47.

Ainda na categoria de poemas narrativos, sem serem propriamente temas do fandango, podem ainda ser considerados os romances[6] "O lunar de Sepé" e "Nau Catarineta". O primeiro, recolhido por Simões Lopes Neto nas *Lendas do Sul* (no item "São Sepé", nas lendas missioneiras) conta a vida de Sepé Tiaraju, indígena cristianizado nas Missões Jesuíticas, envolvido, junto a portugueses, espanhóis, padres católicos e outros indígenas, nas Guerras Guaraníticas, o mesmo entrecho, aliás, que anima a epopeia *O Uraguai*, de Basílio da Gama. O segundo, o "único romance português que se manteve na tradição rio-grandense"[7], mostra os tripulantes de uma embarcação lusa à época das grandes expedições, envolvida com a fome, advinda da falta de alimentos ao longo da travessia.

Os "Motivos de trova e descante", em sua maioria, articulam-se em torno dos assuntos campeiros e do pastoreio, relatando a vida e os hábitos do peão: a relação com a mulher, o cavalo, o chimarrão, o churrasco, a honra, a valentia, o apego ao campo, a perícia com armas. É o que Donaldo Schüler chama de texto monárquico, aquele que exalta os tropeiros sul-rio-grandenses, destacando-lhes "a elevação de caráter, o desejo de liberdade, a virilidade, a belicosidade. Quem tem estas virtudes é gaúcho e monarca das coxilhas".[8] É um tipo de poema grandiloquente, que exalta o gaúcho da Campanha, com a sua solidão, o seu nomadismo, a sua independência, a sua coragem pessoal. Augusto Meyer elenca alguns poemas, como "O boi barroso", "Prenda minha", "Cavalo e mulher", "Mate" e "Cachaça", além daquele que pode ser caracterizado como o mais exemplar dos "Motivos de trova e descante", intitulado "Monarquia", em dezoito estrofes, das quais algumas são reproduzidas abaixo:

---

6. Poema épico curto, na acepção da língua espanhola para o termo. Também conhecido como rimance ou xácara.

7. Meyer, *op. cit.*, p. 25.

8. Schüler, *op. cit.*, p. 46.

1

Todos cantam, trovam versos
Com sua sabedoria;
Só eu me ponho a cantar
Pela lei da monarquia.
[...]

3

Gosto da vida do campo,
Dessa eterna gauchada,
Na cidade eu morreria,
Comendo carne cansada.
[...]

8

Sou valente como as armas,
Sou guapo como um leão;
Índio velho sem governo,
Minha lei é o coração.
[...]

15

Desde guri eu já era
Um monarca abarbarado,
Ninguém me pisou no poncho
Que não ficasse pisado.[9]

Os poemas pertencentes aos "Motivos da Guerra dos Farrapos" fazem referência a nomes relevantes da guerra, assim como lembram datas importantes do evento e combates históricos ocorridos no período. Uma das personagens fundamentais para se entender a guerra civil farrapa (1835–1845) e o seu contexto é Bento Gonçalves da Silva. O estancieiro e militar foi o líder máximo da empreitada, tanto que, mesmo preso, foi declarado

---

9. Meyer, *op. cit.*, p. 77-80.

presidente da República Rio-Grandense, proclamada após a Batalha do Seival, em 11 de setembro de 1836. Assumiu efetivamente o cargo somente no final de 1837, após fugir do Forte do Mar, onde estava aprisionado, na Bahia; ele, em geral, recebia um olhar elogioso, como nestas quadrinhas, intituladas "A Bento Gonçalves da Silva":

> Bento Gonçalves da Silva
> Da liberdade é o guia.
> É herói, porque detesta
> A infame tirania.

> O general Bento Gonçalves
> Que de nada se temeu,
> Ainda estando numa ilha
> Corajoso combateu.

> O herói Bento Gonçalves
> Tem na sua convivência
> Um Neto com senhoria,
> Um Lima com excelência.

> Bento Gonçalves primeiro,
> General Neto segundo,
> Fazem frente aos galegos
> Em qualquer parte do mundo.[10]

Um aspecto formal que chama a atenção refere-se à presença de versos heptassílabos, distribuídos em quadras, com o 2° e o 4° versos rimando, característica comum em todo cancioneiro gaúcho. São elementos fônicos que contribuem para a memorização, levando em conta que muitas dessas composições eram criadas no calor do momento, sendo imediatamente declamadas em público. A outra face diz respeito ao conteúdo, pois

---

10. Apolinário Porto Alegre, *Cancioneiro da Revolução de 1835*, p. 61.

o tom elogioso pode ser conferido em quase toda a produção oral referente aos farrapos. Cabe ressaltar a presença de outras figuras que merecem constar, na opinião do poema, junto a Bento Gonçalves, como os generais Antônio de Sousa Neto e João Manuel de Lima e Silva.

Entretanto, não são só os elogios que determinam essa produção popular. Há fissuras na proposta ideológica apresentada pelos poemas, desconstruindo-se a visão de apoio popular quase irrestrito à revolução. Isso se dá em poemas irônicos em que o riso se faz presente e os "caramurus" vão à desforra: por um lado, elogiam o Império, por outro, ridicularizam os farroupilhas e seus atos. As mesmas personagens antes endeusadas servem aqui de mote para o escárnio das "Trovas legalistas", como Neto e Lima e Silva; por outro lado, João da Silva Tavares, comandante que lutou do lado monarquista, surge vencedor, ao lado do Coronel Francisco Pedro de Abreu (Chico Pedro ou Chico Moringue), militar imperial que derrotou Bento Gonçalves, em 1840 e 1843, e Canabarro, em 1844, no confronto de Porongos:

1
Senhor Neto, vá-se embora,
Não se meta a capadócio;
Vá cuidar dos parelheiros,
Que fará melhor negócio

2
Já vem o Silva Tavares
Com a sua gente armada,
Perguntando pelo Neto
Mais a sua farrapada.

3
O Lima subiu ao valo
Como um grande valentão;
Levou-lhe uma bala o queixo.

Desmaiou, caiu no chão.
[...]

6
Francisco Pedro de Abreu,
Primeiro dos legalistas,
Defensor de sua pátria
E terror dos anarquistas.[11]

No sentido do apoio legalista, pode-se ainda destacar a produção de Pedro Muniz Fagundes, cognominado Pedro Canga, o mais famoso dos poetas e trovadores populares não anônimos. Oficial das forças imperialistas, são atribuídas a ele apenas quatro glosas; a primeira estrofe da terceira glosa deixa clara a sua posição antirrepublicana:

Se filhos degenerados
Contra a pátria se arremessam,
São filhos que só professam
Seguir trilhos desgraçados,
Lobos famintos, malvados,
Escravos ambiciosos
Que com passos tenebrosos
Nossos bens querem roubar;
Monstros tais vinde esmagar
Guardas Nacionais briosos![12]

No conjunto, sobressai-se, no cancioneiro, o texto monárquico, que opera a mitificação do gaúcho e não tolera o uso de linguagem ordinária; assim, termos como "liberdade", "independência", "lealdade", "coragem" e "bravura" têm espaço garantido nos versos. Contrapõem-se "O Tatu" e "Chimarrita", textos sem

---

11. Meyer, *op. cit.*, p. 164-165.
12. Guilhermino Cesar, *O embuçado do Erval*, p. 44, grifo do autor.

A constelação romântica: período formativo

a grandiloquência e a retórica do elogio, que não escondem a miséria, muitas vezes inclusive fazendo graça dela.

Maria Clemência da Silveira Sampaio

Passando da poesia popular, em geral anônima, para a poesia erudita, que traz como marcas a autoria definida, o diálogo com a tradição literária ocidental e de língua portuguesa, as alusões à mitologia greco-latina e o uso de formas clássicas (como o soneto) e do metro decassilábico, apresenta-se aquela que pode ser considerada a primeira poeta sul-rio-grandense, Maria Clemência da Silveira Sampaio, nascida em Rio Grande, em 1789, falecida na mesma cidade, em 1862. A sua origem esteve sempre envolta em confusões, muitas vezes sendo apontada como baiana, o que a levou a ser esquecida pela historiografia sulina. Seu principal e pioneiro texto, *Versos heroicos*, é de 1823, publicado no Rio Janeiro, aos cuidados da Imprensa Nacional, sendo reeditado apenas em 2003, por Maria Eunice Moreira, exatamente 180 anos depois.

O opúsculo de oito páginas traz na sua capa a seguinte inscrição: "*Versos heroicos* que, pelo motivo da gloriosa aclamação do Primeiro Imperador Constitucional do Brasil, compôs e recitou Maria Clemência da Silveira Sampaio, no baile público, que o comércio do Rio Grande deu na noite do dia da mesma aclamação". O poema, então, como pode ser entrevisto, celebra a aclamação de D. Pedro I como Imperador do Brasil, acontecida em 12 de outubro de 1822. O título faz alusão ao fato de toda a composição ser estruturada em uma única estrofe de versos brancos e decassílabos heroicos, aquele em que o acento tônico recai na 6ª e na 10ª sílabas. Também pode ser feita a leitura, a partir do título, da coragem, e por que não dizer do heroísmo, de D. Pedro em declamar a independência em relação a Portugal, o que retiraria o Brasil da letargia a que a colônia estava entregue:

61

> Salve dia imortal, do Brasil glória,
> Em que do abatimento ressurgindo
> Avulta entre as nações teu grande nome,[13]

A partir destes três versos iniciais, segue-se um poema em que fica consignado o caráter encomiástico em relação a D. Pedro I e sua esposa, Imperatriz Leopoldina, chamada pelo primeiro nome, Carolina. O tom geral da composição — o elogio ao casal, a religiosidade e a confiança de que ao Brasil apresenta-se um futuro auspicioso — é apenas interrompido pela reivindicação, por parte da poeta, de melhorias infra estruturais, o que levaria o progresso ao Rio Grande do Sul. Assim, o cunho nacionalista dá lugar a uma preocupação com as peculiaridades regionais, podendo ser observada uma exaltação das qualidades do torrão sulino, embora ainda tímida:

> Que vos tributa uma Província inteira,
> A quem o Rio Grande dá seu nome,
> Que é fértil em terreno, doce em clima,
> Abundante de matas, rios, montes,
> De searas, e vinhas, e de gados
> Riquezas naturais, que só precisam,
> De fomento, e cuidado: os densos bosques
> Oferecem vegetais mui proveitosos,
> [...]
> Os grandes rios, que o País dividem,
> Por quem gira o comércio, e a abundância,
> Carecendo de pontes, e de barcas
> Se tornam quase sempre intransitáveis;[14]

Mesmo que a poeta "continentista", como Maria Clemência autodenomina-se, desculpe-se metatextualmente ao longo de sua composição, por ter "voz débil", usando "toscas expressões",

---

13. Maria Eunice Moreira, *Uma voz ao Sul*, p. 69.
14. *Ibid.*, p. 73-74.

em "mal rimados versos"[15], o monarca, ao tomar conhecimento do texto simpático à sua pessoa, autorizou a publicação do libreto pela Imprensa Nacional, um ano depois, dando início oficial à literatura culta sul-rio-grandense. Da pequena bibliografia da autora ainda constam mais três produções, todas publicadas na imprensa gaúcha. Os poemas têm em comum a longa extensão, com os dois primeiros mantendo o elogio à casa imperial e o tom social e ideológico, características já presentes nos *Versos heroicos*, diferente do localismo acentuado do terceiro:

- "Elogio" (82 versos), no jornal A *Voz da Verdade* – Folha Política e Comercial, de Rio Grande, no dia 24 de outubro de 1845, em torno da comemoração pelo fim da Revolução Farroupilha;
- "Saudosa expressão da Pátria" (102 versos), no jornal O *Rio-Grandense*, de Rio Grande, no dia 17 de julho de 1847, sobre a morte prematura do Príncipe Afonso, filho de Dom Pedro II;
- "Um sítio de Porto Alegre – A uma companheira de moradia" (120 versos), na revista literária O *Guaíba*, de Porto Alegre, no dia 19 de julho de 1857, que traz a descrição da natureza de um local porto-alegrense, destacando árvores frutíferas, flores e pássaros.

Poeta bissexta, Maria Clemência merece ser resgatada do esquecimento a que foi relegada, seja pela precedência histórica, seja pelos temas que inaugura nas letras rio-grandenses, entre os quais a sugestão política, a defesa do caráter nacional e os acanhados primeiros passos na vereda do regionalismo.

---

15. *Ibid.*, p. 72.

Literatura antes, ao longo e depois da revolução

Se o episódio separatista das décadas de 1830 e 1840, conforme já visto, foi tema de versos de cunho oral, a revolução também mereceu o olhar atento dos chamados "poetas farroupilhas", que espalharam os seus poemas pelos jornais da época. Eles eram formados principalmente por duas famílias, a Sarmento Mena, de Rio Pardo, e a Fontoura, de Cachoeira do Sul. Na primeira, faziam parte os irmãos Sebastião Xavier do Amaral Sarmento Mena, Francisco de Paula do Amaral Sarmento Mena e Frederico Augusto do Amaral Sarmento Mena; na segunda, constavam os irmãos Francisco Pinto da Fontoura, cognominado Chiquinho da Vovó, e Antônio Paulo da Fontoura, conhecido como Paulino da Fontoura ou Antônio Paulino, além do parente dos dois, Antônio Vicente da Fontoura. Ainda se sobressaem, do grupo, Pedro José de Almeida, o Pedro Boticário; Antônio Manuel Corrêa da Câmara; João Machado da Silveira; José Gonçalves Lopes Ferrugem; José Pinheiro de Ulhôa Cintra e Antônio da Silva Neves Piranga, entre outros.

Considerado pela historiografia o maior poeta do ciclo farroupilha, Sebastião Xavier Sarmento Mena experimentou a poesia política, a poesia religiosa, a ode, o soneto, o epílogo, a sátira e os pensamentos, destacando-se, quantitativamente, o primeiro gênero, com os chamados "Sonetos patrióticos". A seguir transcreve-se um deles, "oferecido ao Exmo. General Bento Gonçalves da Silva, presidente da República Rio-Grandense, em maio de 1838, na vila de Rio Pardo", conforme nota original:

> Tu que, banhado em sangue, antes quiseste
> Ao sepulcro descer, Tibério Graco,
> Do que deixar que o desvalido fraco
> Sujeito fosse ao rico, a quem venceste:
>
> Tu, que renome excelso mereceste

A constelação romântica: período formativo

Por leis mais sãs que as de Licurgo e Draco;
Por leis que intimidando a Pluto e Caco,
A bem da pátria, justo propuseste:

Ressurge desse Tibre, onde romano
Mandou-te arremessar, fero, iracundo,
Mostrando que era um monstro desumano.

E ser-te-á grato conhecer a fundo,
Que hoje te iguala Bento americano,
Assombro dos heróis do novo mundo.[16]

Se o elogio à figura de Bento Gonçalves era já uma constante no cancioneiro, note-se, no entanto, a diferença de execução da fatura poética em Sarmento Mena. Aqui, a forma clássica do soneto, os versos decassílabos e a grandiloquência das citações históricas, geográficas e mitológicas, provenientes do universo greco-latino, demonstram a cultura do poeta e dão o tom geral de suas composições.

Mena, no entanto, não se preocupava tão somente com a guerra e seus efeitos. Perseguindo por vezes uma trilha lírico--amorosa, dedicou uma série de poemas à sua esposa, Carolina de Oliveira, com quem teve onze filhos. O soneto abaixo, sem título, homenageia, singelamente, os cabelos da amada, em um tipo de poema comum neste momento, como pode ser visto a seguir em Delfina Benigna da Cunha, em que o referente externo, de cunho autobiográfico, é recorrente na construção poética, borrando os limites entre vida e representação:

Cabelos, cuja cor tem meus cuidados:
Cabelos com que um Deus prende, domina
E abranda corações petrificados:

---

16. Sarmento Mena, *Obras completas*, p. 110.

65

São os teus, venturosa Carolina,
Cópia das graças, dos louçãos agrados,
Formosura sem par, mortal divina.[17]

As máximas de Sarmento Mena, por sua vez, abordam temas já aludidos nos poemas, alternando-se entre ditos sobre a escravidão, a velhice, a religião, a política e o amor:

O que abandona a causa da escravidão e abraça a da liberdade, obedece à voz da razão, da humanidade e da natureza.

Quando a velhice chega, ausenta-se a formosura.

O fanatismo religioso é muito mais temível que o fanatismo político, porque santifica os crimes mais enormes, para impor silêncio à voz da consciência.

Amar e não ser correspondido, é um dos tormentos maiores que sofre o coração humano.[18]

Da outra família de poetas farroupilhas, deve ser lembrado Chiquinho da Vovó, autor de uma das versões do "Hino Republicano Rio-Grandense", exatamente aquela que veio a se tornar o hino oficial do estado, com música do maestro Joaquim José de Mendanha. A matriz ufanista da composição consolida-se

---

17. *Ibid.*, p. 168.
18. *Ibid.*, p. 272, 274, 281 e 284. A citação enseja trazer à tona a posição contraditória dos farroupilhas (em geral, pertencentes à elite econômica da província) em relação aos negros. Além do aforismo de Mena contra a escravidão, cabe lembrar o artigo 4º das condições de paz apresentadas pelos farroupilhas ao Império: "São livres, e como tais reconhecidos, todos os cativos que serviram à revolução". Contudo, o destino digno aos Lanceiros Negros, homens escravizados incorporados ao exército republicano, não foi aceito pelo governo brasileiro. Por outro lado, há o Massacre de Porongos, em que vários negros, parte do corpo de guerra do General Canabarro, foram mortos pelas forças imperiais, em 14 de novembro de 1844, momento em que a guerra já chegava ao seu final, com o armistício em andamento. Veja-se também o hino do estado, que traz o verso "Povo que não tem virtude / Acaba por ser escravo", que se abre a uma interpretação que inferioriza a etnia negra. Sobre Porongos e as negociações de paz, ver Moacyr Flores, *A Revolução Farroupilha*, p. 101-105.

A constelação romântica: período formativo

no refrão, em que as façanhas farroupilhas servem de exemplo às pessoas do mundo:

> Mostremos valor, constância,
> Nesta ímpia, injusta guerra,
> Sirvam as nossas façanhas
> De modelo a toda a terra.[19]

Paralelamente ao conjunto dos poetas republicanos, surgem algumas escritoras e jornalistas que colocam a mulher num papel primordial para as letras rio-grandenses, todas com uma posição legalista: Maria Josefa Barreto Pereira Pinto, Delfina Benigna da Cunha e Ana Eurídice Eufrosina de Barandas. Maria Josefa, além de poeta e professora, foi a primeira mulher a exercer atividade intelectual na imprensa gaúcha, tendo editado, entre novembro de 1833 e janeiro de 1834, o periódico monárquico *Belona Irada Contra os Sectários de Momo*, que durou apenas três meses, assim como colaborou com *Idade d'Ouro*, também com circulação entre o começo de 1833 e o final de 1834, redigido por ela e Manuel dos Passos Figueiroa.

Já Delfina Benigna da Cunha é escritora primordial na história da literatura do Rio Grande do Sul, porque, diferente dos coetâneos, que deram vazão à sua produção somente por meio de periódicos, publicou aquele que é considerado o primeiro livro literário impresso na província, as *Poesias oferecidas às senhoras rio-grandenses*, de 1834, pela Tipografia Fonseca, de Porto Alegre, reeditado em 1838 pela Tipografia Austral, do Rio de Janeiro, com acréscimos em relação à tiragem de quatro anos antes; ainda publicou *Coleção de várias poesias dedicadas à Imperatriz viúva*, em 1846, pela Tipografia Universal de Laemmert. Se Maria Clemência tem a primazia de ser a primeira pessoa nascida em solo rio-grandense a colocar em volume os seus versos (embora estampados no Rio de Janeiro), a poeta

---

19. Alcides Lopes Miller, "Poetas farroupilhas", p. 233.

cega nascida em São José do Norte tem obra mais encorpada e homogênea. Sua poesia conforma vários formatos — epístolas, glosas, quadras, oitavas, sonetos — e uma série de temáticas, o que a coloca em posição fundamental para se entender os primórdios da história literária sulina.

Uma vertente de sua poética é a encomiástica, em produções de ocasião que visavam atender a interesses os mais diversos. O soneto abaixo, por exemplo, foi apresentado a Dom Pedro I, quando se viu desamparada, sem visão desde a infância e tendo morrido o pai, capitão-mor da guarnição do litoral. O monarca, levando em conta o apelo constante no soneto, a situação de penúria e os serviços prestados pelo pai, concedeu-lhe uma pensão vitalícia:

> Quem te fala, Senhor, quem te saúda
> Não vê raiar de Febo a luz brilhante;
> Dá-lhe pio agasalho um breve instante,
> Seu fado imigo, em brando fado muda:
> A sustentar o peso assaz lhe ajuda
> De uma vida, que à morte é semelhante,
> Não chegue a ser aflita mendigante
> Quem a um tal protetor roga lhe acuda.[20]

Esse caráter circunstancial enovela-se com outro aspecto, o político, ainda mais em época tão conflagrada no Rio Grande do Sul, envolvido em uma briga entre os defensores da república e da monarquia; a posição da poeta, contudo, era clara, a favor do lado imperial, diferente da produção das famílias Sarmento Mena e Fontoura. Às vezes, a autora é direta e agressiva nos seus posicionamentos, como no mote da "Quadra":

> Maldição te seja dada
> Bento infeliz, desvairado.
> No Brasil, e em toda a parte

---

20. Delfina Benigna da Cunha, *Poesias oferecidas às senhoras rio-grandenses*, p. 42.

Será teu nome odiado.[21]

Na parte lírico-confessional de sua obra, encontra a escritora resultados interessantes, como no "Soneto" abaixo, presença constante em antologias. De caráter semiautobiográfico, quando o leitor fica sabendo que Delfina da Cunha ficou cega desde os vinte meses de idade, elucida-se o primeiro verso, que contabiliza as vezes em que a criança conseguiu vislumbrar a lua cheia, já que esta atinge o seu auge de luminosidade por apenas um período do mês. A tristeza e a amargura da situação contrapõem-se à sensibilidade que habita o coração da poeta; o saldo final, porém, é de melancolia e ausência de prazer:

> Vinte vezes a lua prateada
> Inteira rosto seu mostrado havia,
> Quando um terrível mal, que então sofria,
> Me tornou para sempre desgraçada:
>
> De ver o céu e o sol sendo privada,
> Cresceu a par comigo a mágoa ímpia:
> Desde a infância a mortal melancolia
> Se viu em meu semblante debuxada.
>
> Sensível coração deu-me a natura,
> E a fortuna, cruel sempre comigo,
> Me negou toda a sorte de ventura:
> Nem sequer um prazer breve consigo,
> Só para terminar minha amargura,
> Me aguarda o triste, o sepulcral jazigo.[22]

Há ainda, em Delfina, uma produção de cunho amoroso, de inspiração pastoral, em que se destaca a paixão, não correspondida, a Elmano, figura talvez inspirada no militar rio-grandino Manuel Marques de Sousa, o Conde de Porto Alegre (1804–1875), que

---

21. *Ibid.*, p. 218.
22. *Ibid.*, p. 30.

teve importante participação na Revolução Farroupilha, pelo lado legalista:

> Quem como tu, Elmano, agradar pode
> Ao terno sentir meu tão delicado;
> Teu trato melindroso, o teu agrado
> Faz com que tudo hoje m'incomode:
>
> Se teu gênio sensível não me acode,
> Em tão penoso e miserando estado,
> Meu débil ser verás aniquilado
> Por esse mal, que a sorte quer que rode.[23]

Se Delfina, com o seu livro de estreia, antecedeu em um ano a Revolução Farroupilha, uma outra escritora lançou um volume no encerramento da guerra civil: Ana Eurídice Eufrosina de Barandas, com *O ramalhete ou Flores escolhidas no jardim da imaginação* (Tipografia de Isidoro José Lopes, Porto Alegre, 1845), coletânea que mescla poesia e prosa.

Entre os poemas, há sonetos, odes e quadras, de cunho ora árcade, ora político, o que mostra similitude com a prática poética de Delfina. Alguns sonetos denunciam a inflexão grega (e feminina): "Nem de Safo me adorna o Mirto e Louro, / Para que em doce metro te engrandeça:"[24]; outros apontam para a situação bélica da província nos anos entre 1835–1845, contrapondo os problemas advindos da instauração da república (na visão da autora) à ordem estabelecida na ação do "Ilmo. Sr. Manuel Marques de Sousa, então Major da Praça de Porto Alegre, quando foi sitiada a primeira vez pelos rebeldes, em 1836"[25], conforme se lê

---

23. *Ibid.*, p. 59.

24. Ana Eurídice Eufrosina de Barandas, *O ramalhete*, p. 82.

25. Note-se que Marques de Sousa, o Conde de Porto Alegre, aqui homenageado em um poema encomiástico, já tinha sido a provável inspiração poético-amorosa de Delfina.

A constelação romântica: período formativo

na dedicatória do poema sem título: "Já do anárquico monstro o aspecto feio / Esconde ao seu fulgor, que a vida ofende!".[26]

Já dos contos e crônicas — "Eugênia ou A filósofa apaixonada", "Uma lembrança saudosa", "Diálogos" e "A queda de Safo ou O cinco de maio – alegoria" —, destaca-se o primeiro texto, em que há um desenvolvimento maior do entrecho narrativo. É a história de Eugênia, apaixonada por Dolival, que também jura amor à moça. A situação falimentar de Leandro, o pai do rapaz, porém, força o casamento de Dolival com Melinda, filha de Luciano Álvares, o credor do pai. O casamento resolveria os problemas de dinheiro, mas se coloca como um empecilho da relação amorosa com Eugênia, que aceita o desfecho num primeiro momento, para depois chegar à conclusão que não é amada, na verdade, por Dolival. A opção que toma é que a razão se sobreponha à emoção, pedindo então para não ser mais procurada pelo amado; logo após a saída dele, cai em febre durante cinco dias.

Dolival, sabendo da doença, procura Eugênia, e propõe casar-se com ela, contra as indicações do pai. No dia marcado para o casamento, chega Leandro, que pede encarecidamente que a moça esqueça Dolival, pois o casamento deste com Melinda é a única salvação para a família. Eugênia concorda, escrevendo um bilhete a Dolival, em que pede para ser esquecida. Meses depois, Eugênia, que nunca mais teve notícias do amado, recebe a visita de Melinda, que diz que o esposo perdeu o juízo, fugiu de casa e está há seis dias rondando a antiga casa de Eugênia. A moça vai até lá, e após travar uma conversa entrecortada por recordações e lágrimas, é acusada de traí-lo e abandoná-lo, sendo morta com uma punhalada no coração pelo enlouquecido Dolival, que logo após se mata. No outro dia, no enterro, a esposa e o pai do rapaz mostram a dor do momento:

---

26. Barandas, *op. cit.*, p. 83.

> Todo o concurso reunido para as exéquias lamenta o triste fim de dois amantes. Melinda, desgrenhada, faz ressoar tudo com seus gemidos, e em perfeito delírio corta os seus preciosos cabelos sobre o corpo inanimado do seu esposo, e parece querer acompanhá-lo ao túmulo.
>
> — Meu filho! Meu único filho! Foste vítima de minhas intrigas e de meu vil interesse! — Eram os gritos do velho Leandro.[27]

O conto estendido, que apresenta um narrador em terceira pessoa que por vezes suspende a ação e faz comentários sobre os dois protagonistas, passa-se no Rio de Janeiro, não havendo, até por essa localização, a presença do elemento regional.

A história possui um ritmo fluido, sem excesso de divagações, prendendo o leitor até o desfecho trágico, com a morte da mulher (um feminicídio, na terminologia de hoje, já que foi um crime originado de uma relação amorosa desvirtuada) e o subsequente suicídio do homem. Interessante notar que o trecho acima, que constitui o final da novela, omite Eugênia (afinal, personagem que dá título à história) e centra-se na figura de Dolival, que de assassino transforma-se em vítima, inversão típica da época, dominada por uma visão machista.

Monarquista, como as demais poetas da época, nos textos de Eufrosina fica clara a sua posição antifarroupilha, encarregando-se os escritores masculinos da defesa do legado republicano. Ela também seguiu o caminho do lirismo e foi uma precursora na narrativa curta no Brasil, ora trazendo crônicas que refletem sobre os assuntos políticos do momento, ora estampando um conto bem caracterizado na estruturação do enredo, como "Eugênia".

---

27. *Ibid.*, p. 79.

Caldre e Fião

Os dois romances do escritor e médico homeopata José Antônio do Vale Caldre e Fião, *A Divina Pastora: novela rio-grandense* e *O corsário: romance rio-grandense*, garantiram-lhe um lugar de destaque na historiografia literária não só sul-rio-grandense mas brasileira, até porque o primeiro surge apenas três anos depois de *A Moreninha* (1844), marco do gênero romanesco nacional.

Durante 145 anos sumido das bibliotecas, por motivos ainda hoje nebulosos, até ser redescoberto e reeditado em 1992, *A Divina Pastora* (1847) conta a história de Almênio, personagem que, ao longo da Revolução Farroupilha, muda de lado, primeiro lutando ao lado dos revoltosos republicanos, para depois juntar-se às hostes imperiais. Paralelo a esse cenário belicoso, o narrador valoriza as relações familiares das diferentes personagens e relata o triângulo amoroso entre Almênio, um rio-grandense valoroso e respeitador, com sua prima Edélia, a Divina Pastora, e Clarinda, com quem acaba se casando ao final; ainda deve-se registrar a presença de Francisco, o antagonista que, perniciosamente, tenta corromper o coração da Pastora, sem sucesso.

A Divina Pastora apresenta alguns problemas em sua urdidura, advindos da ação que não progride, do excesso de personagens, de lances mirabolantes, de idas e vindas espaciais e temporais nem sempre bem resolvidas, de diversas narrativas enquadradas no contexto maior, as quais fazem o leitor se perder no emaranhado de micro-histórias ou *flashbacks* explicativos. O narrador interpõe-se a toda hora, em reflexões que prejudicam, por vezes, o andamento narrativo, pois ele coloca a sua própria visão (ou a visão mesmo do autor Caldre e Fião) sobre determinada questão:

Se sábios fôssemos, as negras cores dos hórridos fatos passados no Pará, na Bahia, em Pernambuco, no Rio Grande do Sul e mais províncias brasileiras não teriam manchado o quadro histórico de nossa pátria. É a ignorância a fonte de todos os males.[28]

Em trechos como esses, que pululam no romance, a literatura perde o seu foro de texto ficcional, para ganhar ares de tratado político-sociológico. É curioso registrar, no entanto, que o próprio narrador nota que as intromissões podem causar desconforto no leitor:

Basta de divagação! Então o Sr. fica nestas coisas absorvido como se elas fossem muito boas e nada de nos contar o que foi de Almênio! Lá exclamou um meu honrado leitor a quem muito respeito.[29]

Em todo caso, é possível encontrar na obra farto material para se pensar elementos que marcarão a literatura sulina na segunda metade do século XIX e ao longo de todo o XX, reverberando, ainda, no XXI. Por exemplo, é fácil identificar em Almênio, o protagonista, o gérmen do "centauro dos pampas", que embeberá, na mitificação ou desmitificação, autores como Apolinário Porto Alegre, Alcides Maya, Simões Lopes Neto, Darcy Azambuja, Cyro Martins, Erico Verissimo, Luiz Antonio de Assis Brasil e Tabajara Ruas.

Outro ponto positivo do livro é a descrição de várias locais da paisagem urbana de Porto Alegre, que pela primeira vez ganha o espaço ficcional: a Ponte da Azenha, o Passo d'Areia, o Largo do Paraíso (hoje, a Praça XV de Novembro), a Rua da Igreja (hoje, a Rua Duque de Caxias) ou o Caminho de Belém (hoje, o bairro Belém Velho). Outras cidades da então província são citadas, como Rio Grande, Pelotas, São Leopoldo, Rio Pardo, São Borja e a região missioneira, dando uma visibilidade literária que os espaços sulinos ainda não possuíam na literatura brasileira.

Destaque para a guerra civil farroupilha, abordada no calor dos acontecimentos, pois o romance foi publicado em 1847,

---

28. José Antônio do Vale Caldre e Fião, A *Divina Pastora*, p. 45.
29. *Ibid.*, p. 46.

A constelação romântica: período formativo

dois anos após o fim dela. A revolução, no entanto, aparece como pano de fundo, nunca se colocando à frente do drama pessoal das personagens, assim como é vista negativamente, antes do processo mitificador que se desenvolverá depois. O livro de Caldre e Fião, entre tantas primazias, tem também a de abarcar pela primeira vez um conflito tão importante para a história do Rio Grande do Sul.

O posicionamento contra a guerra é compartilhado por Edélia, figura divinal e frágil, que se deixa enganar pelo vilão Francisco, aquele que encarna todas as maldades do mundo — o estereótipo melodramático perpassa as duas obras do médico. A mocinha é uma espécie de alter ego de Caldre e Fião, pois ambos nutrem sentimentos semelhantes entre si, colhidos ou da ficção (caso de Edélia) ou da biografia (caso de Caldre): o ódio à guerra e aos revoltosos farroupilhas, e o amor à poesia e à vida pacata afastada do rumor das cidades; a hipótese ganha um dado curioso e extratextual que confirma a relação: criatura e criador fazem aniversário no dia 15 de outubro. Não por acaso, em diversos momentos, Edélia revolta-se "contra os horrores de uma revolução que indevidamente personificava em um ente que deveria amar"[30], pois que seu primo Almênio, a quem amava secretamente, lutava ao lado dos farrapos num primeiro momento, para desgosto do pai, Bernardo; essa posição, porém, muda ao longo do romance, numa escolha que denota o caminho "correto", na visão do autor, que o herói deveria tomar.

Em uma passagem, o narrador faz um contraponto entre duas atividades profissionais distintas e caras ao universo sulino, o militar e o cultivador da terra. A comparação revela-se contundente, em obra publicada dois anos depois de finda a guerra civil e em província acostumada a batalhas: na casa de Paulo, o pai de Edélia,

---

30. *Ibid.*, p. 59.

> estimava-se mais os distintivos da paz do que os da
> guerra; ser *general* nesta casa era menos do que ser
> *agricultor* que do seio da terra tira à custa do seu suor as
> verdadeiras riquezas e a felicidade do gênero humano.[31]

Essa posição antibélica, louvável levando-se em conta o tempo e o espaço da escrita e da publicação, já fica clara quando da constatação feita anteriormente de que a Revolução Farroupilha é a motivação de várias personagens no decurso do romance, mas nunca assume o papel principal do enredo. Numa obra em que se vê uma oscilação entre a descrição detalhada de lugares urbanos e uma tendência ao endeusamento do espaço campesino, uma passagem ao final do livro resume e anuncia o espírito que moverá uma vertente da literatura sul-rio-grandense daqui por diante:

> Ah... Meu Deus!... Como é mágica e encantadora a
> vivenda dos campos!... Feliz quem sem ambições pode
> saborear-lhe as delícias! Feliz quem sossegado pode viver
> nos campos![32]

O gaúcho aparece de forma inédita em meio à trama ficcional, embora não nomeado desta maneira, mas como o "monarca das coxilhas" ou o mais genérico "Rio-Grandense", sempre grafado com maiúsculas; ressalte-se que o tipo regional aparece ainda com certa timidez, mas já estão lá os atributos, os usos e costumes que o determinarão daqui para frente: a relação com o cavalo, as comidas típicas (em especial o churrasco), o chimarrão, a indumentária, a hospitalidade, a honra, a fidelidade, a simplicidade, a coragem. Há o uso de palavras que fazem referência ao mundo campesino, mas de maneira pouco orgânica, como costuma ocorrer na literatura sul-rio-grandense antes de Simões Lopes Neto. O narrador, culto e citadino, usa a norma padrão da língua, com os termos específicos sendo usados somente em casos isolados,

---

31. *Ibid.*, p. 144, grifos do autor.

32. *Ibid.*, p. 208.

em geral com notas do próprio autor, como na passagem em que uma série de palavras é enumerada, com as devidas explicações ao rodapé: "redomão", "fandango", "tirana", "churrasco".[33]

Perto de seu final, três cartas, datadas respectivamente em 10 de novembro de 1844, 18 de dezembro de 1844 e 28 de outubro de 1845, conduzem a narrativa. Edélia faz um relato de sua nova vida, em um retiro, distante das questões comezinhas da cidade e da rotina, prometendo ao pai nunca se casar e se dedicar a Deus e aos desafortunados, dando sentido à alcunha de Divina Pastora. Endereçada ao seu pai, Paulo de Sousa Miranda, a correspondência mapeia o destino dos protagonistas, punindo os maus (Francisco e Fabrício) e exaltando o futuro feliz que aguarda os puros de coração e os virtuosos (o casal Almênio/Clarinda e a própria Edélia, que se volta por completo à religiosidade). A última frase do livro marca a valorização das qualidades e dos sentimentos positivos, quando Hendrichs, pai de Clarinda, que em visita à amiga Pastora, a quem considera uma filha, exclama: "— Minha filha, a virtude... só a virtude é boa!".[34]

O outro romance de Caldre e Fião, *O corsário*, saiu primeiro em folhetim no jornal *O Americano*, do Rio de Janeiro, em 1849, depois em livro, em 1851, pela Tipografia Filantrópica, também do Rio. *O corsário* pode ser classificado a partir de alguns enquadramentos, sendo precursor, na literatura brasileira, tanto no quesito da regionalidade, abordando a vida de gaúchos tropeadores, pescadores e saqueadores que viviam no litoral sul-rio-grandense, como no aspecto do romance histórico, ao trazer à tona fatos e personalidades (Garibaldi, Bento Gonçalves) vinculados à Revolução Farroupilha, que são integrados à ficção. O fato de a guerra civil rio-grandense ter um papel de apoio, suplementar à narrativa, é um elemento que Caldre e Fião reutiliza de seu

---

33. *Ibid.*, p. 51.
34. *Ibid.*, p. 235.

primeiro romance, assim como apresenta uma visão crítica da revolução, por meio da boca de suas personagens:

> Deus nos livre de revoluções, disse Pedro Joaquim abanando a cabeça; elas só são boas para quem não quer trabalhar, para esses cavalheiros de indústria que andam por aí a ferrar calotes em todo mundo.[35]

Em oito quadros (equivalentes a capítulos), o livro traz, em primeiro plano, Maria e seus familiares, habitantes da região litorânea onde hoje se localiza a praia de Tramandaí, os quais viviam dos roubos de cargas de navios que naufragavam na costa. Um dia vem dar à praia o italiano Vanzini, o corsário do título, claramente baseado na figura de Garibaldi que, no entanto, ao mesmo tempo, aparece no romance como personagem secundário. Maria logo se apaixona pelo capitão estrangeiro, que a ilude com um falso sentimento, pois tem interesse nos ganhos materiais que a relação pode trazer para si.

Após uma série de ações folhetinescas, envolvendo barcos afundados, cartas que arrasam reputações e atos de vingança (sentimento que movimenta boa parte das personagens), a partir da inconformidade da família e amigos de Maria por seu relacionamento com Vanzini, as reais intenções do corsário são expostas, o que leva o casal à separação, encontrando Maria o amor junto ao vaqueano João Martinho, que diferentemente do esperado, não age na Campanha, mas na costa marítima, entre Rio Grande, São José do Norte, Mostardas, Tramandaí e Torres. A moça, quando se envolve com o exótico, o fora da lei que saiu fugido da sua Veneza natal, recebe a reprovação geral, mas quando encontra a felicidade junto ao tropeiro rio-grandense, dono de "sentimentos nobres, e um coração sensível e virtuoso"[36], embora desprovido de posses, garante o "final feliz" do livro, não sem antes Vanzini ter a sua senda de crimes encerrada,

---

35. José Antônio do Vale Caldre e Fião, *O corsário*, p. 83.
36. *Ibid.*, p. 200.

A constelação romântica: período formativo

ao ser encontrado agonizante na praia, vítima de balas e lançaços, vindo a seguir morrer. A escolha de Maria pelo tropeiro já anuncia o seu desprezo pela riqueza material, valorizando o amor, já que ao final estava dividida em um triângulo amoroso, entre ela, o rico Manoelzinho e o pobre João Martinho. Um dado interessante do romance é o fato de as personagens serem, em sua maioria, pertencentes às classes menos abastadas da sociedade: pescadores, saqueadores, peões. A localização espacial da trama traz outra novidade, a tematização do litoral e da sua gente, que a literatura do estado pouco desenvolverá. Neste sentido, ponto para Caldre e Fião, ao deslocar a ação do Pampa para as margens do Atlântico, embora a figura do gaúcho, com seus atributos positivos, esteja presente, como deixa entrever a personagem João Martinho, descrito encomiasticamente por meio de uma série de expressões exclamadas simultaneamente ao ser ouvido o nome do tropeiro:

— O célebre cavaleiro!...
— O monarca destes pagos!...
— O valente moço!...
— O bravo das costas!
— O rei dos *vaqueanos*![37]

Ou ainda no trecho em que quatro gaúchos — José Pacávio, Fernão Lopes, Anselmo e Manoel da Cunha — assomam no romance buscando se vingarem de Vanzini. No trecho, em que o narrador marca várias palavras gauchescas em itálico, os peões são descritos de maneira positiva, realçando suas vestimentas e armas, assim como marca a postura do quarteto, ao mesmo tempo franca e valente:

Eram quatro moços vestidos à *gaúcha*: eles traziam chapéus arredondados de abas largas; trajavam *chilipás* com *franjas*; coletes vermelhos com botões amarelos, xales de cachemira velhos

---

37. *Ibid.*, p. 256, grifo do autor.

79

amarrados à cintura, excetuando um deles que cingia uma linda e bordada *guaiaca*; e traziam ainda grandes e pesadas *chilenas* de prata; estavam armados à rio-grandense, com espada, duas pistolas, uma faca, uma carabina, e o laço e as bolas, que estavam seguras nos *tentos* dos cavalos; seus aspectos eram guerreiros; em seu todo apresentavam uma lhana franqueza e alegria bem pronunciada.[38]

Logo após esse momento, um dos tropeiros, José Pacávio, recita versos dos cantos de monarquia[39], apontando a importância da produção de cunho oral na formação literária do Rio Grande do Sul. Caldre e Fião, ao citar as quadras, estabelece um elo entre a poesia popular e o romance, forma letrada que no século XIX impõe-se em termos de popularidade junto ao público. A citação demonstra que a intenção mitificadora do cancioneiro deu frutos e se tornaria uma constante na literatura sul-rio-grandense.

Ao fim, pesados os prós e os contras, o saldo de Caldre e Fião é positivo. Suas duas narrativas, fundacionais, podem sofrer alguns senões quando lidas à luz da contemporaneidade, mas o autor porto-alegrense foi pioneiro, ao abrir vários caminhos da literatura sul-rio-grandense, os quais foram trilhados por todos os autores que lhe sucederam no gênero romanesco: o entrecruzamento entre ficção e história, o aproveitamento do espaço campesino, a abordagem positiva dos atributos e hábitos da figura gauchesca. Assim, a importância do escritor não pode ser negada, tanto que, anos depois da publicação de A *Divina Pastora* e O *corsário*, foi ele escolhido para ser o presidente honorário da Sociedade Partenon Literário.

---

38. *Ibid.*, p. 158-159, grifos do autor.
39. *Ibid.*, p. 167.

Comentário final

Embora o ambiente cultural e educacional atrasado da província, espécie de entreposto militar do Império, devido à sua posição fronteiriça e estratégica em relação aos países platinos, o que a levou a estar permanentemente envolvida em conflitos, desde meados do século XVIII (Guerras Guaraníticas) até o final do século XIX (Revolução Federalista), pode-se dizer que o período compreendido entre 1823 (ano dos *Versos heroicos*, da pioneira Maria da Clemência) e 1851 (data de publicação em volume de *O corsário*, o segundo e último romance de Caldre e Fião) erige o alicerce da literatura sul-rio-grandense. Atravessada pela Revolução Farroupilha, essa produção deixou como patrimônio cultural poemas, contos e romances, espalhados em periódicos ou publicados em volumes, sem falar na interessante ocorrência de tantas escritoras mulheres, as Clemências, Josefas, Delfinas e Eufrosinas, pioneiras de nomes curiosos, em uma época que sufocava a participação ativa do gênero feminino na sociedade sulina, patriarcal por excelência.

Referências

BARANDAS, Ana Eurídice Eufrosina de. *O ramalhete ou Flores escolhidas no jardim da imaginação*. Org. Hilda Agnes Hübner Flores. Porto Alegre: EDIPUCRS; Nova Dimensão, 1990.

CALDRE E FIÃO, José Antônio do Vale. A *Divina Pastora*: novela rio-grandense. Ensaio crítico, notas e fixação do texto por Flávio Loureiro Chaves. Porto Alegre: RBS, 1992.

CALDRE E FIÃO, José Antônio do Vale. *O corsário*: romance rio-grandense. Porto Alegre: Movimento; IEL; Brasília: INL, 1979.

CANDIDO, Antonio. *Formação da literatura brasileira*: momentos decisivos – 1750–1880. Rio de Janeiro: Ouro sobre Azul, 2014.

CESAR, Guilhermino. *História da literatura do Rio Grande do Sul*. Porto Alegre: Globo, 1971.

CESAR, Guilhermino. *O embuçado do Erval*: mito e poesia de Pedro Canga. Porto Alegre: Faculdade de Filosofia da UFRGS, 1968.

CUNHA, Delfina Benigna da. *Poesias oferecidas às senhoras rio-grandenses*. Org. Carlos Alexandre Baumgarten. Porto Alegre: IEL, 2001.

FISCHER, Luís Augusto. *Literatura gaúcha*: história, formação e atualidade. Porto Alegre: Leitura XXI, 2004.

FLORES, Moacyr. A *Revolução Farroupilha*. Porto Alegre: Ed. da UFRGS, 2004.

GOMES, Carla Renata Antunes de Souza. *De rio-grandense a gaúcho*: o triunfo do avesso – um processo de representação regional na literatura do século XIX (1847-1877). Porto Alegre: Editoras Associadas; Secretaria Municipal de Cultura/Prefeitura de Porto Alegre, 2009.

LOPEZ, Luiz Roberto. *Revolução Farroupilha*: revisão dos mitos gaúchos. Porto Alegre: Movimento, 1992.

MENA, Sebastião Xavier do Amaral Sarmento. *Obras completas*. Coligidas, anotadas e precedidas de um estudo crítico por Dante de Laytano. Rio de Janeiro: Papelaria Velho, 1933.

MEYER, Augusto. *Cancioneiro gaúcho*: seleção de poesia popular com notas e um suplemento musical. Porto Alegre: Globo, 1959.

MILLER, Alcides Lopes. Poetas farroupilhas. In: *ANAIS DO QUARTO CONGRESSO DE HISTÓRIA E GEOGRAFIA SUL-RIO- -GRANDENSE*. Porto Alegre: Livraria do Globo, 1946. v. 1. p. 203-255.

MOREIRA, Maria Eunice Moreira. *Os versos (quase) desconhecidos de Maria Clemência da Silveira Sampaio*. Letras de Hoje, Porto Alegre, v. 41, n. 4, p. 27-40, dez. 2006.

MOREIRA, Maria Eunice (Org.). *Uma voz ao Sul*: os versos de Maria Clemência da Silveira Sampaio. Florianópolis: Mulheres, 2003.

MUZART, Zahidé Lupinacci (Org.). *Escritoras brasileiras do século XIX*: antologia. Florianópolis: Mulheres; Santa Cruz do Sul, EDUNISC, 2000. v. 1.

PORTO ALEGRE, Apolinário. *Cancioneiro da Revolução de 1835*. Org. Lothar Hessel. Porto Alegre: Companhia União de Seguros Gerais, 1981.

SCHÜLER, Donaldo. A *poesia no Rio Grande do Sul*. Porto Alegre: Mercado Aberto; IEL, 1987.

Ana Cristina Pinto Matias
Artur Emilio Alarcon Vaz

1.4

Os primórdios da poesia e os primeiros autores românticos

Para Guilhermino Cesar, a publicação, em 1834, do livro *Poesias oferecidas às senhoras rio-grandenses*, de Delfina Benigna da Cunha (1791–1857), considerado então o primeiro livro da literatura sul-rio-grandense, foi um marco da literatura local, quando ocorre a "assimilação consciente dos valores integrantes da cultura nacional", pois a autora — e seu mais famoso soneto "Vinte vezes a lua prateada" — "buscava valores do centro do país, com traços árcades e clássicos, em meio a citações de seres mitológicos e apuro formal, em geral demonstrado no uso de sonetos decassílabos".[1]

No entanto, ao publicar a sua história literária, Guilhermino Cesar não tinha conhecimento da naturalidade sul-rio-grandense de Maria Clemência da Silveira Sampaio (1789–1862), que publicou anteriormente o opúsculo intitulado *Versos heroicos*, em 1823, no Rio de Janeiro. Somente em 1972 é que Domingos Carvalho da Silva comprovou o pioneirismo dessa autora, embora ainda predomine a ideia de que Delfina Benigna da Cunha seja a pioneira nas letras gaúchas. Nas palavras de Maria Eunice Moreira, *Versos heroicos* é "um longo poema, escrito para comemorar a aclamação do primeiro soberano brasileiro e marcar a presença de habitantes do Rio Grande no momento histórico que vivia a nação

---

1. Guilhermino Cesar, *História da literatura do Rio Grande do Sul*, p. 18.

A constelação romântica: período formativo

brasileira".[2] Dessa autora, destaca-se também o poema "Um sítio em Porto Alegre", que usa as convenções árcades ao citar Marília, entre borboletas e flores, num ambiente idílico.

As obras desses pioneiros foram em geral publicadas no Rio de Janeiro, pois eram raras as gráficas no Rio Grande do Sul e, em grande parte desse período, por ter sido esse estado o palco da Revolução Farroupilha (1835–1845). Esse acontecimento histórico foi um tema literário recorrente, e a maioria dos poemas impressos nesse período — como os de Delfina Benigna — era financiado pelo Imperador D. Pedro II, tendo por esse motivo um caráter legalista e antirrepublicano, ao contrário da produção oral — elogiosa, em sua maioria, aos rebeldes farroupilhas —, que circulava na região e que foi somente reunida em livro já no século XX.

Mesmo nesse contexto difícil, o principal veículo da literatura continuava sendo a imprensa, centrada em Porto Alegre, Pelotas e Rio Grande, sendo o único meio para a publicação das obras dos poetas locais, pois praticamente inexistiam editoras de livros. Nessas cidades, os jornais já tinham uma grande importância, destacando-se O Noticiador, o primeiro jornal rio-grandino, fundado em 3 de janeiro de 1832, que publicou dezenas de poemas da Delfina e de outros poetas locais.[3] Outros jornais anteriores a O Noticiador, tal como o Diário de Porto Alegre, fundador da imprensa no Rio Grande do Sul em 1827, pouco publicavam de literatura.

É dessa época também que são datados os primeiros poemas de Antônio José Domingues[4] e Mateus Gomes Viana[5]. Conforme

---

2. Maria Eunice Moreira (Org.), Uma voz ao Sul: os versos de Maria Clemência da Silveira Sampaio, p. 14.

3. Ana Cristina Pinto Matias, Francisco Xavier Ferreira: primórdios da imprensa rio-grandina.

4. Artur Emilio Alarcon Vaz, A lírica dos imigrantes portugueses no Brasil meridional (1832-1932).

5. Simone Xavier Moreira, A formação da Princesa do Sul: primórdios culturais e literários.

Magalhães, Antônio José Domingues (1791–1860) — português emigrado para o estado gaúcho — declamou alguns "elogios poéticos" em 7 de abril de 1832, na instalação da vila de Pelotas, mas só fez imprimir "seus versos a partir de 1852".[6] Posteriormente, o *Almanaque Literário e Estatístico do Rio Grande do Sul* republicou alguns desses poemas de 1832, tais como "Ao hospital de Caridade. No dia da sua instalação no Rio Grande, em 24 de junho de 1832" e "Tirania", também de 1832, chamando o Brasil de "Pátria minha gentil". Domingues também escreve sobre a Revolução Farroupilha, em "À saudosa memória do Cel. Albano d'Oliveira Bueno", de 1836, e "Soneto", dedicado a Bento Manoel Ribeiro (1783–1855), ambos sob o ponto de vista das tropas imperiais. O pelotense Mateus Gomes Viana (1809–1839) publicou também temas locais — tal como "Elogio recitado no Teatro Sete de Abril no faustíssimo dia 2 de setembro de 1834", em *O Noticiador*, em 15 de dezembro de 1834 — e regionais, tal como o poema dedicado a Bento Manoel Ribeiro, no jornal *O Liberal Rio-Grandense*, em 26 de maio de 1836.

No entanto, encerrada a Revolução Farroupilha em 1845, o Rio Grande do Sul vive um período de ampla circulação de periódicos e de autores, que começam a divulgar a poesia de forma mais estruturada, com saraus e publicações de poemas em jornais e em livros. Somente seis anos depois do fim da guerra é que a cidade de Pelotas tem seu primeiro periódico: *O Pelotense*, fundado em 7 de novembro de 1851, embora já houvesse prelos e a publicação de livros anteriormente, tal como o *Exposição dos elementos de aritmética*, de Antônio Luís Soares (1805–1875), publicado em 1848 na tipografia de Luís José de Campos.[7] Esse dado desfaz a ideia de que *Resumo da história universal*, do

---

6. Mario Osório Magalhães, *Opulência e cultura na província de São Pedro do Rio Grande do Sul*: um estudo sobre a história de Pelotas (1860–1890), p. 264.

7. Moreira, *op. cit.*

A constelação romântica: período formativo

alemão Koseritz (1834–1890), de 1856, seja "o mais antigo livro editado em Pelotas".[8]

Embora nascida em Rio Grande, Clarinda da Costa Siqueira (1818), cuja obra foi reunida postumamente no livro *Poesias* (1881), destacou-se na cidade de Pelotas, seguindo o mesmo estilo árcade desse período pré-romântico. Igualmente, a poesia sul-rio-grandense é marcada pela presença de Ana Eurídice Eufrosina de Barandas (Porto Alegre, 1806) e seu livro *O ramalhete* (Porto Alegre: Tip. Fonseca, 1845). Outro importante marco desse período é a publicação dos primeiros jornais literários: *A Rosa Brasileira* (Rio Grande, 1851), de Cândido Augusto de Melo, e *O Guaíba* (Porto Alegre, 1856–1858), de Carlos Jansen.

Muitas vezes publicados inicialmente como folhetins em jornais e posteriormente em volume único, as novelas e os romances de autores locais também se fizeram presentes: *A Divina Pastora* (1847) e *O corsário* (1851), ambos de Caldre e Fião; *Um defunto ressuscitado* (1856), de Carlos Jansen; *O homem maldito* (1858), de Carlos Eugênio Santana; e *A véspera da batalha* (1858, do qual não se conhece nenhum exemplar), *A donzela de Veneza* (1859) e *Um drama no mar* (1863), os três de Karl von Koseritz, quando ainda assinava como Carlos de Koseritz.[9]

O amadurecimento da literatura gaúcha no século XIX dá-se por meio do aparecimento da revista *O Guaíba* (1856–1858) e da *Revista Mensal da Sociedade Partenon Literário* (1869–1879):

> A atividade realizada pelo grupo d'*O Guaíba* realmente constitui-se numa primeira tentativa de conferir maior uniformidade ao processo literário sulino, àquela altura ainda marcado por manifestações isoladas nos mais diferentes pontos da província. O trabalho desenvolvido pelo *Guaíba* se reveste de um caráter agregador e pioneiro e, em certa medida, dá início a uma tarefa mais tarde

---

8. Magalhães, *op. cit.*, p. 253.
9. Juliane Cardozo de Mello, "*Ser ou não ser literatura? Eis a questão*": a leitura de folhetins em Rio Grande no século XIX.

concluída pelos escritores e intelectuais reunidos em torno da Sociedade Partenon Literário.[10]

Somente em 1869, com a revista do Partenon Literário, é que a literatura sul-rio-grandense toma vulto. É por meio da forte influência da agremiação do Partenon que ocorre nesse período o início de uma literatura regional por meio da publicação de textos de Apolinário Porto Alegre e Bernardo Taveira Júnior, que reúne — em *Provincianas* (1886) — poemas que o autor compusera na década de 1860 e aguardara doze anos por uma edição. Múcio Teixeira, entretanto, reivindica para si a primazia na abordagem da temática sul-rio-grandense, por causa das poesias com esse teor em *Novos ideais*, de 1880. Cumpre registrar, porém, que na apresentação da obra de Taveira Júnior, Carlos Baumgarten e Maria Eunice Moreira argumentam que "As *Provincianas*, contudo, constituem a primeira obra da literatura sul-rio-grandense a apresentar unidade em torno dos temas gaúchos".[11]

Ainda são da fase do Partenon, além de Apolinário, Taveira Júnior e Teixeira, autores como o já reconhecido Caldre e Fião, Aquiles Porto Alegre, José Bernardino dos Santos, Amália dos Passos Figueiroa, Luciana de Abreu, Damasceno Vieira, Eudoro Berlink, Vítor Valpírio e Silvino Vidal, esse último outro emigrante português totalmente integrado à literatura local.

Sobre os integrantes do Partenon Literário, Guilhermino Cesar adverte que

> a maioria desses nomes (nem todos gaúchos) não desperta hoje a menor ressonância nos arraiais literários. Estão mortos e bem mortos, mas foram, em sua época, os mentores principais, constituíram a elite do Rio Grande do Sul.[12]

---

10. Carlos Alexandre Baumgarten, *A crítica literária no Rio Grande do Sul*, p. 85.
11. Carlos Alexandre Baumgarten; Maria Eunice Moreira, "Apresentação", p. 10.
12. Cesar, *op. cit.*, p. 179.

A constelação romântica: período formativo

Dante de Moraes, igualmente ao analisar os integrantes do Partenon, descreve-os inicialmente como "homens sisudos, que cantavam lamurientamente virgens, flores mimosas, brisas, males de amor, pieguices, é uma repetição de segunda ordem, do que o romantismo indígena celebrizava em prosa e verso [...] numa tentativa apaixonada de acompanhar o passo da literatura nacional", acrescentando em seguida que "quem os lê, tem a impressão de que flutuavam, numa literatura sem raízes locais".[13]

Essas características, no entanto, são do início do movimento partenonista, já que aos poucos alguns desses autores começam a usar a "cor local". É nessa última etapa que floresce o Romantismo de cunho liberal, defensor e pregoeiro da liberdade, com um forte tom político de aspecto liberal e republicano. Os ideais representados nas poesias também eram realizados no plano prático, pois a Sociedade Partenon Literário promoveu diversos saraus para arrecadação de fundos com o fim de possibilitar a abolição dos escravizados e oferecer educação noturna a adultos.

Os jornais, literários ou não, marcavam sua tendência política: conservadora ou liberal. O rio-grandino *Eco do Sul*, por exemplo, manteve sempre sua tendência de jornal de cunho político, expresso pelos artigos escritos pelos autores locais e também pela reprodução de autores de São Paulo e Rio de Janeiro. Outros jornais e revistas destacavam-se pela promoção de ideias feministas, como o *Corimbo* e *Violeta*, da cidade de Rio Grande, dirigidos pelas irmãs Revocata Heloísa de Melo (1854-1944) e Julieta de Melo Monteiro (1855–1928). Embora tenha se mudado para o Rio de Janeiro ainda jovem e posteriormente ter atuado como pintor e arquiteto, Manuel de Araújo Porto Alegre (1806–1879) também foi um poeta nesse período inicial, misturando o clássico e o romântico em seu épico *Colombo* (1866).

Regina Zilberman propõe uma divisão na literatura desse período em duas linhagens: uma romântica (centrada em

---

13. Carlos Dante de Moraes, *Figuras e ciclos da história rio-grandense*, p. 183-184.

temas da infância, morte e amor desenganado) e outra regional (que valoriza o indígena e o gaúcho, o passado e as guerras).[14] Entretanto, é nesse momento que acontece a formação de um sistema literário no Rio Grande do Sul, pois se cria aos poucos uma relação mais forte entre autor, obra e público em virtude da popularização dos jornais, e ambas as etapas caracterizam-se pela formação de grupos organizados em torno da literatura e cuja escrita tem fortes traços românticos. Até então, os jornais atingiam uma parcela ínfima da população, fazendo com que os autores — como Antônio José Domingues — publicassem basicamente para seus pares, com um público leitor pouco influenciado e pouco influenciador da literatura produzida.

Infelizmente, muitas das informações necessárias para um entendimento da formação do sistema literário sulino ainda são desconhecidas ou foram parcamente divulgadas. É preciso então entender que projetos de pesquisa, dissertações e teses que procuram refletir sobre o sistema literário gaúcho no século XIX não são totalizantes, já que dados sobre bibliotecas, livrarias, leitores e jornais desse período ainda não são suficientes para uma compreensão ampla do que seria a formação e o estabelecimento do sistema literário regional.

Referências

BAUMGARTEN, Carlos Alexandre. *A crítica literária no Rio Grande do Sul*. Porto Alegre: IEL; EDIPUCRS, 1997.

BAUMGARTEN, Carlos Alexandre; MOREIRA, Maria Eunice. Apresentação. *In*: TAVEIRA JÚNIOR, Bernardo. *Provincianas*. Porto Alegre: Movimento; Brasília: MinC/Pró-Memória; INL, 1986, p. 7-19.

CESAR, Guilhermino. *História da literatura do Rio Grande do Sul*. Porto Alegre: Globo, 1971.

---

14. Regina Zilberman, *A literatura no Rio Grande do Sul*, p. 14.

GARCIA, Sheila Fernandez. *O homem maldito, de Carlos Eugênio Fontana*: o início do romance sul-rio-grandense. 2012. Dissertação (Mestrado em Letras) – Universidade Federal do Rio Grande, Rio Grande, 2012.

MATIAS, Ana Cristina Pinto. *Francisco Xavier Ferreira*: primórdios da imprensa rio-grandina. 2014. Dissertação (Mestrado em Letras) – Universidade Federal do Rio Grande, Rio Grande, 2014.

MAGALHÃES, Mario Osório. *Opulência e cultura na província de São Pedro do Rio Grande do Sul*: um estudo sobre a história de Pelotas (1860–1890). Pelotas: Ed. Universitária/UFPel; Livraria Mundial, 1993.

MELLO, Juliane Cardozo de. *Carlos de Koseritz*: reiluminando sua biografia e suas obras românticas esquecidas. 2013. Dissertação (Mestrado em Letras) – Universidade Federal do Rio Grande, Rio Grande, 2013.

MELLO, Juliane Cardozo de. *"Ser ou não ser literatura? Eis a questão"*: a leitura de folhetins em Rio Grande no século XIX. 2017. Tese (Doutorado em Letras) – Universidade Federal do Rio Grande, Rio Grande, 2017.

MORAES, Carlos Dante de. *Figuras e ciclos da história rio-grandense*. Porto Alegre: Globo, 1959.

MOREIRA, Maria Eunice (Org.). *Uma voz ao Sul*: os versos de Maria Clemência da Silveira Sampaio. Florianópolis: Mulheres, 2003.

MOREIRA, Maria Eunice. Os versos (quase) desconhecidos de Maria Clemência da Silveira Sampaio. *Letras de Hoje*, v. 41, n. 4, p. 27-40, dez. 2006. Disponível em: https://revistaseletronicas.pucrs. br/index.php/fale/article/view/652/475. Acesso em: 10 set. 2018.

MOREIRA, Maria Eunice; BAUMGARTEN, Carlos Alexandre (Org.). *Literatura e guerra civil de 1893*. Porto Alegre: Ed. da UFRGS, 1993.

MOREIRA, Simone Xavier. *A formação da Princesa do Sul*: primórdios culturais e literários. 2013. Dissertação (Mestrado em Letras) – Universidade Federal do Rio Grande, Rio Grande, 2013.

PÓVOAS, Mauro Nicola. *Uma história da literatura*: periódicos, memória e sistema literário no Rio Grande do Sul do século XIX. Porto Alegre: Buqui, 2017.

PÓVOAS, Mauro Nicola. Precedência malograda: A *Rosa Brasileira*, o primeiro jornal literário do Rio Grande do Sul? *Navegações*,

Porto Alegre, v. 8, n. 1, p. 75-81, jan./jun. 2015. Disponível em: http://revistaseletronicas.pucrs.br/ojs/index.php/navegacoes/article/view/22063/13560. Acesso em: 10 set. 2018.

TAVEIRA JÚNIOR, Bernardo. *Provincianas*. Porto Alegre: Movimento; Brasília: MinC/Pró-Memória; INL, 1986.

VAZ, Artur Emilio Alarcon. *A lírica dos imigrantes portugueses no Brasil meridional (1832-1932)*. 2006. Tese (Doutorado em Literatura) – Universidade Federal de Minas Gerais, Belo Horizonte, 2006.

ZILBERMAN, Regina. *A literatura no Rio Grande do Sul*. Porto Alegre: Mercado Aberto, 1992.

Mauro Nicola Póvoas

1.5

A Sociedade Partenon Literário e a sua *Revista Mensal*

Quando se pensa a literatura produzida no Rio Grande do Sul, em especial aquela situada no século XIX, a Sociedade Partenon Literário e a sua *Revista Mensal* constituem um capítulo que não pode deixar de ser estudado. O grupo de homens e mulheres, surgido em um contexto de efervescência literária da então província, em que se destacavam outros tantos periódicos, marcou época, seja no campo estritamente literário, seja na esfera social e política.

O Partenon Literário foi uma instituição que soube unir com sucesso os interesses culturais, políticos e sociais em suas ações: publicou a *Revista Mensal* durante dez anos, divulgando uma produção romântica e regionalista, defendeu a implantação da república, denunciou a escravidão e lutou pela educação feminina. A organicidade da associação permite apontar, seguindo a lição de Antonio Candido[1], que o Partenon foi quem efetivamente iniciou o sistema literário sulino, no momento em que reuniu um grupo de escritores interessados em divulgar a sua produção, nas páginas de uma revista que não teve o destino efêmero de suas congêneres, e que chegava ao leitor das principais cidades da província. Antes, o que havia, no Rio Grande do Sul, eram manifestações isoladas, sem a necessária noção de conjunto e com pouca ou nenhuma divulgação.

---

1. Antonio Candido, *Formação da literatura brasileira*: momentos decisivos – 1750–1880, p. 25-27.

A agremiação fundou-se em Porto Alegre, a 18 de junho de 1868, momento difícil da vida brasileira, em plena Guerra do Paraguai, e encerrou suas atividades, provavelmente, em 1886, última data que registra uma referência ao Partenon Literário. Sua dissolução se deu por motivos até hoje pouco explicados, sendo que dificuldades econômicas, dissidências internas, divergências ideológicas, a indiferença de muitos dos contemporâneos e o efeito da dispersão dos seus membros parecem ter contribuído para tanto.

A questão político-educacional interessava aos partenonistas, como se pode ver a partir de ações que foram tomadas ao longo de sua existência. Um exemplo era a oferta de aulas noturnas gratuitas, incentivando-se, inclusive, a educação feminina. Igualmente, era significativa a organização de saraus lítero-musicais, em que conferências e preleções de interesse social e cultural eram proferidas, como os famosos discursos de Luciana de Abreu em prol da emancipação da mulher. Antes dos bailes de encerramento, havia a declamação de poemas, a encenação de esquetes teatrais e a execução de músicas ao piano; um dos grandes acontecimentos dos serões poéticos era a alforria de escravizados, ação que provava que as ideias do grêmio não ficavam somente no plano da teoria. A sociedade ainda mantinha uma biblioteca, com mais de 6 mil volumes, e um museu de ciências naturais, que incluía seções de Mineralogia, Arqueologia, Numismática e Zoologia. O seu endereço inicial era no centro da capital, na Sociedade Firmeza e Esperança, situada à Rua Marechal Floriano; depois, foram feitas duas tentativas de construção de uma sede própria, sendo a primeira delas em 1873, em um bairro que veio, exatamente por causa disso, a ganhar a denominação de Partenon, até hoje mantida.

Todavia, foi na ação literária que a sociedade deixou a sua marca na cena artística da província, por meio da *Revista Mensal*.

Foram dez anos, com interrupções, num total de setenta e um números, em quatro séries:

• 1ª série: de março a dezembro de 1869, circulação mensal, num total de dez edições, com o nome de *Revista Mensal da Sociedade Partenon Literário*;

• 2ª série: de julho de 1872 a maio de 1876, circulação mensal, num total de quarenta e sete edições, com os nomes de *Revista Mensal da Sociedade Partenon Literário* (1872 e 1873) e *Revista do Partenon Literário* (1874 a 1876);

• 3ª série: de agosto a dezembro de 1877, circulação quinzenal até outubro, e mensal em novembro e dezembro, num total de oito edições, com o nome de *Revista do Partenon Literário*;

• 4ª série: de abril a setembro de 1879, circulação mensal, num total de cinco edições, pois o número de julho/agosto foi duplo, com o nome de *Revista Contemporânea do Partenon Literário, Consagrada às Letras, Ciências e Artes.*[2]

O periódico partenonista interessava-se, essencialmente, por uma tríade de matérias: Literatura, História e Filosofia, sendo a primeira, sem dúvida, a mais saliente e importante. Nas suas partes constitutivas, a revista era composta da seguinte forma: geralmente era aberta por um esboço biográfico de alguma personalidade literária, religiosa, militar ou política; entre outros, foram biografados Delfina Benigna da Cunha (nov. 1872), Rita Barém de Melo (fev. 1873), José Joaquim de Andrade Neves, o Barão do Triunfo (jun. 1873), Manuel de Araújo Porto Alegre (abr. 1874), Luciana de Abreu (maio 1874), General Antônio de Souza Neto (ago. 1874), José de Anchieta (abr. 1879). Após, publicavam-se textos teatrais — comédias e dramas — e em prosa, não ficcionais — discursos, teses, ensaios — e de ficção — contos, novelas, romances. Algumas obras eram estampadas ao longo de vários números, pela extensão e pelo chamariz ao

---

2. Mesmo em face dos diferentes nomes, aqui se usará, para designar o órgão literário da agremiação, os genéricos *Revista Mensal* e *Revista Mensal da Sociedade Partenon Literário*.

A constelação romântica: período formativo

público que a técnica do folhetim oferecia, no momento em que uma intriga desenvolvida em uma edição só encontraria seu desfecho no próximo mês. Isso acontecia tanto com textos de aspecto monográfico, como "José de Alencar: estudo biográfico", de Apolinário Porto Alegre, que teve suas dez partes distribuídas ao longo de cinco números, entre 1873 e 1874; quanto com os de cunho literário, como "O vaqueano", igualmente de Apolinário Porto Alegre, que apareceu, em seus vinte e quatro capítulos, dos números 1 a 6 de 1872. Seguiam-se as composições poéticas, com uma média de três ou quatro por edição. Ao fim, a revista divulgava o "Ementário mensal" (no primeiro ano) ou a "Crônica" (como foi nomeada nos demais anos), em geral assinada pelo redator do mês, que mudava a cada edição, comentando os principais acontecimentos sociais e culturais em Porto Alegre, como apresentações musicais e dramáticas, lançamentos de livros e realizações de saraus.

Agrupando os principais nomes da literatura local da época, o mensário guarda um manancial de textos ao pesquisador das letras e da história sul-rio-grandenses. Podem ser encontrados, nas páginas do Partenon, apanhados biográficos de figuras de destaque no cenário literário brasileiro e rio-grandense; obras regionais fundacionais, que tematizaram o gaúcho e seus costumes; narrativas que deram conta do cenário urbano; poemas que transitam entre o épico laudatório e a lírica amorosa; peças de teatro, que constituem as primeiras tentativas organizadas de se escrever dramaturgia no Rio Grande do Sul.

A sociedade reunia quase meninos, como Múcio Teixeira, e escritores maduros e de prestígio, como José Antônio do Vale Caldre e Fião. Outros nomes de relevo eram, em ordem alfabética, Apeles Porto Alegre, Apolinário Porto Alegre, Aquiles Porto Alegre, Artur Rocha, Augusto Tota, Aurélio Veríssimo de Bittencourt, Azevedo Júnior, Bernardo Taveira Júnior, Carlos von Koseritz, Damasceno Vieira, Hilário Ribeiro, José Bernardino dos Santos, José de Sá Brito, Manuel José Gonçalves Júnior, Nicolau Vicente, Silvino Vidal e Vítor Valpírio. O naipe feminino, integrado por Amália dos Passos Figueiroa, Luciana de Abreu, Luísa de Azambuja e Revocata Heloísa de Melo, representa umas das mais importantes contribuições do Partenon, qual seja a da efetiva participação das mulheres nas mais diversas questões sociais, fato raro na segunda metade do século XIX.

Feita a apresentação geral da sociedade e de sua revista, cabe agora analisar os textos publicados, nos diferentes gêneros literários: narrativa (romance, novela, conto), poesia e teatro, nesta ordem. Como se notará a seguir, o principal autor do Partenon era Apolinário Porto Alegre, que transitava por todos os gêneros e em geral assinava os seus diferentes textos com o pseudônimo de Iriema.

Talvez a obra mais relevante do Partenon, para se pensar a introdução dos elementos regionais e românticos na prosa sul-rio-grandense, seja "O vaqueano", de Apolinário, romance publicado ao longo de seis números da *Revista Mensal* (jul./ dez. 1872).[3] Grande admirador de José de Alencar, Apolinário dialoga, em "O vaqueano", com as obras alencarianas *O guarani* e *O gaúcho*, inserindo definitivamente, na literatura sulina, o espaço rural, a representação dos hábitos campesinos e o protagonismo do habitante dos pampas conhecido também como campeiro e vaqueano, ou, ainda, pelas nomenclaturas "monarca das coxilhas" e "centauro dos pampas", mais ufanistas.

Na história, que tem o tema da vingança como mote central, o vaqueano do título é José de Avençal, nome assemelhado ao de José de Alencar, modo de ao mesmo tempo homageá-lo e ironizá-lo, pois o escritor cearense nunca visitou o Rio Grande do Sul, o que não o impediu de escrever um romance aqui

---

3. Fugindo da temática caracteristicamente regionalista, os outros romances de Apolinário publicados na revista do Partenon são "Os Palmares: romance histórico" (1869, incompleto), "Feitiço duns beijus" (1873–1874) e "Lulucha" (1877, incompleto).

ambientado, o antes referido O *gaúcho*, livro dos mais criticados da trajetória alencariana. O tropeiro José é filho de Gil de Avençal, que foi morto junto com a família em uma emboscada preparada por José Capinchos, pai de André e Rosita. Por causa disso, Avençal, Moisés, seu meio-irmão, e os indígenas guaicanãs matam José Capinchos a flechadas. A vingança executada determina o começo de um círculo de sangue: agora é André que buscará liquidar os assassinos de seu pai. Esse clima de ódio entre André e José de Avençal impede que este venha a se casar com Rosita, por quem nutre uma paixão antiga. A impossibilidade da consumação leva Rosita ao suicídio; depois, André envia, como provocação, a cabeça da irmã para o desafeto. Ao final, após vários encontros e duelos, ao longo da retirada das forças farroupilhas de Laguna, em Santa Catarina, ambos morrem: Avençal defendendo a bandeira republicana, André precipitando-se ao mar.

O enredo, estruturado à moda de um folhetim, apresenta capítulos curtos, alguns com *flashbacks* que elucidam a ação do presente. O romance é povoado de trechos em que a inclinação romântica fica clara, todos eles repletos de tragicidade, muitas vezes exagerados ou rocambolescos, como as mortes violentas, as tramas vingativas, as brigas entre as comunidades indígenas rivais, os suicídios, o envio da cabeça de Rosita após a sua morte e a impossibilidade do amor frente ao ódio disseminado.

A valorização da paisagem sulina, em especial a da região de Vacaria, onde se localiza a trama, traz embutida a questão da "cor local", elemento fundamental na busca por autenticidade e afirmação, caminho trilhado tanto pela literatura brasileira como pela sul-rio-grandense, à época. A descrição detalhada de um dia de inverno nos campos gélidos do Rio Grande do Sul, no primeiro capítulo, intitulado "Paisagem morta", é a prova disso, ao destacar o vento minuano, as flores, as árvores, os rios, as aves.

Como em A *Divina Pastora*, de Caldre e Fião, aqui também a Revolução Farroupilha aparece como suporte da história, pois Avençal é o guia da tropa que Garibaldi e Canabarro, líderes da guerra civil rio-grandense, pretendem levar até Santa Catarina, a fim de ampliar o escopo da revolução. O pano de fundo guerreiro ajuda a exaltar e enquadrar as características positivas do vaqueano, a toda hora lembrados pelo narrador, como no capítulo III, "Avençal", em que o protagonista é apresentado sempre pelo viés positivo: "Nos misteres campeiros ninguém o excedia" ou "Nos manejos de guerra não ficava somenos".[4] Um diálogo entre Moisés e Amaral, pai adotivo de José de Avençal, travado no capítulo XV, "À sombra do umbu", em forma retrospectiva, aponta para o futuro do então menino Avençal, de modo a estar preparado para a vida campeira e para a vingança que teria que forçosamente cumprir em relação à morte de seu pai:

> José deve ser forte, valente guapo, manejador de toda a casta de armas: flecha, pistolão, mosquete, adaga, lança, e mais coisas ainda; deve atirar o laço desembaraçado e reter o mais xucro dos novilhos, jogar bolas de maneiras a não perder um tiro. Seus inimigos, pelo que penso, são todos campeiros.[5]

O caráter, a honra e o desprendimento em relação ao dinheiro vêm à tona em uma história do passado, narrada no capítulo XX, "Vaqueania", quando o protagonista salva um negociante de uma emboscada, entre Bagé e Caçapava. A contragosto, José recebe do homem agradecido uma bolsa de couro com onças de ouro, a qual ele logo repassa a um artesão que vivia em dificuldades com a esposa e uma numerosa prole. Este capítulo, aliás, é importante pela relação intrínseca entre as duas solidões, a da geografia e a do tipo humano, que o narrador estabelece no seguinte trecho:

---

4. Apolinário Porto Alegre, *Revista Mensal da Sociedade Partenon Literário*, jul. 1872, p. 30.

5. *Ibid.*, out. 1872, p. 17.

> A campanha imensa, ondeando em coxilhas, salpicada
> de capões, como oásis do deserto, o serro empinado
> entestando as franças com os céus, davam alguma trégua
> à mágoa que o flagelava. A solidão da natureza consor-
> ciava-se à solidão de sua alma; compreendiam-se talvez.[6]

Um aspecto a ser apontado é a abordagem da questão da escravidão, tão cara aos partenonistas e a Apolinário Porto Alegre, em
especial. Por meio de uma história de cunho mítico, "O ressuscitado", enquadrada no capítulo XIII, intitulado "A lenda", o narrador do romance traz à tona o flagelo dos negros traficados para a
América, inserindo um tom de denúncia social em um romance
a princípio preocupado com a solidificação do mito gauchesco:

> A história, vamos reproduzi-la, pelo caráter peculiar de
> pertencer à província e mais certo ao Brasil inteiro. É
> uma lenda que suaviza o cálice amargo da escravidão,
> grinalda de odorosas flores entrelaçadas às algemas, bál-
> samo anódino sobre a úlcera que sangra no peito cativo.[7]

A força e a resistência dos negros são a tônica do pequeno relato
encravado na narrativa maior, contada pela mucama ao menino
José de Avençal, antes de dormir: a partir de uma pergunta de
um menino escravizado — por qual motivo o homem branco
chora quando morre um parente ou amigo e o negro ri —, Mãe
Maria responde que o negro, após morrer, retorna para sua terra
ancestral na África. Para exemplificar, conta a história de Inhabané, rei de Cassange que, após ser escravizado, perder a sua
mulher e ser açoitado, enforca-se num jerivá; quando da retirada
de seu corpo para enterrá-lo, tinha desaparecido. Logo depois,
Maria, ainda menina na África natal, antes de ser escravizada,
viu-o na beira de um rio: "Inhabané tinha dormido nas terras
do cativeiro, para acordar nas terras da pátria".[8]

---

6. *Ibid.*, nov. 1872, p. 19.
7. *Ibid.*, out. 1872, p. 10.
8. *Ibid.*, out. 1872, p. 12.

Ao fim, pode-se dizer que, a partir de José de Avençal, o gaúcho, seus hábitos alimentares, seus costumes, a sua relação com o cavalo e a intimidade com a natureza da Campanha serão entronizados no romance sul-rio-grandense. O protagonista pampiano não mais sairá do proscênio literário e cultural do Rio Grande do Sul, seja em obras que confirmam e solidificam o mito, seja em outras que operam a desconstrução da figura antes heroicizada.

Aproximando-se do gênero conto, a *Revista Mensal* oferece um vasto repertório, desde os que mapeiam elementos regionais, até os que buscam no espaço urbano o motivo de suas intrigas. Amores não concretizados, casos de adultério, casamentos realizados por interesse e ganância por dinheiro são temas que surgem nas páginas do mensário. Exemplos são as narrativas curtas "O tropeiro", de Aquiles Porto Alegre (set. 1872); "O solitário do mirante", de Revocata Heloísa de Melo (ago. 1874); e "Alice", de Múcio Teixeira (jul. 1875), que têm várias semelhanças entre si, marcando determinados desdobramentos dessa produção.

No primeiro conto, constitui-se um enredo corrente no século XIX, aquele em que a mulher, ao final, é punida por seus atos adúlteros. O protagonista, Juca Serrano, casado com Laura, com quem tem uma filha, precisa se ausentar de casa para conduzir uma tropa pela região da cidade de Vacaria. Ao voltar, descobre que sua esposa está tendo um caso amoroso com o Tenente Pedro Xavier. Para limpar a sua honra, duela com o desafeto, matando-o com um tiro; logo após, entra na casa, pega a sua filha e vai embora, nunca mais havendo notícias de seu paradeiro. Laura enlouquece, morrendo dois meses depois.

O segundo representa a produção feminina. Revocata Heloísa de Melo, escritora, professora e jornalista que dedicou sua vida à direção do periódico *Corimbo* (1883–1943), contribuiu na *Revista Mensal* com um conto que não foge ao padrão da época. A narradora traz, a partir do recurso da história enquadrada, por

A constelação romântica: período formativo

meio de um sonho, as desventuras de um vizinho seu, Mário, órfão que se apaixona por Helena, moça que vem a morrer, vítima de uma epidemia que grassava em São Paulo, para o desgosto do jovem. Mário muda-se para o Sul, ficando conhecido nas redondezas como o "solitário do mirante", por permanecer horas a fio em sua casa, à janela, meditando profundamente. Ele desperta o amor em outras meninas, como Graziela, amiga da narradora, mas sem a reciprocidade do rapaz, que logo acaba morrendo de uma síncope.

No terceiro, o amor de Álvaro, poeta pobre e sonhador, pela jovem Alice, não se concretiza, pois o pai da menina, o Comendador Pedro de Magalhães, um dos homens mais ricos de Porto Alegre, tem como plano casar a filha com o Dr. Feliciano, o que realmente acontece. Álvaro não resiste à união da amada com o bacharel e após cair enfermo na cama, vem a falecer. Alice, ao ver o Álvaro nessa situação, enlouquece, e logo a seguir morre também.

Como visto, os contos apresentam similitude nos temas, em torno do adultério, assunto candente na literatura ocidental ao longo do século XIX, e do amor irrealizado e das consequências funestas que daí advêm, com a mulher, em especial, sendo martirizada no desfecho, entre a loucura e a morte. No entanto, há dois autores de cunho regionalista que fogem um pouco ao diapasão do temário amoroso: Vítor Valpírio, pseudônimo de Alberto Coelho da Cunha, e Daimã, pseudônimo de José Bernardino dos Santos. Eles se destacam por trilharem um caminho diferente, escrevendo contos e novelas que dialogam com o regionalismo e ensaiam os primeiros passos de uma relação mais acentuada com o Realismo.

Das narrativas de Vítor Valpírio, a mais importante, sem dúvida, é a novela "A Mãe do Ouro" (jan./maio e jul./ago. 1873), que começa com a alternância de descrições das margens do Rio Piratini, com suas árvores, bosques e animais que habitam as matas, e do Pampa, com suas infindas coxilhas e campinas;

após, apresenta-se a protagonista, Anita, órfã do pai, João, mais conhecido pela alcunha de Janjoca Timbaúva, que morreu esfaqueado, sem que se soubessem o motivo e os culpados do crime. Janjoca sempre demonstrou apreço pelas lides campeiras e pelo cavalo, para desgosto do pai, que queria que ele seguisse o trabalho com a lavoura da família, na cidade de Mostardas, estabelecendo a oposição entre os afazeres típicos de uma cidade litorânea e de outra localizada no espaço pampiano. Frente a este futuro indesejado, Janjoca foge para a região em torno do Rio Piratini, no sul do Rio Grande do Sul, onde se torna um tropeiro de destaque, "a flor dos guascas de todo aquele rincão"[9], braço direito do estancieiro Rafael Barbosa. Casa-se com Ângela Nunes, tendo dois filhos, Miguel e Anita.

Neste momento, o narrador alerta ao leitor que abandonará a história de Janjoca e do crime cometido contra ele, para se concentrar na vida da moça, em um trecho que vale a pena ser citado, ao demonstrar as condições de produção de textos seriados, os quais sofriam os influxos dos vários meses que transcorriam entre os capítulos inicial e o final: "Desvendar, porém, os mistérios em que se envolve a sua morte [a de Janjoca] não o farei, como pretendia, pois escasseia-me o tempo e não disponho de mais espaço".[10] Anita, após a morte do pai, apaixona-se por Leonel Gonçalves, a quem cuidara após uma queda de cavalo. Leonel, recuperado, parte para Jaguarão, prometendo amor eterno à menina. Todavia, em uma carreira de cavalos em Arroio Grande, Anita decepciona-se ao ver que o rapaz contraiu matrimônio com outra moça.

Em outro dia, a mãe, para distrair a filha, conta a lenda da Mãe do Ouro, mulher muito bonita que é a dona de todos os metais que estão escondidos na natureza, em geral manifestando-se por meio de relâmpagos, trovões e vendavais. Simões

---

9. Vítor Valpírio, *Revista Mensal da Sociedade Partenon Literário*, maio 1873, p. 204.
10. *Ibid.*, maio 1873, p. 205.

A constelação romântica: período formativo

Lopes Neto recolhe a lenda da Mãe do Ouro em suas *Lendas do Sul*, na subdivisão "Missioneiras". Na versão de Vítor Valpírio, a história é aclimatada na família de Ângela, tendo acontecido nos tempos do avô Silvério Nunes, paulista que troca um cavalo por uma porção de terra, administrando a mesma com a sua mulher e prole. Um dia, a filha do fazendeiro observa uma mulher formosa, de cabelos dourados, pele alva, olhos fulgurantes. A lenda encaminha-se ao seu final: após alguns dias de conversa, a Mãe do Ouro entrega à menina uma concha dourada; ao mostrar para a sua mãe a beleza radiante do presente, este se transforma em serpentes, com uma delas mordendo fatalmente a moça no peito. Passado algum tempo, em um entardecer, uma tempestade anuncia-se, com um raio derrubando um frondoso umbu na casa da família de Anita. Ao amanhecer, a menina colhe em um açude uma flor branca de aguapé, levando-a para casa, sendo surpreendida por uma cobra coral, que escondida na flor sai de repente, mordendo Anita, que antes de morrer recebe a visita de um beija-flor, replicando o destino da moça da lenda.

A narrativa, publicada ao longo de sete números da revista, em dezesseis pequenos capítulos, peca quando abre várias histórias paralelas — a morte de Janjoca, a relação deste com seus pais, o namoro de Anita com Leonel, a história da Mãe do Ouro, a morte de Anita — que nem sempre se entrecruzam ou finalizam adequadamente. Uma explicação para esta falta de concatenação pode ser encontrada na pequena nota de rodapé na última página da história: "Desculpem este pecado: saiu mais feio do que eu queria. Mas o tempo, o tempo... não é para todos".[11]

Apesar de tudo, "A Mãe do Ouro" destaca-se entre os textos protorregionalistas da *Revista Mensal*, em especial pelas descrições do Pampa (no começo do texto) e de atividades campesinas. A ambiência rural é trazida à tona nas cenas em que são retratados uma carreira e o trabalho de Janjoca, que trocara a enxada

---

11. *Ibid.*, ago. 1873, p. 331.

105

pelo cavalo, o que aponta para o tipo regional do tropeiro, típico do Rio Grande do Sul. Há ainda o estabelecimento literário de uma lenda[12], que na versão de Vítor Valpírio recupera a formação do território gaúcho, ao apontar para a importância dos paulistas originários de Sorocaba, que se radicaram no Continente de São Pedro atrás das novas oportunidades que uma área com grande disponibilidade de terras e gado oferecia aos recém-chegados.

Ainda se salientam, do mesmo autor, os contos "Pai Felipe: um episódio de charqueada" (jan./fev. 1874), "Um farrapo não se rende: cousa estúrdia" (out. 1874; jul. e nov. 1875) e "A filha do capataz" (dez. 1874; jan. 1875). Sendo Vítor Valpírio pelotense, conhecia bem o ambiente das charqueadas, que traz para suas narrativas, em especial na primeira e na terceira. Das três, "Pai Felipe" merece destaque, pela brutalidade das descrições do trabalho escravizado em uma charqueada, denunciando as péssimas condições de vida dos negros, tratados com tal crueldade que o suicídio acaba sendo a saída, ao final; o começo do texto deixa entrever a violência da situação:

> Vai a safra a todo o rigor e a negrada estrompada pelo cruel serviço da charqueada geme e resmunga sobre o boi que a perita faca acaba de sangrar. Já por três vezes o hospital encheu-se de carneadores semimortos de cansaço; e por três vezes foi despejado à força de cotia pelo severo Manuel Gomes. E a negrada renegando-se da sorte, passa as noites na cancha e os dias nas pilhas e na salga... Todos os dias à tarde: — Eh! boi... Que senhô brabo, meu Deus; pensa que negro é de ferro! — murmura a multidão escrava emburrando as matanças no varal.[13]

Outro autor que merece ser lembrado dentro da abordagem telúrica é José Bernardino dos Santos, que assina como Daimã

---

12. Cabe registrar que uma outra lenda apareceu nas páginas da *Revista Mensal,* na edição de maio de 1869, "Boitatá: lenda rio-grandense", a cargo de José Bernardino dos Santos.

13. Vítor Valpírio, *Revista Mensal da Sociedade Partenon Literário,* jan. 1874, p. 561.

A constelação romântica: período formativo

os "Serões de um tropeiro: coleção de contos serranos" (ago./set. e dez. 1874; fev./maio e ago. 1875; mar. 1876). Na introdução da série, Bernardino dos Santos saúda o fato de a *Revista Mensal* abrir espaço para textos de inspiração regional, tais como o conto "O tropeiro", o romance "O vaqueano" e a novela "A Mãe do Ouro", para a seguir declarar que começará, na próxima edição, a sua colaboração para a narrativa regional, mirando o seu interesse nos Campos de Cima de Serra, em especial no então distrito de São Francisco de Paula, na região norte do Rio Grande do Sul, "incontestavelmente, menos populosa, menos rica, menos culta, menos célebre, finalmente menos importante"[14] do que a zona meridional, correspondente à Campanha.

O primeiro e único "conto serrano" da coleção publicado no Partenon é "O Tenente Nico", dedicado a Iriema, e que começa como a maioria das narrativas da época, com fartas descrições da natureza. Nico divide seu tempo entre ser oficial da guarda nacional, subdelegado e tropeiro, sendo descrito pelo narrador como um verdadeiro herói gaúcho, revestido somente de atributos positivos:

> E justiça lhe seja feita: ele era merecedor do respeito e popularidade que gozava. Verdadeiro tipo do homem honrado e criador, o Tenente Nico tinha ainda a seu favor, além de uma figura simpática e escultural, tanta energia na ação quanto possuía de cordura e amenidade no trato; afável, circunspecto e honesto, gozando os foros de valente, o nosso herói, quando era preciso, sabia mostrar evidentemente para o que servia o bastão da autoridade.[15]

A novela alterna-se em mostrar as aventuras pelas quais os gaúchos passam ao levar o gado pelos caminhos inacessíveis da Serra e a vida na fazenda. No primeiro caso, avultam o enfrentamento

---

14. José Bernardino dos Santos, *Revista Mensal da Sociedade Partenon Literário*, ago. 1874, p. 65.
15. *Ibid.*, set. 1874, p. 118.

a animais selvagens, como a onça, as saudades das mulheres amadas que ficam à espera da volta sempre demorada, e os acampamentos noturnos para descanso, regados a chimarrão, churrasco e trovas acompanhadas ao violão. Na segunda dimensão, centra-se o interesse nos preparativos do casamento de Nico com sua prima Amélia, mais conhecida como Narinha, evento que quase não se consuma pela ação de duas personagens nefastas, Israel e Pai Mateus, que planejam o rapto da moça. Aliás, esses dois, surgidos no meio da narrativa, deixam escapar em sua caracterização uma inflexão racista, em relação aos indígenas e aos negros, o que não era comum no Partenon: as duas figuras são, respectivamente, nas palavras do narrador, um "bugrito, afilhado de Nara" e um "velho africano, Pai Mateus, por antonomásia, o *mandingueiro*".[16] Também Nico não fica atrás, com a sua desconfiança em relação às etnias referidas:

> — Ando cismando, prima Amélia, que algum malefício nos está p'ra acontecer... me parece que tudo está no ar, que todos andam desconfiados, s'escondendo, cochichando... a prima bem sabe, que quem tem junto a si esta corja de caborteiros de escravos e agregados não pode ter verdadeiro sossego, e deve viver prevenido. Negro e bugre, é o mesmo que dizer veneno e fogo.[17]

Um dos problemas da produção regionalista é o artificialismo, algo que, no Rio Grande do Sul, só será resolvido com a passagem da narração em 3ª para a 1ª pessoa, como fez Simões Lopes Neto, ao dar voz ao tropeiro Blau Nunes. Registre-se o interessante trecho em que o narrador do conto de José Bernardino dos Santos problematiza essa questão:

> A linguagem, ou gíria do tropeiro, é-nos não só difícil de descrever, por faltar em nossos vocabulários essa peculiar tecnologia, como pelo temor que temos de ofender a

---

16. *Ibid.*, maio 1875, p. 185-186, grifos do autor.
17. *Ibid.*, ago. 1875, p. 52.

A constelação romântica: período formativo

castidade de ouvidos, que feriria uma *palavra grossa* do ignorante — porém que se seduzem ao ritmo lascivo de uma anacreôntica.[18]

Saindo da prosa de ficção, encontra-se na *Revista Mensal da Sociedade Partenon Literário* espaço privilegiado para a poesia, pois cada edição, antes de ser fechada pela crônica mensal, trazia número considerável de composições poéticas. A partir de um escrutínio das páginas do periódico, pode-se identificar algumas vertentes que marcam essa produção: a relação entre sociedade, política e literatura, em especial a partir da abordagem da escravidão; a lembrança de episódios históricos; a poesia encomiástica; a metapoesia; o elemento gauchesco; os flagrantes da vida urbana; a desilusão e o desencanto frente ao mundo, por meio do amor não correspondido ou da recordação da infância. Os poemas, em sua maioria, são longos, fugindo do padrão neoclássico do soneto, em versos decassilábicos, com alguma variação para o heptassílabo e o hexassílabo.

O tema da escravidão, já aludido a partir da lenda inserida em "O vaqueano", volta em "Gabila", epopeia de Apolinário Porto Alegre publicada ao longo de cinco edições (jul./ago. e out./nov. 1874; fev. 1875), com uma dedicatória e dois cantos: o primeiro, "A liberdade", divide-se em cinco partes; o segundo, "Guida", conta com apenas uma. O negro escravizado Gabila, enquanto trabalha na roça, sonha com a liberdade, que chega no momento em que se alia ao grupo farroupilha, junto com Malungo, cavalo selvagem que somente o negro tinha conseguido domar. A promessa dos cantos seguintes, que nunca foram publicados, era a de contar "o que fez Gabila nos combates / Nos dias memoráveis de setembro".[19] A intenção de Apolinário Porto Alegre era a de mostrar o quanto os membros do Partenon

---

18. *Ibid.*, set. 1874, p. 122, grifos do autor.

19. Apolinário Porto Alegre, *Revista Mensal da Sociedade Partenon Literário*, fev. 1875, p. 84.

estavam engajados em compor uma literatura combativa e abolicionista, que abrisse fissuras contestatórias no estabelecido e que mostrasse que o herói gaúcho independeria de etnia ou classe social, por ser Gabila um escravizado. Entretanto, o poema inacabado escorrega na residualidade épica; na miscelânea de referências, que evocam os mais diversos tempos e espaços; na caracterização exagerada dos atributos físicos do amálgama que Gabila e o cavalo formam, emulando a figura mítica do centauro; e na necessidade de realçar a intervenção branca para livrar o negro da sua condição escravizada.

A literatura, em seu relacionamento intrínseco com a situação sociopolítica do momento, reaparece em "O escravo brasileiro" (jul. 1869), conforme se pode ler no trecho do poema de Caldre e Fião, que constitui um eu-lírico negro, a fim de externar as injustiças contra os escravizados:

> Negam-me tudo, meus irmãos na pátria,
> Té mesmo o foro dos civis direitos,
> A honra, os brios, sentimentos nobres
> Qu'altivos moram nos brasílios peitos!![20]

A rememoração de episódios históricos, com especial atenção à Revolução Farroupilha, configura uma outra vertente poética da *Revista Mensal*. De Apolinário pode ser salientado o poema "Evasão — Episódio da Revolução" (nov. 1877), que faz referência a uma fuga de Bento Gonçalves, que tinha sido preso em 4 de outubro de 1836 pelas tropas legalistas. Primeiramente enviado para a Fortaleza da Laje, no Rio de Janeiro, o líder da Revolução Farroupilha, após uma tentativa infrutífera de escapar, é transferido para o Forte de São Caetano (também conhecido como Forte do Mar), em Salvador. Ao cárcere baiano, chega em agosto de 1837; logo a seguir, em 10 de setembro, efetua a sua fuga,

---

20. José Antônio do Vale Caldre e Fião, *Revista Mensal da Sociedade Partenon Literário*, jul. 1869, p. 20.

A constelação romântica: período formativo

pelo mar. Essa história é recontada em tintas grandiloquentes e comparações de cunho mitológico, constituindo um eu-lírico que penetra na mente de Bento Gonçalves, o herói e condutor da liberdade, conforme se vê nas duas primeiras estrofes:

> Pela mente do herói Bento Gonçalves
> Que turbilhão ardente passa agora?
> Que meditar profundo? O que procura,
> O olhar imenso na nascente aurora
> Do pirajá envolta na escumilha,
> O olhar guerreiro que jamais descora?
> O que faz da fortaleza sobre a rampa
> O filho sem rival do imenso Pampa?
>
> Eis o Forte do Mar! Perfila em frente
> Uma heroica cidade, ilustre terra;
> Itaparica ao longe, o mar em torno.
> O que naquela rocha armada em guerra,
> Num reduto do Norte, em pé, tão grave,
> Espera o bravo, cujo nome encerra
> Os destinos do Sul, destas coxilhas
> Que são laudas d'eternas maravilhas?[21]

Relacionada ao tópico acima descrito, é marcante a presença, no Partenon, de uma poesia elogiosa de figuras do mundo literário e militar, como nas composições "Ao Marquês do Herval", de Manuel José Gonçalves Júnior (jul. 1872); "À poetisa rio-grandense D. Amália Figueiroa", de José de Sá Brito (dez. 1872); "A Múcio Teixeira: recitada pela menina Maria Isabel Caldre e Fião no sarau literário do Partenon", de Caldre e Fião (nov. 1873); e "À memória do Coronel Genuíno Olímpio de Sampaio", de Damasceno Vieira (jul. 1874). Obviamente, o objetivo primeiro deste tipo de produção é exalçar as qualidades das

---

21. Apolinário Porto Alegre, *Revista Mensal da Sociedade Partenon Literário*, nov. 1877, p. 186.

personalidades, homenageadas devido à morte recente ou por causa da passagem de uma data comemorativa. No caso dos poetas que tematizam a ação dos próprios colegas de Partenon, tem-se situação típica de um sistema literário em processo de formação, como pode ser visto em um dos sextetos do poema de Sá Brito a Amália Figueiroa:

São teus versos tão cadentes
Como pérolas fulgentes
A soar sobre cristal,
Como tinir argentino,
Como voz doce do sino
Num repique festival![22]

Uma categoria que merece relevo é a da metapoesia, em que a missão do poeta se constitui a partir da necessidade, por meio da escrita, da superação das dificuldades inerentes ao fazer poético, em um ambiente ainda pobre, cultural e educacionalmente, e com um público leitor pequeno. No Romantismo em geral, e no Rio Grande do Sul não era diferente, os autores eram considerados os "gênios da raça", mesmo que pouco valorizados pela sociedade, como se pode observar no começo de "O poeta", de Múcio Teixeira (abr. 1874):

Chorar... lutar... cantar... — sempre aspirando
É do Poeta a sorte! —
Romeiro — que buscando a Eternidade,
Tropeça e cai no tremedal da morte!...

Águia arrojada de doiradas penas,
Pairando no infinito...
Ícaro novo — que ao voar mais alto,
Cai de improviso — sem soltar um grito!...[23]

---

22. José de Sá Brito, *Revista Mensal da Sociedade Partenon Literário*, dez. 1872, p. 45.
23. Múcio Teixeira, *Revista Mensal da Sociedade Partenon Literário*, abr. 1874, p. 732.

A constelação romântica: período formativo

Em sua produção poética, o Partenon também vai se voltar para a exaltação do Pampa e de seus elementos, como pode ser vislumbrado nos poemas de Augusto Tota, "À minha terra" (ago. 1873), "O pampeiro" (jun. 1874) e "As savanas natalícias" (set. 1875), que valorizam sobretudo o espaço campesino e os elementos naturais que o conformam, mais do que a figura humana. Em "As savanas natalícias", no entanto, a caracterização mitificadora do gaúcho, a partir da alusão à liberdade, à atitude combativa e à beleza sem igual das paisagens, pode ser notada no final do poema:

> E tu, Rio Grande, meu berço,
> Meu torrão de Santa Cruz,
> Estrela que fulges meiga
> Num diadema de luz,
> Que tens os filhos guerreiros
> E a liberdade por lei!
> Não tem o mundo savanas
> Iguais às tuas, eu sei.
>
> Deus vos salve savanas natalícias
> Exuberando luz, encantos, vida,
> Ninho de casto amor!
> Onde livre o gaúcho se adormece
> Fitando os horizontes que campeiam
> Luzentes de fulgor.[24]

Em outro diapasão, que se contrapõe à descrição das campinas sulinas, alguns poemas vão se circunscrever à dimensão urbana, numa tentativa de conformar, na literatura, o brilho fugaz das festas e dos bailes, elementos constituintes da vida nas cidades. O poema de Bernardo Taveira Júnior[25], "Menina na valsa" (jan.

---

24. Augusto Tota, *Revista Mensal da Sociedade Partenon Literário*, set. 1875, p. 131-132.

25. Um parêntese deve ser aberto para Bernardo Taveira Júnior, que publicou dois livros importantes, por causa do pioneirismo de suas temáticas: *Poesias americanas* (1869), todo ele dedicado ao Indianismo, e *Provincianas* (1886), conjunto de poemas regionalistas, o primeiro livro sul-rio-grandense a dedicar as suas páginas aos assuntos telúricos gaúchos.

113

1873), apresenta interessante configuração formal que emula — a partir do diálogo com o poema "A valsa" (1859), de Casimiro de Abreu —, no vaivém dos versos e das estrofes, a dança da moça ao som da música que era moda nos salões do século XIX:

> No baile, sorrindo, menina formosa
> Da valsa ao convite não faz-se rogada;
> Ligeira,
> Faceira,
> Na sala esplendente, de flores ornada,
> No seio do par co'a fronte pousada,
> Qual ave que ensaia voar pelo espaço
> Balança
> Na dança
> Marcando compasso.[26]

Uma última vertente dessa produção segue um caminho essencialmente lírico, em que o sujeito poético extravasa os seus sentimentos, abordando temas como o amor não correspondido ou a melancolia. O resultado foge da grandiloquência monárquica, de exaltação de figuras humanas, indo por um caminho de subjetividade e interioridade que atinge os melhores resultados dentro da produção do periódico. Os títulos dos poemas já denunciam o clima: "Tristeza", de Hilário Ribeiro (mar. 1869) e "Melancolia", de Amália dos Passos Figueiroa (nov. 1872). Os trechos servem como demonstração dos aspectos acima relacionados, como o amor desfeito, no poema de Ribeiro:

> Amei-te, amei-te muito! Amor mais puro
> Não foi o de Romeu por Julieta;
> Nem sentiu mais amor por Graziela
> O tristonho cantor, doce poeta!
> Amei-te! Era um delírio — idolatrei-te!
> Minha alma virgem, pura, ao ver-te bela

---

26. Bernardo Taveira Júnior, *Revista Mensal da Sociedade Partenon Literário*, jan. 1873, p. 43.

De amor se estremeceu, seguiu-te trêmula,
Palpitando e vivendo disse: —é ela![27]

Ou a recordação da infância, envolta em saudades, na composição de Amália Figueiroa:

Oh meus dias sedutores
Da florida primavera
Que bela a vida me era
Nessa quadra dos amores!

Quantos anelos desfeitos!
Quantos suspiros perdidos,
Qual batéis que vão fendidos
Da procela nos efeitos![28]

Por sua vez, os autores partenonistas também se dedicaram ao teatro, por meio de comédias e dramas. O autor que se destaca no gênero é, de novo, Apolinário Porto Alegre, com cinco peças, sendo duas do gênero cômico, "Mulheres: comédia em 4 atos" (jan./abr. 1873) e "Benedito: esboço de uma comédia" (fev. 1874), e três do dramático, "Sensitiva: drama em 3 atos" (maio/jun. 1873), "Os filhos da desgraça: drama popular em 1 prólogo e 4 atos" (maio/set. 1874) e "Ladrões da honra: drama em 4 atos e 5 quadros" (abr./maio e jul. 1875, inconcluso). Esses textos inserem-se em um esforço dos escritores sul-rio-grandenses em enriquecer o teatro nacional, que passava, a partir da década de 1850, por uma mudança, do drama histórico, de feição romântica, ou da comédia ingênua, para uma dramaturgia que apostava em características do chamado teatro realista ou "drama de casaca", alusão à vestimenta, comum à época: naturalidade; reflexão moral; temática em torno das relações

27. Hilário Ribeiro, *Revista Mensal da Sociedade Partenon Literário*, mar. 1869, p. 30.
28. Amália dos Passos Figueiroa, *Revista Mensal da Sociedade Partenon Literário*, nov. 1872, p. 46.

entre amor, dinheiro e casamento; ambiência contemporânea e urbana; e presença do *raisonneur*, espécie de comentador da ação, com intervenções de fundo moral.[29]

Nas peças de Apolinário, esses elementos de matriz realista mesclam-se a maneirismos típicos do Romantismo, com enredos que se apoiam em filhos enjeitados, vilões caricatos, moças indefesas, pais gananciosos, reviravoltas inverossímeis. Os três dramas, em especial, sofrem por situações e resoluções mal-acabadas, falas de cunho ideológico-político que deslocam a atenção da ação, com o intuito de trazer à tona temas como a escravidão, e peripécias excessivas que cansam e confundem o leitor/espectador. Por falar em espectador, difícil pensar que os dramas possam ser levados à cena hoje, constatação que Guilhermino Cesar já tinha feito: "Teatro antes para ser lido que representado foi o de Apolinário Porto Alegre".[30] Convém registrar que as três peças não apelam à matriz regionalista, pois os enredos dos dramas vinculam-se ao seio da família burguesa, com ação urbana, todas localizadas longe dos campos ou das cidades do Rio Grande do Sul: no Rio de Janeiro ("Sensitiva" e "Ladrões da honra") e na Bahia ("Os filhos da desgraça").[31]

As comédias, por seu turno, guardam certo frescor, com personagens simpáticas, com potencial para caírem no gosto do público, ontem ou hoje. "Mulheres", com suas cenas engraçadas e leves, mostra a incerteza de Landulfo, entre a paixão recente por Henriqueta e o amor juvenil por Antônia. Essas idas e vindas amorosas da personagem são acompanhadas por Pancrácia, a parteira da localidade, a única que sabe que Henriqueta, filha

---

29. João Roberto Faria, *O teatro realista no Brasil*.

30. Guilhermino Cesar, *História da literatura do Rio Grande do Sul*, p. 265.

31. Se o teatro dos autores gaúchos não enveredou pela vertente regional, há uma peça de um ator e dramaturgo português, César de Lacerda, que viveu no Rio Grande do Sul de 1863 a 1869, que tematiza o homem da Campanha, como já anuncia o título: *O monarca das coxilhas*. O drama em três atos, publicado no Recife em 1867, pela Tipografia do *Jornal do Recife*, ficou obscurecida durante muitos anos, recebendo nova edição somente em 1991. César de Lacerda, *O monarca das coxilhas*.

A constelação romântica: período formativo

de Manuel da Lobeira e Panúrgia, e Landulfo não podem se casar, por serem irmãos. Após vários quiproquós envolvendo o rapaz e as duas moças, fica acertado o casamento entre Landulfo e Antônia. Landulfo é filho de Panúrgia, fruto de um caso extraconjugal; todavia, as confusões da história, tramadas por Pancrácia, levam Manuel da Lobeira a crer que o moço é, na verdade, seu filho, de um relacionamento com Manuelita. Ao final, essa inversão tira o peso da traição da mulher, recaindo a pecha de infiel sobre o ingênuo Lobeira, que fica feliz por descobrir que tinha, então, um filho do sexo masculino.

Já "Benedito", em um ato e quinze cenas, traz o personagem-título de quatorze anos, servo escravizado de Antônio, envolvido em uma série de confusões em torno do interesse do ex-sacristão Joaquim por Marfiza. Joaquim aceita perdoar uma dívida que Antônio tem para com ele, em troca da possibilidade de se casar com Marfiza, sua filha. A intervenção do primo da moça e seu verdadeiro amor, Alfredo, militar que está voltando da Guerra do Paraguai, soluciona o problema, pois ele recentemente ganhou uma herança. Ao final, Alfredo pede que Benedito seja alforriado, realizando o antigo desejo do negro escravizado:

> Ben. — E Benedito quer ser também feliz.
> Alf. — O que queres? Aproveita a ocasião. Te darei o que pedires.
> Ben. —Benedito quer ser soldado. Está entusiasmado.
> Alf. — Pois bem, meu tio, forre-se Benedito. Sentará praça em meu batalhão e fará parte de minha companhia.
> Ben. (*tomando as mãos de Alfredo, beijando-as entre lágrimas*) — Ah! agradecido, agradecido! Vou servir com o Sr. oficial![32]

O tema da escravidão, tão caro ao Partenon em textos em prosa e verso, também se faz presente nas peças teatrais da revista. Em "Benedito", assim como em "Gabila", há a possibilidade de se

---

32. Apolinário Porto Alegre, *Revista Mensal da Sociedade Partenon Literário*, fev. 1874, p. 623.

refletir em torno do fato de a liberdade aos negros ser um favor concedido pelos brancos, nunca uma conquista, mesmo em uma produção escrita por um abolicionista e republicano como Apolinário, exatamente nos passos do que Regina Zilberman aponta:

> Como se vê, a temática abolicionista apresenta uma duplicidade: denuncia a condição escrava e seu caráter degradante; mas também indica o papel do branco dentro do processo de liberação, fazendo dele, sobretudo se liberal, seu principal herói e sujeito.[33]

O percurso pelas atividades e produções do Partenon Literário mostra a relevância da sociedade para o desenvolvimento da literatura sul-rio-grandense, sendo a responsável pelo seu efetivo início em termos de sistema, consolidado pela quantidade de autores e textos a que deu voz. Sua distribuição por toda a província igualmente unificou o processo em termos de leitores, suplantando o que antes se verificava, qual seja, manifestações esparsas e isoladas que não encontravam maior eco junto ao público, como se constata na produção poética feminina pioneira de Maria Clemência da Silveira Sampaio, Delfina Benigna da Cunha, Ana Eurídice Eufrosina de Barandas e Rita Barém de Melo, e nos romances de Caldre e Fião e Carlos von Koseritz.

A importância do grupo fica radicada em pelo menos dois planos, o sociopolítico e o literário. No primeiro caso, destacam-se as atitudes de vanguarda, necessárias naquele momento da província e da nação, como a implantação de aulas noturnas, o incentivo à educação da mulher, a manutenção de uma biblioteca e de um museu, as manifestações decisivas em prol da República e pelo fim da escravidão, levadas a termo em saraus, momento em que as ideias eram postas em prática, com a alforria de negros escravizados, por exemplo.

---

33. Regina Zilberman, *Roteiro de uma literatura singular*, p. 34-35.

A constelação romântica: período formativo

Não à toa, o principal autor do grupo, Apolinário Porto Alegre, aborda a temática escravocrata em três diferentes gêneros: no romance, com "Os Palmares", que mostra, sobre um fundo histórico, o quilombo que dá título à narrativa, e "O vaqueano", na lenda "O ressuscitado", no capítulo XIII; no poema "Gabila"; e na peça de teatro "Benedito", com sua abordagem cômica. Assim, fica caracterizada uma das tônicas da associação, o entrecruzamento dos discursos político e literário[34], atitude combativa que demonstra a posição ideológica forte e definida daqueles homens e mulheres. Tal aspecto cristaliza-se, com contundência, no conto "Pai Felipe", de Vítor Valpírio, que expõe a crueldade contra os negros escravizados, nos trabalhos forçados a que eram entregues nas charqueadas pelotenses.

No âmbito da literatura, deve ser dado destaque à diversidade de gêneros experimentados pelos escritores partenonistas — romance, conto, novela, poesia, teatro, crônica, biografia. Assim, afora aspectos fundamentais como a introdução do teatro realista nos palcos gaúchos e a abertura à voz e à autoria femininas, a *Revista Mensal* em geral é lembrada por ser a responsável pela aderência da literatura sulina ao Romantismo, o que de certa forma integrou a província ao panorama cultural brasileiro, embora o movimento romântico já apresentasse sinais de esgotamento no centro do país, ao longo da década de 1870.

Por outro lado, se havia esse interesse pela integração, a inserção do regionalismo nas letras sul-rio-grandenses, parte do programa do grupo, tinha por fim caracterizar e diferenciar a produção aqui encetada, num movimento pendular de aproximação e distanciamento em relação ao centro do país. O aproveitamento do bioma Pampa, levando em conta elementos diferenciadores em relação ao resto do Brasil — fauna, vegetação, clima, tipo humano —, atendeu a esse requisito de procurar elementos típicos da região. Neste sentido, deve-se frisar que foi

---

34. *Ibid.*, p. 45-46.

uma tarefa executada com bastante efetividade pelo Partenon, pois que é caminho observado na literatura sulina até os dias de hoje.

Referências

Textos da Revista Mensal da Sociedade Partenon Literário

BRITO, José de Sá. À poetisa rio-grandense D. Amália Figueiroa. *Revista Mensal da Sociedade Partenon Literário*, Porto Alegre, n. 6, p. 45-46, dez. 1872.

CALDRE E FIÃO, José Antônio do Vale. O escravo brasileiro. *Revista Mensal da Sociedade Partenon Literário*, Porto Alegre, n. 5, p. 20, jul. 1869.

CUNHA, Alberto Coelho da (Vítor Valpírio). Pai Felipe: um episódio de charqueada. *Revista Mensal da Sociedade Partenon Literário*, Porto Alegre, n. 1, p. 561-565, jan. 1874; n. 2, p. 605-608, fev. 1874.

CUNHA, Alberto Coelho da (Vítor Valpírio). *Revista Mensal da Sociedade Partenon Literário*, Porto Alegre, n. 1, p. 30-34, jan. 1873; n. 2, p. 60-66, fev. 1873; n. 3, p. 107-116, mar. 1873; n. 4, p. 158-166, abr. 1873; n. 5, p. 203-211, maio 1873; n. 7, p. 285-294, jul. 1873; n. 8, p. 328-331, ago. 1873.

FIGUEIROA, Amália dos Passos. Melancolia. *Revista Mensal da Sociedade Partenon Literário*, Porto Alegre, n. 5, p. 46, nov. 1872.

MELO, Revocata Heloísa de. *Revista Mensal da Sociedade Partenon Literário*, Porto Alegre, n. 8, p. 78-83, ago. 1874.

PORTO ALEGRE, Apolinário (Iriema). A evasão. Episódio da Revolução. *Revista Mensal da Sociedade Partenon Literário*, Porto Alegre, n. 7, p. 186-188, nov. 1877.

PORTO ALEGRE, Apolinário (Iriema). Ladrões da honra. *Revista Mensal da Sociedade Partenon Literário*, Porto Alegre, n. 4, p. 161-176, abr. 1875; n. 5, p. 194-206, maio 1875; n. 6, p. 15-31, jul. 1875.

PORTO ALEGRE, Apolinário (Iriema). Gabila. *Revista Mensal da Sociedade Partenon Literário*, Porto Alegre, n. 7, p. 42-43, jul.

A constelação romântica: período formativo

1874; n. 8, p. 88-90, ago. 1874; n. 10, p. 182-189, out. 1874; n. 11, p. 225-227, nov. 1874; n. 2, p. 83-84, fev. 1875.

PORTO ALEGRE, Apolinário (Iriema). Os filhos da desgraça. *Revista Mensal da Sociedade Partenon Literário*, Porto Alegre, n. 5, p. 767-779, maio 1874; n. 6, p. 797-806, jun. 1874; n. 7, p. 6-20, jul. 1874; n. 8, p. 58-64, ago. 1874; n. 9, p. 109-116, set. 1874.

PORTO ALEGRE, Apolinário (Iriema). Benedito. *Revista Mensal da Sociedade Partenon Literário*, Porto Alegre, n. 2, p. 609-623, fev. 1874.

PORTO ALEGRE, Apolinário (Iriema). Sensitiva. *Revista Mensal da Sociedade Partenon Literário*, Porto Alegre, n. 5, p. 212-226, maio 1873; n. 6, p. 247-273, jun. 1873.

PORTO ALEGRE, Apolinário (Iriema). Mulheres. *Revista Mensal da Sociedade Partenon Literário*, Porto Alegre, n. 1, p. 12-23, jan. 1873; n. 2, p. 67-78, fev. 1873; n. 3, p. 117-126, mar. 1873; n. 4, p. 167-180, abr. 1873.

PORTO ALEGRE, Apolinário (Iriema). O vaqueano. *Revista Mensal da Sociedade Partenon Literário*, Porto Alegre, n. 1, p. 26-31, jul. 1872; n. 2, p. 25-34, ago. 1872; n. 3, p. 11-19, set. 1872; n. 4, p. 9-19, out. 1872; n. 5, p. 7-22, nov. 1872; n. 6, p. 8-25, dez. 1872.

PORTO ALEGRE, Aquiles. O tropeiro. *Revista Mensal da Sociedade Partenon Literário*, Porto Alegre, n. 3, p. 27-32, set. 1872.

RIBEIRO, Hilário. Tristeza. *Revista Mensal da Sociedade Partenon Literário*, Porto Alegre, n. 1, p. 30, mar. 1869.

SANTOS, José Bernardino dos (Daimã). Serões de um tropeiro: coleção de contos serranos. *Revista Mensal da Sociedade Partenon Literário*, Porto Alegre, n. 8, p. 65-68, ago. 1874; n. 9, p. 117-126, set. 1874; n. 12, p. 252-257, dez. 1874; n. 2, p. 55-61, fev. 1875; n. 3, p. 107-113, mar. 1875; n. 4, p. 145-156, abr. 1875; n. 5, p. 185-188, maio 1875; n. 8, p. 49-54, ago. 1875; n. 3, p. 99-103, mar. 1876.

TAVEIRA JÚNIOR, Bernardo. Menina na valsa. *Revista Mensal da Sociedade Partenon Literário*, Porto Alegre, n. 1, p. 43, jan. 1873.

TEIXEIRA, Múcio. *Revista Mensal da Sociedade Partenon Literário*, Porto Alegre, n. 7, p. 32-37, abr. 1875.

TEIXEIRA, Múcio. O poeta. *Revista Mensal da Sociedade Partenon Literário*, Porto Alegre, n. 4, p. 732-734, abr. 1874.

TOTA, Augusto. As savanas natalícias. *Revista Mensal da Sociedade Partenon Literário*, Porto Alegre, n. 9, p. 131-132, set. 1875.

Toda a Revista Mensal do Partenon encontra-se digitalizada

MOREIRA, Alice T. C.; MOREIRA, Maria Eunice; PÓVOAS, Mauro Nicola (Org.). *Partenon Literário*. Porto Alegre: EDIPUCRS, 2018. Disponível em: https://ebooks.pucrs.br/edipucrs/acesso-livre/livros/partenon-literario/. Acesso em: 16 jul. 2024.

Demais textos

BAUMGARTEN, Carlos Alexandre. *Literatura e crítica na imprensa do Rio Grande do Sul*: 1868-1880. Porto Alegre: EST, 1982.

CANDIDO, Antonio. *Formação da literatura brasileira*: momentos decisivos – 1750-1880. Rio de Janeiro: Ouro sobre Azul, 2014.

CESAR, Guilhermino. *História da literatura do Rio Grande do Sul*. Porto Alegre: Globo, 1971.

FARIA, João Roberto. *O teatro realista no Brasil*: 1855-1865. São Paulo: Perspectiva; EDUSP, 1993.

HESSEL, Lothar F. *et al. O Partenon Literário e sua obra*. Porto Alegre: Flama; IEL, 1976.

NASCIMENTO; Fábio Varela; MOREIRA, Maria Eunice; PÓVOAS, Mauro Nicola. *Sociedade Partenon Literário*: história e temas. Porto Alegre: EDIPUCRS, 2024.

PORTO ALEGRE, Álvaro. *Partenon Literário*: ensaio lítero-histórico. Porto Alegre: Thurmann, 1962.

PÓVOAS, Mauro Nicola. *Uma história da literatura*: periódicos, memória e sistema literário no Rio Grande do Sul do século XIX. Porto Alegre: Buqui, 2017.

SILVEIRA, Cássia Daiane Macedo da. *Sociedade Partenon Literário*: literatura e política na Porto Alegre do século XIX. Curitiba: Prismas, 2016.

ZILBERMAN, Regina. *Roteiro de uma literatura singular*. Porto Alegre: Ed. da Universidade/UFRGS, 1992.

ZILBERMAN, Regina; SILVEIRA, Carmen Consuelo; BAUMGARTEN, Carlos Alexandre. *O Partenon Literário*: poesia e prosa. Porto Alegre: EST; Instituto Cultural Português, 1980.

Denise Espírito Santo

1.6

Esqritos de uma pulga ou um *Qorpo* estranho na literatura brasileira

> *Quem não quer ser tagarela, escreve com cautela!*
> Qorpo-Santo, *Aforismos*.

Se nos fosse dado conhecer os sentidos ocultos de algumas obras nascidas do descompasso entre o autor e seu tempo, obras inscritas a contrapelo num dado contexto histórico-cultural e que desafiaram os padrões estéticos dominantes, provavelmente os textos do gaúcho José Joaquim de Campos Leão, conhecido por Qorpo-Santo[1] (1829–1883), mereceriam destaque dentro de uma vertente "fora do esquadro", que desde a poesia picaresca de Gregório de Matos vem fornecendo elementos para o registro de uma tradição caracterizada pelas vias da negatividade e da desconstrução.

---

1. Natural de Triunfo, RS, José Joaquim de Campos Leão Qorpo-Santo foi professor de primeiras letras durante boa parte da sua juventude, em classes de primeiras letras. O percurso como professor o estimulou a produzir uma nova ortografia, que passaria a guiar a grafia do seu nome e os textos de sua autoria, como se vê na sua *Ensiqlopédia ou Seis mezes de huma enfermidade*, de 1877. Qorpo-Santo defendia que, para o mais rápido aprendizado da língua portuguesa, as palavras deveriam ser grafadas conforme sua pronúncia, antecipando de certo modo algumas das mudanças ortográficas posteriores. Qorpo-Santo tornou-se um tipógrafo-escritor, e devemos a essa atividade a descoberta, quase cem anos depois, de sua extensa e insólita obra; das atribulações sofridas, a de maior gravidade foi a acusação de insanidade mental e a interdição judicial que lhe retirou todos os recursos financeiros, levando-o em meados de 1868 a uma "temporada no inferno", uma internação compulsória no Hospício de Pedro II e na Casa de Saúde Doutor Eiras, ambos no Rio de Janeiro. Na década de 1960, Qorpo-Santo tem suas peças encenadas pela primeira vez no Brasil, e a descoberta de sua dramaturgia num contexto de forte presença do "teatro do absurdo" determinou em parte uma recepção crítica que atribuiu a ele o título de "precursor" dessa vertente.

A constelação romântica: período formativo

Negatividade e desconstrução que ainda assim poderiam somar-se a uma experiência de alteridade e loucura que colou sobre a obra de Qorpo-Santo uma insígnia — a de incompreensível. Talvez venha daí, do espanto para com esse corpo estranho na literatura brasileira, a recepção dada a seus textos ao longo da fascinante história que envolve a descoberta dos volumes raros e clandestinos que compõem sua obra — a *Ensiqlopédia ou Seis mezes de huma enfermidade*, de 1877. Para os que se debruçam atualmente sobre a obra de Qorpo-Santo, na aventura do estudo acadêmico ou da encenação de seus textos teatrais, uma primeira constatação deve-se destacar — a singularidade de sua produção em relação ao cânone romântico e uma antevisão dos experimentos poéticos que veríamos surgir mais tarde, com a geração modernista de 1922. Por outro lado, podemos atribuir ao próprio grau de subversão de Qorpo-Santo o dispositivo que o consagrou como autor paradigmático de um embrião modernista no Brasil em fins do século XIX, considerando neste caso sua contribuição para o estabelecimento de uma escritura que viria inaugurar o leitmotiv tipicamente moderno da vida como obra de arte.

Portanto, devemos acenar como iniciativa louvável a organização desta publicação sobre a literatura rio-grandense, que consagra ao Qorpo-Santo um capítulo importante dessa história e que aqui nos permitirá algumas leituras, uma vez que Qorpo--Santo permanece atual em sua crítica feroz à sociedade brasileira, a ponto de nos perguntarmos: seria Qorpo-Santo um tipo futurólogo capaz de decodificar nossas mazelas contemporâneas ou é o Brasil que se revela assustadoramente regressivo nesses tempos de democracia golpeada, de demência social voluntária e de fascismos em propalada rota ascendente?

Comecemos com os seus aforismos, que conferem ao *Qorpo* uma aproximação com uma dada tradição parodística presente na literatura brasileira do Romantismo até os dias atuais:

125

> *Nem todos os mortos, são ao mesmo tempo defuntos*
> Qorpo-Santo, *Aforismos*.

Como fonte privilegiada para o estabelecimento de uma dicção poética na contramão dos cânones mais representativos da literatura de meados do século XIX, os gêneros cômicos e, em especial, o *nonsense* inauguraram uma composição de verso livre que no fundo procurava subverter as formas discursivas dominantes. Alguns desses procedimentos anteciparam as experiências mais radicais das vanguardas do início do século XX, como, por exemplo, a escrita automática, o verso livre, as revelações do inconsciente e as combinações e colagens de fragmentos textuais dissonantes, experiências essas que ficariam para sempre associadas aos artistas dos movimentos dadá e do surrealismo. Em se tratando de Qorpo-Santo, esses elementos constituíram uma vertente do desvio e da negatividade, confirmando, dentre outras coisas, algumas fontes de pesquisa e investigação poética que veríamos mais tarde em trabalhos de escritores modernistas, com destaque para uma figura em especial, o escritor Oswald de Andrade (1890–1954).

A clandestinidade que atribuímos a obra do escritor gaúcho deve-se principalmente às narrativas que vinculam a criação dos volumes da *Ensiqlopédia ou Seis mezes de huma enfermidade* à condição de obra-testemunho, que condiciona sua "aparição" no mundo a uma biografia marcada por muitos acidentes pessoais, como o processo de interdição judicial movido por sua esposa e o diagnóstico de loucura defendido por médicos locais, posteriormente desmentido pelo Dr. Torres Homem, na época um dos alienistas mais importantes da Corte — o Hospício de Pedro II, para onde Qorpo-Santo foi levado em 1868 para realizar exames de sanidade mental:

> Em minha viagem à Corte passamos alguns dias
> no hospício de Pedro II: lá vimos loucos de todas as

A constelação romântica: período formativo

classes; idades; profissões, e em todos os graus desta enfermidade: o que porém com espanto soube ao ouvir o convite de um dos verdadeiros médicos que ali tratam — para vê-los; é qe existiam; e há muito, tempo — 3 ou 4 indivíduos [formados] em direito; e outros tantos em medicina. E porque o bacharel Antônio Corrêa de Oliveira vive — MONOMANÍACO — nesta capital há 4 anos, causando-me graves INCÔMODOS, PREJUÍ-ZOS E DANOS... requeremos a S. EX. o Sr. General comandante das armas e presidente da província; ou a qem compita — POR CARIDADE — haja de remetê-lo para o dito hospício.[2]

Mas a existência da *Ensiqlopédia* de Qorpo-Santo deve-se também ao notável empreendimento pessoal do escritor gaúcho para imprimir os nove volumes da sua obra, no ano de 1877, façanha que o consagraria no ofício de tipógrafo. No final da vida, após longa batalha pela sua reabilitação pessoal e recomposição dos seus direitos perante a sociedade, Qorpo-Santo reuniu todos os seus manuscritos e empreendeu a impressão dos nove volumes da *Ensiqlopédia,* divididos em teatro, poesia, aforismos, fragmentos autobiográficos, crônicas, textos enciclopédicos etc., materiais que só passaríamos a conhecer quase cem anos depois, por meio das primeiras encenações do seu teatro e dos primeiros estudos que de fato se debruçaram sobre sua obra, reconhecendo-a como emblemática e singular dentro do contexto da literatura brasileira dos oitocentos:[3]

---

2. Entre julho e agosto de 1868, Qorpo-Santo permaneceu cerca de 50 dias em dois estabelecimentos psiquiátricos no Rio de Janeiro para realizar exames de sanidade mental, dentre os quais o Manicômio de Pedro II, na Praia Vermelha, e a Casa de Saúde Doutor Eiras. Em sua estadia, Qorpo-Santo produziu alguns dos textos publicados mais tarde em sua *Ensiqlopédia ou Seis mezes de huma enfermidade,* de 1877, mais tarde publicados no livro *Miscelânea quriosa,* de 2004, organizado por Denise Espírito Santo..

3. As notícias sobre Qorpo-Santo remontam pelo menos aos anos de 1924 em Porto Alegre; um dos primeiros comentadores de sua obra, Roque Callage, publicou neste mesmo ano um artigo intitulado "O futurismo. Qorpo-Santo e os novos", que visava atacar a poesia modernista brasileira, insinuando que os delírios poéticos do Qorpo-Santo

Os trambulhões em que tenho vivido desde 1864 julho, até o prezente 1875 Septembro — obrigam-me a publicar o que hei escripto desde Julho de 1862 — sem ordem quanto às dactas; sem distinção do que produzi antes de assignar-me Corpo-Santo, e depois que assigno este nome: sem dividir completamente — proza, de verso como pretendia. O farão meus filhos, se tiverem gosto para estas couzas.[4]

Trazendo para primeiro plano o conjunto dos seus aforismos publicados em livro publicado em 2004, *Miscelânea quriosa*, esses fragmentos satíricos apresentam-se como um compêndio de ditos, silogismos, pensamentos ziguezagueantes que dialogam com uma vastíssima tradição literária — pensemos nos aforismos de Machado de Assis parodiando o romance *Tristram Shandy*, de Laurence Sterne, ou mesmo na série "Poemas menores", de Oswald de Andrade, que produzem instantâneos de uma cotidianidade brasileira com um acento crítico e mordaz, denunciando deste modo a ambivalência de uma sociedade sob rígido protocolo do atraso colonial:

erro de português

Quando o português chegou
Debaixo duma bruta chuva
Vestiu o índio
Que pena!
Fosse uma manhã de sol
O índio tinha despido
O português.[5]

---

encontrariam ressonância naquele tipo de produção; já nos idos de 1967, ocorreu a primeira montagem de Qorpo-Santo, no Clube de Cultura de Porto Alegre, com direção de Antônio Carlos de Sena. Porém, a descoberta dos textos inéditos de Qorpo-Santo devemos ao professor Aníbal Damasceno, no final dos anos 1950, e mais tarde ao crítico Guilhermino Cesar, que compilou os textos e assinou a primeira antologia do teatro qorpo-santense, em 1969.

4. Qorpo-Santo, *Ensiqlopédia ou Seis mezes de huma enfermidade*, v. 1, p. 129-130.

5. Oswald de Andrade, *Poesias reunidas*, p. 177.

A constelação romântica: período formativo

Deste modo, a intenção aqui é a de recuperar algumas passagens de uma obra desafortunadamente esquecida; portanto, deverei me ater à produção menos conhecida do *Qorpo*, uma parte ínfima de sua vasta produção literária — a poesia e os aforismos, além de textos dispersos que tive o prazer de editar em dois livros[6], há quase duas décadas; assumo que tal desafio obriga-me a rever leituras que povoam meus instantâneos de vida há muito tempo e a perguntar-me sobre o interesse pelas vozes malditas ou, noutras palavras, vozes intoleráveis e desestabilizadoras. Vozes que me conduziram desde muito cedo a malditos como Qorpo-Santo (Triunfo-Porto Alegre, 1829–1883), Antonin Artaud (Marseille-Paris, 1896–1948), Lima Barreto (Rio de Janeiro, 1881–1921) e mais recentemente a Stella do Patrocínio (Rio de Janeiro, 1941–1997). Todas essas vozes em uníssono procuram restabelecer ao menos para o meu exercício de escrita algumas ancoragens. Vamos a elas...

> *Há homens comparáveis a esponjas: quanto mais os*
> *oprimem, apenas os soltam – maior salto dão.*
>
> Qorpo-Santo, *Aforismos*

Primeiramente, trataremos aqui desta relação tão difícil de contextualizar quando se trata da loucura como presença luminosa capaz de provocar um desgaste nas estruturas do pensamento, ao mesmo tempo que investe na proliferação de imagens e de sentidos que claudicam os meios tradicionais pelos quais a representação e a linguagem se formam. No entanto, longe de reiterar o lugar comum com o qual se busca interpretar obras de artistas sob o emblema da loucura, procuraremos, a partir de algumas referências extraídas do pensamento de Foucault e Derrida, pensar uma outra via para nomear algo que a despeito de sua lucidez e transparência, como podemos atribuir muitas vezes

---

6. Qorpo-Santo, *Poemas* e *Miscelânea quriosa*.

ao "discurso da loucura", reescreve uma enigmática conjunção entre a palavra, o sentido e a representação.

Comecemos por Foucault...

Foucault consagrou sua vida a pensar o estatuto do poder em suas relações com a linguagem, os discursos e os dispositivos de controle que ele nomeou como "biopoder". Embora ele jamais tenha dedicado um livro ao poder, podemos afirmar que este é um assunto que se observa ao longo de toda a sua obra, sob as mais variadas formas. Ao debruçar-se sobre as questões da loucura ou da sexualidade, sobre a prisão e o hospício, a questão do poder em Foucault constitui um tema inerente ao seu pensamento; o poder é analisado em suas formas e em suas instituições locais, ou seja, as instituições "hospital" e "escola", que são enunciadoras tanto das formas antigas quanto contemporâneas do "biopoder"[7] (vivemos uma sociedade auspiciosa em se tratando de dispositivos que potencializam os sistemas de controle, vigilância e punição).

Em sua retomada do pensamento foucaultiano no que toca às discussões sobre razão e desrazão, Derrida esclarece: "É preciso supor, sem esquecer, *muito pelo contrário*, a audácia do gesto de pensamento na *História da loucura*, que uma certa liberação da loucura começou, que a psiquiatria, por pouco que seja, se abriu, que o conceito de loucura como desrazão, se é que ele teve uma

---

7. "O biopoder é definido como assumindo duas formas: consiste, por um lado, em uma política do corpo e, por outro, em uma biopolítica da população. A política refere-se aos dispositivos disciplinares encarregados de extrair do corpo humano sua força produtiva, mediante o controle do tempo e do espaço, no interior de instituições como a escola, o hospital, a fábrica e a prisão. Por sua vez, a biopolítica da população volta-se à regulação das massas, utilizando-se de saberes e práticas que permitam gerir taxas de natalidade, fluxos de migração, epidemias, aumento da longevidade. Ademais, busca-se relacionar as análises de Foucault sobre a política da vida à problemática do liberalismo, evidenciando a extrapolação da lógica econômica para relações sociais". Rafael Nogueira Furtado; Juliana Aparecida de Oliveira Camilo, "O conceito de biopoder no pensamento de Michel Foucault", p. 34.

A constelação romântica: período formativo

unidade algum dia, deslocou-se."[8] Deste modo, podemos considerar o legado foucaultiano no livro *História da loucura* como aquele que abriu precedentes valiosos no sentido de deslocar ou ao menos fazer entrecruzar o discurso clínico e o discurso crítico, que ainda assim possibilitou uma maior abertura para a fruição e recepção de obras "fora do esquadro" que se antagonizam a um determinado regime estético dominante, como será o caso do Qorpo-Santo. Esse reconhecimento da ambivalência entre aquilo que nomeamos como o sentido e o não sentido, possibilitou reconhecer produções artísticas que divergem completamente dos padrões alimentados temporalmente pelas correntes estéticas, obras que irão deslocar de maneira quase irreversível as estruturas do poder inerentes à linguagem:

> Quando eu readquirir a força espiritual que já possui, e com ela a coragem que então tinha — viverei feliz... Sinto pelas substâncias com que me sustento, e pelo fumo de que uso, destruírem-se-me os meus órgãos vitais.[9]

Em seu livro *A escritura e a diferença*, Derrida dedicou dois importantes textos para a fortuna crítica do poeta e dramaturgo Antonin Artaud, "A palavra soprada" e "O teatro da crueldade e o fechamento da representação". No tocante ao primeiro texto, Derrida utiliza-se da "palavra soprada", que convoca os sentidos para aberturas insólitas, surpreendentes, enigmáticas. O autor chama ainda atenção para esse lugar de uma racionalidade clássica que fixou o discurso da loucura; trata-se de pensar a aventura do "ponto em que pensar é sempre já não poder pensar ainda", isto é, algo somente possível com a oposição de forças, do "rasto apagado no caminho da verdade" e do "impoder" que seria essencial ao pensamento: "Que a poesia esteja ligada a essa impossibilidade de pensar que é o pensamento"[10], eis a verdade

---

8. Jacques Derrida, "*Cogito e História da loucura*", p. 53, grifo do autor.
9. Qorpo-Santo, *Miscelânea quriosa*, p. 102.
10. Jacques Derrida, "A palavra soprada", p. 251.

131

que já não é factível de se descobrir, mas de sentir. Portanto, a leitura derridiana de Artaud poderia nos iluminar sobre o próprio Qorpo-Santo, uma vez que tratamos de obras que se situam entre esses dois discursos, o clínico e o crítico, embora sua análise também se aproxime da concepção foucaultiana, para a qual razão e desrazão soariam como espécies irmãs e complementares.

Por outro lado, essa via interpretativa vem sendo constantemente retomada em estudos que ligam filosofia e literatura. Um desses estudos, que procurou acenar para o diálogo rompido entre razão e desrazão e, ao mesmo tempo, evocar o seu grau de complementaridade, talvez decorra do livro de Deleuze sobre a obra de Lewis Carroll, A *lógica do sentido*.[11] Deleuze atribui à obra de Carroll alguns procedimentos de linguagem que poderiam muito bem se aplicarem à obra poética e dramatúrgica do próprio Qorpo-Santo, como as séries de paradoxos "puro-devir", "dualidades", "proliferação indefinida", "jogos da aleatoriedade". Pensado como "jogos de linguagem", essas séries anunciam, ao menos para o campo inventivo da arte, uma ruptura com o estatuto da linguagem enquanto representação, anunciando o surgimento de uma outra sintaxe que pretende abolir a totalidade dos métodos e pressupostos cognitivos anteriores. Essa tem sido a grande virada epistemológica da arte desde o gesto iconoclasta dos dadaístas, de Duchamp a Magritte até chegar aos artistas da *pop art*, podendo se estender em casos singulares de figuras que de alguma forma intuíram esse "desmanche" numa era pré-modernista. Seria o caso do Qorpo-Santo? Por outro lado, veremos como alguns desses procedimentos irão tratar de um modo muito peculiar a paródia e a comicidade que figuram como características de boa parte da produção literária do século XIX no Brasil:

---

11. Gilles Deleuze, A *lógica do sentido*.

A constelação romântica: período formativo

Fui bigorna, e sou martelo!

Fui prensado!
hoje sou prensa!

Cavam alguns com enxadas,
cavam outros com palavras.

Se eu não lesse, se eu não escrevesse — seria quiçá uma pedra.

Poesia pantagruélica

Considerando a poesia de alguns autores do Romantismo brasileiro, surgida paralelamente a seus textos mais conhecidos e estudados, uma vertente satírica fez carreira entre alguns de nossos românticos, constituindo uma vertente do desvio e da negatividade que rompería com a noção de comicidade característica desta "escola literária". Autores como Bernardo Guimarães, Sousândrade, Laurindo Rabelo, Luís Guimarães Junior e o próprio Qorpo-Santo possuem essa característica em comum. Em ensaio sobre a produção poética de um grupo de estudantes da Faculdade de Direito de São Paulo, Antonio Candido nomeou essa "poesia do absurdo" como "pantagruélica", por "evocar a desmedida do personagem de Rabelais, marcado pelo grotesco, a farsa, a obscenidade".[12] Desta forma, seria impossível não reconhecer afinidades entre a produção poética de Qorpo-Santo e textos a ela contemporâneos, como "Dilúvio de papel", "A orgia dos duendes" e "O nariz perante os poetas", todos de Bernardo Guimarães:

O nariz perante os poetas
Cantem outros os olhos, os cabelos
E mil cousas gentis
Das belas suas: eu de minha amada
Cantar quero o nariz.

---

12. Antonio Candido, "A poesia pantagruélica", p. 199.

Não sei que fado mísero e mesquinho
É este do nariz,
Que poeta nenhum em prosa ou verso
Cantá-lo jamais quis.[13]

Nesse grupo nomeado por Candido como poetas pantagruélicos, observa-se uma lírica que se caracterizou pela pilhéria satânica e fantástica. Os ultrarromânticos Bernardo Guimarães e Qorpo-Santo, assim como outros poetas do período, entoaram uma lírica parodística e *nonsense* que "preservou para a posteridade registros de uma face obscura do romantismo".[14]

Exemplares desse humor *noir* ou dessa comicidade *nonsense* figuram nos poemas do bestialógico ou as cenas de escatologia que iremos ver de um modo original nos textos de Qorpo-Santo, como os que seguem:

Escritos de uma pulga

Estava compondo;
Faltava um pensamento;
Mordeu-m'uma pulga.
A pena eu largo;

E, sem embargo,
Vou apertá-la;
Vou agarrá-la...
Para despedaçá-la!

Alguém julga,
Que nesse momento
Veio o pensamento
Alto e redondo

---

13. Bernardo Guimarães, *Poesia erótica e satírica*, p. 73-79.
14. Para uma apreciação crítica desta produção dissonante de Bernardo Guimarães, ver o estudo de Fabiano Rodrigo da Silva Santos, *Lira dissonante*: considerações sobre aspectos do grotesco na poesia de Bernardo Guimarães e Cruz e Sousa.

A constelação romântica: período formativo

Ou na peça *Um parto*, na passagem em que Qorpo-Santo coloca em cena três cabritas (animais de verdade segundo a rubrica do autor) insinuando serem as avós, tias, irmãs do personagem central, Melquíades. Procedimentos que configuram um novo modo de tratar o humor e a comicidade numa dicção *nonsense* que também veríamos em outros autores do período:

Um parto

> UMA MULHER (*muito atenta, ouvindo alguns gemidos*) Quem gemerá? Quem estará doente? Será minha avó, ou meu avô!? Sabe-o Deus; eu apenas desconfio, e nada posso afirmar! Entretanto, convém indagar. (*Aproxima-se de uma porta, escuta, e volta*.) Ah! quem há de ser? (*Arrastando*.) É a cabritinha de minha avó, tia, e irmã, que acaba de parir três cabritos. Ei-los (*Atira-os ao cenário*.)[15]

Bestialogia e escatologia, poemas onde insetos e roedores ocupam lugar de destaque, recursos às expressões vocabulares de grande inventividade e certo grau de *nonsense* que indicam vinculações com o universo da cultura oral e popular, eis uma das possíveis chaves para compreendermos Qorpo-Santo em diálogo com o contexto de sua época. Consta em sua biografia que, em meados de 1851, o autor fundou um grupo dramático em conjunto com algumas figuras populares da província; outras referências históricas dão conta de uma Porto Alegre por onde circulavam companhias mambembes de circo-teatro, cômicos e brincantes de rua que talvez tenham inspirado o autor da *Ensiqlopédia* em boa parte de sua obra.

Ao tematizar sobre as cenas da escrita em Qorpo-Santo, Flora Süssekind vai considerar o autor como "uma das fontes mais significativas para o estudo das condições materiais de escrita

---

15. Qorpo-Santo, "Um parto", p. 230.

e das formas de consciência e figuração autoral no Brasil oitocentista".[16] Em diálogos frequentes com tipógrafos imaginários, objetos comuns do cotidiano da escrita, tais como papel, pena, tinta, e recorrendo muitas vezes a uma voz lírica que desvenda os processos composicionais da escrita, os poemas de Qorpo-Santo sinalizam para procedimentos formais que seriam amplamente utilizados pelos poetas modernos no Brasil; penso especificamente em poemas de Oswald de Andrade, ou até mesmo em algumas experimentações da poesia concreta dos irmãos Campos, que se renova na atualidade com o cruzamento entre poesia e letra de canção popular. No entanto, esses procedimentos nos levam a algumas conjecturas — uma delas, de um exercício obstinado por uma outra sintaxe, por uma desconstrução das formas tradicionalmente aceitas num certo contexto cultural que tratou de repeli-lo (em alguns casos segue mantendo essa distância programada para com a obra do escritor gaúcho), e que desvenda alguns mistérios acerca de uma produção construída em condições de excepcionalidade e segregação:

Penso já estar atrás

Em costas de cartas,
Numas cartas velhas,
Em velhos recibos,
Alguns requerimentos,
Também atestados,
— Escrito tenho sim
— Duzentas, trezentas
Páginas, cinquenta;
E mais umas cinco
Com esta que pinto![17]

Inspiradora

16. Flora Süssekind, "Rola a tinta, e tudo finta!".
17. Qorpo-Santo, *Poemas*, p. 55.

Era meia noite,
Senti inspiração!
Mas eu não satisfiz
Ao meu coração!

Escuro tão negro,
De que serviria
Papel, pena, tinta,
Se eu nada podia!?[18]

Palavra soprada, tal como Derrida atribuiu aos textos do demiurgo Antonin Artaud em seus momentos inspiradores finais, nos remete a essa percepção de uma consciência do mundo que já abandonou faz tempo o que está dado e nomeado, ao mesmo tempo que ilustra essa experiência do pensamento-carne que luta para expressar o que já não encontra meios de fazê-lo. Me parece que Qorpo-Santo intuía um outro tempo-espaço para a escuta da sua poesia e textos produzidos de maneira febril e incansável. Sua obra, mesmo atravessando os espaços-tempos que nos distanciam, permanece com a mesma força desconcertante, obra-testemunho que continua a manifestar o elo profundo e ao mesmo tempo o desconforto — diga-se de passagem, "o mal de todo o século", entre imagem, palavra e representação. No último volume da *Ensiqlopédia*, de Qorpo-Santo, consta um poema que, a título de uma despedida, exemplifica uma autoconsciência que marcou todo o projeto modernista. Qorpo-Santo, ao que tudo indica, sabia secretamente disto:

Um adeus

Cesso a vida de – compor;
Cesso a vida d'escritor;
Passo a rever minhas obras;
Passo a cortar-lhe as sobras;

---

18. *Ibid.*, p. 59.

Passo a examinar-lhe os erros,
A decepá-los passo a ferros!

Fim deste livro
Porto Alegre, 1877

Referências

ANDRADE, Oswald de. *Poesias reunidas*. Rio de Janeiro: Civilização Brasileira, 1974.

ASSIS BRASIL, Luiz Antonio de. *Cães da província*. Porto Alegre: Mercado Aberto, 1992.

CAFEZEIRO, Edwaldo Machado; GADELHA, Carmem. *História do teatro brasileiro*: um percurso de Anchieta a Nelson Rodrigues. Rio de Janeiro: FUNARTE, 1996.

CANDIDO, Antonio. A poesia pantagruélica. *In*: CANDIDO, Antonio. *O discurso e a cidade*. São Paulo: Duas Cidades, 1993. p. 195-211.

DELEUZE, Gilles. *A lógica do sentido*. São Paulo: Perspectiva, 1974.

DERRIDA, Jacques. *Cogito e História da loucura*. *In*: DERRIDA, Jacques. *A escritura e a diferença*. Trad. Pedro Leite Lopes. São Paulo: Perspectiva, 2014. p. 43-90.

DERRIDA, Jacques. A palavra soprada. *In*: DERRIDA, Jacques. *A escritura e a diferença*. Trad. Maria Beatriz Marques Nizza da Silva. São Paulo: Perspectiva, 2014. p. 249-288.

FOUCAULT, Michel. *História da loucura*. São Paulo: Perspectiva, 1987.

FURTADO, Rafael Nogueira; CAMILO, Juliana Aparecida de Oliveira. O conceito de biopoder no pensamento de Michel Foucault. *Revista Subjetividades*, Fortaleza, v. 16, n. 3, p. 34-44, 2016. Disponível em: https://ojs.unifor.br/rmes/article/view/4800. Acesso em: 4 set. 2024.

GUIMARÃES, Bernardo. *Poesia erótica e satírica*. Org. Duda Machado. Rio de Janeiro: Imago, 1992.

PATROCÍNIO, Stella do. *O reino dos bichos e dos animais é o meu nome*. Org. Viviane Mosé. Rio de Janeiro: Azougue, 2002.

A constelação romântica: período formativo

QORPO-SANTO. Um parto. *In*: QORPO-SANTO. *As relações naturais e outras comédias*. Org. Guilhermino Cesar. Porto Alegre: Movimento; IEL; Ed. da UFRGS, 1976. p. 215-238.

QORPO-SANTO. *Poemas*. Org. Denise Espírito Santo. Rio de Janeiro: Contra Capa, 2000.

QORPO-SANTO. *Miscelânea quriosa*. Org. Denise Espírito Santo. Rio de Janeiro: Casa da Palavra, 2004.

QORPO-SANTO. *Ensiqlopédia ou Seis mezes de huma enfermidade*. Porto Alegre: Imprensa Literária, 1877. v. 1.

SANTOS, Fabiano Rodrigo da Silva. *Lira dissonante*: considerações sobre aspectos do grotesco na poesia de Bernardo Guimarães e Cruz e Sousa. São Paulo: Cultura Acadêmica, 2009.

SÜSSEKIND, Flora. Rola a tinta, e tudo finta! *In*: QORPO-SANTO. *Poemas*. Org. Denise Espírito Santo. Rio de Janeiro: Contra Capa, 2000.

Flávio Wolf de Aguiar

1.6.1

Qorpo-Santo, o antípoda

Qorpo-Santo foi minha primeira aventura crítica de longo curso. Foi o tema de minha dissertação de mestrado, com uma pesquisa começada em 1971, concluída em 1973, defendida em 1974 e publicada em 1975 pela hoje finada editora A Nação, de Porto Alegre.

Mas a paixão vinha de antes. Em 1966 eu assistira às primeiras encenações conhecidas de peças de Qorpo-Santo, realizadas em 1966, no Teatro do Clube de Cultura, no Bonfim, na capital dos gaúchos, com direção de Antônio Carlos de Sena, música de Flávio Oliveira. Em 1968 tomei conhecimento, à distância, das encenações no Rio de Janeiro, do sucesso e do forrobodó que se seguiu, com a proibição pela Censura Federal da montagem de As *relações naturais*, dirigida por Luís Carlos Maciel.

Li e guardei o exemplar do também finado *Correio da Manhã*, do Rio de Janeiro, em que Carlos Drummond de Andrade publicou seu poema "Relatório de maio" (26 de maio de 1968), onde se lia (fragmentos):

> [...] Naquele maio
> O fogo o fogo o fogo o fogo
> Vinha no vento do telex
> Soprado de muito longe
> Tornado muito perto
> [...]

A constelação romântica: período formativo

Naquele inverno
O grupo Lire le Capital
Reformulava a dialética antio-Hegel
E o estruturalismo continuava na onda
Passando à frente de Bonnie & Clyde
Sem desbancar McLuhan, Chacrinha e o
Teatro do absurdo institucionalizado
Qorpo-Santo é quem tinha razão
Naquele maio
[...]
Naquele maio
As manhãs eram lindíssimas as tardes
Pingavam chuva fina
O mar entristecia
A luz era cortada de repente
Como prefixo de morte
E mesmo assim na treva uma ave tonta
Riscava o céu naquele maio.

Mais de oitenta anos depois de sua morte e mais de um século depois de ter escrito suas peças esquecidas no século XIX e consideradas revolucionárias no século XX, Qorpo-Santo fora armado cavaleiro pelas hostes que se batiam contra o obscurantismo triunfante e, como Quixote redivivo, investia de lança em riste contra os moinhos que trituravam a liberdade de expressão.

Foram tempos das amizades e inimizades imorredouras, e Qorpo-Santo, mais do que tema de dissertação, ficou para mim do lado das primeiras.

Desde então temos mantido um relacionamento espaçado, mas constante e fiel, animado por escritos aqui e ali, participação em bancas acadêmicas sobre sua obra e sua vida, e a certeza de que se alguém entendeu a loucura chamada Brasil, foi ele, Qorpo-Santo. Comportamo-nos, eu e ele, embora de modo unilateral, pois dele não recebo respostas do próprio punho, como dois amigos que se correspondem à distância, eu num mundo e

143

ele no outro. Nossa correspondência é esporádica, mas quando a retomo é como se continuássemos uma conversa interrompida apenas ontem.

Assim foi em 2006, quando, instado pelos colegas de Literatura Brasileira da USP, onde eu me aposentava, escrevi um breve conto chamado "Singular acontecimento", depois reproduzido em meu livro *Crônicas do mundo ao revés*, publicado pela Boitempo, em 2011. Nele dei vazão a uma hipotética e íntima certeza, qual seja, a de que há um paralelo seguro entre ele, Qorpo-Santo, e o personagem Rubião, de Machado de Assis, outro que, sem dúvida, entendeu essa loucura chamada Brasil.

Aqui já quase dez anos depois de escrito o conto, posso revelar alguns de seus segredos. O mais óbvio, que não será segredo para ninguém, é que a carta que ele contém foi escrita nada mais nada menos do que por Machado de Assis. Faço ainda algumas firulas e homenagens aos críticos contemporâneos da obra do Bruxo do Cosme Velho. Mas a missiva é dirigida a certo José da Costa, diplomata. Basta uma erudição média para dar-se conta de que José da Costa é um recorte de José Marcondes da Costa Aires, o Conselheiro Aires de *Esaú e Jacó* e do *Memorial*.

Prosseguindo e aprofundando a erudição média, o conto se baseia em paralelos mais ou menos claros entre o Qorpo-Santo histórico e o não menos histórico, embora fictício, Rubião, aliás Pedro Rubião de Alvarenga. Ambos tinham sido professores, e deram com os costados no Rio de Janeiro vindos da província, embora de recantos diferentes, o primeiro do Rio Grande do Sul e o segundo das Minas Gerais. Ambos eram abonados financeiramente, embora, ao que parece, o primeiro por mérito próprio e o segundo por herança algo vicária, advinda do amigo e filósofo Quincas Borba. Ambos, seguindo o título de uma das peças de Qorpo-Santo, "eram um" e "se tornaram outro". Qorpo-Santo acreditava, pelo menos de vez em quando, que seu "eu anterior", José Joaquim de Campos Leão, nascido na cidade

A constelação romântica: período formativo

de Triunfo, morrera durante um assalto de que fora vítima, e que seu corpo passara a ser o cavalo (embora ele não usasse este termo) de um frade de costumes airados que vivera no século XVIII (ao que parece no norte do país), chamado Corpo-Santo, cujo nome ele adaptara em sua projetada reforma ortográfica. Já Rubião, de modesto e provinciano mestre-escola, passara a magnata endinheirado na Corte, uma transformação, de certo modo mais radical do que a daquele. Ambos chegaram ao Rio de Janeiro em 1868 e, durante seu processo delirante, tinham uma fixação, embora de natureza diversa, com Napoleão — o III, coisa, aliás, comum entre os maluquinhos e malucões, aqueles nos hospícios e estes se achando "normais", que foram contemporâneos do Luís Bonaparte, fixação esta também parodiada, de certo modo enviesado, no conto "O alienista", que glosa a Revolução Francesa. Se a referência deste seria Napoleão I, esta passa pela reverência de que desfrutou o III.

A partir destes pontos de contato dei asas à imaginação, encenado um hipotético, mas não impossível nem improvável conhecimento por parte de Machado da situação de Qorpo-
-Santo, como fonte de inspiração para a feitura do seu Rubião. No conto, Machado "de fato" encontra Qorpo-Santo passeando e devaneando (ambos) pelas ruas da Corte, durante uma tarde em que o primeiro sai mais cedo do trabalho e o segundo sai da casa de saúde onde era tratado e observado. Também se deve registrar que o fim de ambos, Qorpo-Santo e Rubião, é melancólico; o primeiro, interdito judicialmente e privado do convívio das filhas e da totalidade de seus bens; o segundo, explorado por um charlatão ganancioso e sua esposa vaidosa e hipócrita, privado do convívio consigo mesmo quando se acoberta no véu merencório da loucura.

Esta aproximação se apoia na convicção, e a desenvolve, de que ambos, Machado e Qorpo-Santo, tiveram uma percepção semelhante, aguda e pertinente, ainda que construída de pontos de vista diametralmente opostos, sobre o descompasso e o desconforto desta ideia chamada Brasil. Machado, de certo modo, queria escrever para expor que o Brasil era a loucura de uma sociedade que se achava sã; Qorpo-Santo queria provar que era são dentro de uma sociedade que era louca e que considerava que ele, o escriba destrambelhado, é que era o louco. Também não se deve esquecer que os males e sofrimentos da mente e da alma não eram estranhos a Machado, a ponto de alguns críticos, numa "falácia biográfica", terem cedido à tentação de ver nos seus personagens doentios um reflexo do espírito perturbado do autor.

Na obra de ambos reluz o tema brasileiramente sempiterno da exclusão como espinha dorsal de nossa constituição societária e convívio social, dentro do ideal que vê o país como um condomínio privado da sua classe dominante e de seus aliados, acólitos, arautos e lacaios. Machado colocou a escravidão no centro de sua obra, ainda que espelhada de modo enviesado; Qorpo-Santo colocou no centro da sua a desrazão de personagens que não conseguem se identificar e que pulam de identidade para identidade como aquele personagem do poema de Brecht que dizia que tinha, no seu tempo, de trocar de país como quem troca de sapatos. Os personagens de Machado de Assis não conseguem deixar de ser o que são, seres feitos de negatividade e sem alma própria, almas penadas ambulantes de uma sociedade iníqua. Os de Qorpo-Santo não conseguem chegar a ser o que querem ser, almas penadas ambulantes que uma sociedade que não lhes dá, no fundo, a liberdade de serem o que quiserem.

Neste jogo em que ambos parecem parceiros de baralho situados de um e outro lado da mesa, os personagens mais dramáticos de cada um são aqueles que vivem em seu próprio corpo o drama da exclusão. Na obra de Machado, esta personagem é Capitu, a "feliz" exilada na Suíça, a "tresloucada traidora" expulsa do convívio dos seus pelo "são" Bentinho. Na de Qorpo-Santo, seu personagem exemplar é ele mesmo que, também em parte por

A constelação romântica: período formativo

seus escritos considerados estapafúrdios pelos contemporâneos, se viu exilado em sua própria terra, "louco" expulso do convívio social (mas não completamente, pelo que se sabe) pela "sanidade" dos outros ao seu redor.

Machado de Assis é tido pela crítica unânime de hoje como a pedra de toque, ou mesmo a pedra fundamental da literatura brasileira do século XIX, senão dela como um todo. Antonio Candido, na *Formação da literatura brasileira: momentos decisivos*, considera o seu ensaio "Notícia da atual literatura brasileira", publicado em Nova Iorque em 1873, hoje famoso sob o nome de "Instinto de nacionalidade", como o ponto de chegada do processo formativo de nossa literatura. Nesta época, depois de passar alguns meses na Corte em 1868, internado em casas de saúde, Qorpo-Santo estava de volta em sua província natal, rodando entre a campanha gaúcha e a capital, preparando a febricitante edição de jornais (como fizera antes, inclusive naquele mesmo ano), em que se defendia da pecha de louco e procurava demonstrar ser um cidadão "normal", e de sua obra, a futura *Ensiqlopédia ou Seis mezes de huma enfermidade*, que levou a cabo (pelos exemplares que se salvaram) entre dois de julho de 1876 e 1º. de dezembro de 1877. Em 1876 Machado publica *Helena*, seu último romance da dita "primeira fase", e em 7 de dezembro é promovido a chefe de seção da Secretaria da Agricultura. Em 1877 morre José de Alencar, e Machado faz seu elogio fúnebre. Em 1879 Machado começa a publicar artigos na *Revista Brasileira*, onde aparecerá, anos depois, o romance *Quincas Borba*. Sua obra, com a de autores como Guimarães Rosa e Clarice Lispector, está dentre as que desfrutam do melhor prestígio acadêmico no mundo inteiro.

Mais modestamente, Qorpo-Santo, com Martins Pena, forma a dupla de autores do teatro brasileiro do século XIX cujas obras ainda são representadas com alguma regularidade nos palcos da terra. E Qorpo-Santo é o único a ter representação e estudos acadêmicos levados a cabo no exterior. Pelos depoimentos de seus contemporâneos mais para o fim da vida, depois das "febres ensiqlopédicas" e das aventuras jornalísticas, Qorpo-Santo passeava pelas ruas de Porto Alegre, fumava seu cigarro crioulo de vez em quando e, dono de um armazém no centro da cidade, ficava quieto escutando as conversas animadas dos jovens intelectuais que lá iam cear tarde da noite. Isto os dois, Machado e Qorpo-Santo, tinham em comum: eram macambúzios, embora o primeiro tivesse alguma vivacidade nos saraus literários que frequentava, compondo letras românticas para cançonetas e serestas.

Guto Leite

1.7
Longe demais das capitais: poesia pós-romântica

Arrefecidas as condições materiais e ideológicas da poesia romântica, o Parnasianismo começa a ser introduzido no Rio Grande do Sul nos anos 1880 — *Opalas*, de Fontoura Xavier, e *Iluminuras*, de Aquiles Porto Alegre, são do mesmo ano, 1884, de *Meridionais*, de Alberto de Oliveira, publicado no Rio de Janeiro, um dos livros reconhecidos como seminais dessa escola literária no país. A devoção à forma da poesia parnasiana, sintetizada na predileção ampla aos sonetos, pode e deve ser vista de maneira mais complexa do que a fórmula sintetiza por Théophile Gautier, *a arte pela arte*, para entendermos melhor seu alcance e as sociedades em que essa concepção de poesia vicejou de maneira destacada.

A começar pelo desenvolvimento técnico acentuado pela escola. Em que pese o excesso de regras, o Parnasianismo afasta a poesia da esfera da espontaneidade, dos gênios, da inspiração e do incompreensível e a aproxima da esfera do ofício, do trabalho. Por essa pauta, em certo sentido, "todo mundo" pode fazer poesia parnasiana, desde que domine as regras de sua produção. Seu ambiente e suas formas de circulação ensejam uma prática em que poetas se cotejam e se medem. Se, por um lado, frisa a competitividade, como se em poesia pudesse haver uma disputa pela melhor obtenção de êxito claro e objetivo, por outro estabelece uma espécie de régua comum para a prática de poesia, que não raras vezes ganhava espaço nos jornais e revistas.

A constelação romântica: período formativo

Por consequência, a poesia parnasiana passa a ser, nos melhores momentos, também índice de uma vida letrada pública, quando não de civilidade[1], enquanto nos momentos não tão bons transforma o poema em fetiche.

Cabe também dizer desde já que o Parnasianismo é um movimento formado por *homens de letras* — definidos como cidadãos envolvidos em diferentes esferas da vida letrada de uma comunidade —, não raro com destacado papel na imprensa, fundadores ou frequentadores de academias e sociedades literárias, além de empenhados nas questões políticas de seu tempo. Por conta disso, alguns dos escritores destacados aqui não terão, porventura, uma obra-prima ou uma extensa produção literária, embora tenham atuação destacada e longeva noutras esferas da vida letrada. Aliás, na oposição entre românticos e parnasianos, essa equação precisa ser melhor afinada: normalmente aos primeiros são reputados os processos formativos, contudo são os segundos que se apresentam como artífices da literatura por dentro das instituições e acabam consolidando a estrutura coletiva que o gênio romântico individualizado divisou. Arriscando um pouco, dentro do mundo burguês, com todas as particularidades que podemos associar à burguesia brasileira e gaúcha, os parnasianos normativizam as iniciativas burguesas, na busca de consolidar bases comuns e compartilháveis para as atividades letradas. Ao menos discursivamente, há essa força, digamos, de Ilustração do movimento.

Este breve introito serve para argumentar que o Parnasianismo no Rio Grande do Sul pode ser entendido como a extensão de uma civilidade específica relativamente cosmopolita que conecta Paris, Rio de Janeiro e Porto Alegre. Se as práticas, universalistas, descritivas e impessoais se fazem presentes nas produções das três cidades, o Parnasianismo gaúcho não escapa de representar

---

1. Para uma interessante leitura sobre o Parnasianismo, ver Luís Augusto Fischer, *Parnasianismo brasileiro*: entre ressonância e dissonância.

temas locais, por hipótese, o modo de ser particular da "civilização gaúcha" pela literatura — aliás, como também não escapam, é bom dizer, de serem particulares os parnasianismos carioca, tomado por "nacional", e parisiense, tomado por "universal"; operação esta, de transformar o local em nacional ou universal, puramente de base ideológica. Distancio-me, assim, em termos, da leitura de Guilhermino Cesar, que afirma:

> Numa literatura, mormente numa poesia tão encharcada de valores peculiares à vida gaúcha, ao modo de vida do homem da campanha, o universalismo temático não seria assimilado com o mesmo gosto, a mesma naturalidade com que o fizeram Alberto de Oliveira, Raimundo Correia e Bilac, homens habituados a viver em cidade grande, ou o trota-mundos insaciável que se chamou Fontoura Xavier. Não. Aqui o realismo tomaria desde logo um acento localista, um tom como o que jamais deixou o gaúcho de infundir aos lavores artísticos.[2]

Também podemos observar essa relação universal-nacional-local para pensar na hegemonia ou não do Parnasianismo em cada um desses centros. Se o Parnasianismo carioca parece muito próximo ao positivismo tão cultivado na cultura "brasileira", o Parnasianismo parisiense se apresenta com um fôlego muito menor — atravessado desde o início pel'*As flores do mal* (1857), de Baudelaire. Por sua vez, o Parnasianismo gaúcho — como veremos, cujos escritores são originários de diversas cidades do estado e têm trajetórias bastante variadas —, mesmo bafejado pelo caráter solar da capital da República, apresentará também traços do decadentismo da lira dissonante[3], ou se comportará como uma extensão "tecnicizada" da estética romântica. Como

---

2. Guilhermino Cesar, *História da literatura do Rio Grande do Sul*, p. 272.

3. Referência à obra de Fabiano Rodrigo da Silva Santos, *Lira dissonante*: considerações sobre aspectos do grotesco na poesia de Bernardo Guimarães e Cruz e Sousa. No capítulo I, o autor argumenta pelo florescimento dessa lira dissonante às margens do Parnasianismo, como uma poética oficial do mundo editorial carioca-brasileiro.

A constelação romântica: período formativo

esperar que o estado que viveu duas das maiores guerras do Brasil do século XIX, Guerra dos Farrapos (1835–1845) e Revolução Federalista (1893–1895), pudesse abraçar com as mesmas forças uma estética que se propunha ao afastamento das arestas mais indissolúveis do processo social?

Com essas questões em mente, visitaremos a vida e a obra de alguns escritores considerados representativos do Parnasianismo gaúcho, no intuito de entrevermos algumas características desse movimento.

O primeiro poeta que sublinho é Fontoura Xavier (1856–1922), o "trota-mundos insaciável" mencionado por Guilhermino. Nascido em Cachoeira do Sul, mudou-se aos quatorze anos para Porto Alegre. Estudou no Rio, na Escola Central, e, em seguida, na Faculdade de Direito de São Paulo (1876–1877), sem chegar a concluir o curso. Até 1885, quando ingressa na carreira diplomática, trabalhou em diversos jornais na capital da República, chegando a fundar um jornal, a *Gazetinha*, com Artur de Azevedo — ainda contribuiria com periódicos até a entrada da década de 1890. Também realizou traduções do inglês e do francês, de autores como Shakespeare, Edgar Alan Poe e Baudelaire — para Antonio Candido, Fontoura Xavier "foi talvez o mais interessante dos baudelairianos brasileiros".[4] Como diplomata, ocupou postos nos Estados Unidos, Suíça, Espanha, Inglaterra, dentre outros. Faleceu em Lisboa, quando era embaixador em Portugal.

Sua poesia é de temática bastante variada. Segundo Guilhermino Cesar, vence pelo talento a transição entre a poesia científica real-naturalista e a parnasiana. Lá estão os termos raros e preciosos desta última — o cosmopolitismo do poeta, mesmo antes das viagens de maturidade, contribui para a riqueza de termos em seus versos —, bem como seu metro rígido e a impressão geral de construção poética, em vez do fluir romântico. Apesar

---

4. Antonio Candido, A *educação pela noite* e outros ensaios, p. 34.

153

disso, como se pode verificar no poema abaixo, são claras a presença de uma subjetividade saliente, aqui reverberada nas paixões da escolha temática, e de uma musicalidade diversa:

"Pomo do mal" (em *Opalas*, 1884)[5]

Dimanam do teu corpo as grandes digitales,
Os filtros da lascívia e o sensualismo bruto!
Tudo que em ti revive é torpe e dissoluto,
Tu és a encarnação da síntese dos males.

No entanto, toda a vez que o seio te perscruto,
A transbordar de amor como o prazer de um cálix,
Assalta-me um desejo, ó glória das Onfales!
— Morder-te o coração como se morde um fruto!

Então, se dentro dele um mal que a dor excite
Conténs de mais que o pomo estéril do Asfaltite,
Eu beberia a dor nos estos do delírio!...

E podias-me ouvir, excêntrico, medonho,
Como um canto de morte ao ritmo dum sonho,
O poema da carne a dobres de martírio!...[6]

Curiosamente — se pensarmos na produção dispersa, coligida somente em *Opalas* e no panfleto satírico *O régio saltimbanco* (1877) —, Machado de Assis, ainda em 1879, dedica cinco parágrafos ao autor em "A nova geração", além de comentar algumas observações críticas feitas no prefácio a *O régio saltimbanco*. Se o saúda como "um dos mais vívidos talentos da geração nova" e um dos que "melhormente trabalham o alexandrino", também indica suas contradições:

Ele pede a eliminação de todas as coroas, régias ou sacerdotais, mas é implícito que exceptua a de poeta, e

---

5. Fontoura Xavier, *Opalas*, p. 107.

6. Léxico para a leitura do poema: "dimanar": fluir calmamente; "digitales": digitais; "cálix": cálice; "Onfales": Ônfale é uma inquebrantável rainha na mitologia grega, por derivação, guerreiras; "Asfaltite": Mar Morto; "estos": calor, paixão, ou marés, vaivém; "dobres": toque do sino.

A constelação romântica: período formativo

está disposto a cingi-la. Ora, é justamente desta que se trata. O Sr. Fontoura Xavier, moço de vivo talento, que dispõe de um verso cheio, vigoroso, e espontâneo, está arriscando as suas qualidades nativas, com um estilo, que é já a puída ornamentação de certa ordem de discursos do Velho Mundo. Sem abrir mão das opiniões políticas, era mais propício ao seu futuro poético, exprimi-las em estilo diferente — tão enérgico, se lhe parecesse, mas diferente.[7]

Outros críticos, como Alfredo Bosi, em *História concisa da literatura brasileira*, e João Alexandre Barbosa, em *Alguma crítica*, vão localizar a poesia de Fontoura Xavier como de transição, nos anos 1870 e 1880, após o império da poesia romântica e antes da hegemonia do Parnasianismo na poesia brasileira. Fica claro, contudo, que a observação de Machado, como veremos aqui, é mais profícua do que a localização do poeta numa suposta linha de tempo única e centrada no Rio de Janeiro.

Um segundo autor que vale comentário mais detido é Aquiles Porto Alegre (1848–1926) — irmão de Apolinário Porto Alegre, um dos fundadores do Partenon Literário, e figura importante da literatura gaúcha oitocentista. Nasceu em Rio Grande, estudou na Escola Militar e fez carreira como funcionário público. Fundou e dirigiu, por dezenove anos, o *Jornal do Comércio* — jornal que, em 1883, foi o primeiro jornal de Porto Alegre a defender a libertação dos escravizados. É também fundador da Academia Rio-Grandense de Letras, em 1901. Poeta, contista e cronista, esta última, atividade pelo qual é mais conhecido, tendo colaborado com diversos jornais e revistas. Tratava-se, geralmente, de crônica fluida e precisa, dedicada à memória próxima ou distante, cuja força maior é a apreensão material do cotidiano:

---

7. Machado de Assis, *Obras completas*, v. III. Vale notar, como de costume, que Machado percebe e critica a ligação entre a realeza e a poesia parnasiana. Quase trinta anos mais tarde, quando da coroação de Olavo Bilac em 1907 como príncipe dos poetas brasileiros, em seu discurso de agradecimento, o poeta afirmaria: "O que estais, como brasileiros, louvando e premiando nesta sala, é o trabalho árduo, fecundo, revolucionário, corajoso da geração literária a que pertenço".

155

Ali no alto da rua da Ladeira na esquina, onde está agora o edifício da biblioteca Pública, há uns sessenta anos, funcionava num velho sobrado, com entrada pela rua da Ponte, o Liceu Dom Afonso.[8] Este estabelecimento de ensino prestara bons serviços à mocidade daquela época, que era mais estudiosa que os rapazes de agora... ("O Liceu Dom Afonso").[9]

Sua produção em livro é vasta, multifacetada e alcança duas dezenas de títulos. Faleceu em Porto Alegre, a uma semana de completar setenta e oito anos.

O esforço de estar atualizado com a poesia moderna, tão honestamente explicitado pelo poeta em seu livro de estreia, *Iluminuras* (1884), pode ser entendido também como um esforço pela "atualização" das letras locais e, por consequência, se acreditava, da civilização local. Disse Porto Alegre: "Não sei se o livro que hoje submeto ao critério da publicidade está de inteira harmonia com a orientação que os príncipes das letras buscam dar à poesia moderna".[10] Vejamos:

"Flor no gelo" (em *Iluminuras*, 1884)[11]
O velho duque inglês um dia vira
próximo do castelo, uma pastora,
de olhos vivos, azuis, como a safira,
de saia curta e perna tentadora.

Nem se recorda de que é velho agora:
seu coração anseia, e só suspira
pela perna gentil e sedutora
que junto do castelo descobrira.

---

8. Escola secundária fundada em 1846 e que reunia as matérias antes oferecidas pelos mestres em suas casas.

9. Aquiles Porto Alegre *apud* Ferrer, p. 50.

10. Porto Alegre *apud* Cesar, p. 281.

11. Porto Alegre, *Iluminuras*, p. 35.

A paixão foi crescendo vivamente,
até que o velho inglês, como um demente,
a mão d'esposa dá-lhe e o seu tesouro.

Uma noite ele, trêmulo, desperta...
Não vê ninguém, a alcova está deserta...
— Dorme a duquesa com um pajem louro.

Sem grandes dificuldades, percebemos a elevação parnasiana no tônus da linguagem escolhida, na cena medieval, nas rimas deliberadamente ricas e na escolha, claro, do soneto. No entanto também se percebe a matriz romântica do poema, menos no sentimento das personagens envolvidas, que permanece esfriado pelas formalidades apesar da matéria tratada, e mais na virada final, que insere a figura burlesca do amante e gira todo o poema sobre seu eixo. No estudo de outros poetas, veremos como essa tensão será formalizada de outros modos e de maneira mais aguda.

O porto-alegrense Artur de Oliveira (1851–1882), não obstante a vida bastante breve, é outro homem de letras gaúcho que merece destaque. Esteve na Europa, onde se matriculou na Universidade de Berlim, e conviveu em Paris com Victor Hugo e Théophile Gautier antes falecer no Rio de Janeiro, pelo que se sabe, em meio a uma vida bastante boêmia. Escreveu artigos, textos esparsos e uma tese em que ambicionou a cátedra de retórica, poética e literatura do tradicional Colégio Pedro II — material reunido em publicação de 1936, com o título de *Dispersos: vida e obra de um escritor esquecido*, por Luiz Felippe Vieira Souto —, mas como comenta Machado, em excerto bastante elogioso, "não exauriu nunca a força genial que possuía".[12] Tem por mérito maior ser o grande divulgador da literatura parnasiana francesa no Brasil, talvez pioneiramente.

Renato da Cunha (1863–1901), também da capital, foi redator do *Correio do Povo* e publicou cerca de uma dezena de

---

12. Machado de Assis, *Papéis avulsos*, p. 81.

livros, o que é espantoso para uma vida bastante breve. Segundo Guilhermino Cesar, demonstrava nos primeiros poemas certa inclinação romântica, tensionada pela poesia moderna em voga.[13] Na juventude, essa tendência se cristalizaria numa poesia social e crítica, vibrante, mas objetiva — o Romantismo é essencialmente anticapitalista[14], nos lembram Löwy e Sayre —, que talvez devesse ser recuperada, em que pese a sátira concentrada a determinados tipos sociais, sem maiores voos de síntese. Numa matéria assinada por Ary Martins para o *Correio Paulistano*, de 31 de outubro de 1935, sobre a Academia Rio-Grandense de Letras, assim está denominado: "poeta da escola que Guerra Junqueira tão alto projetou na língua portuguesa, o socialismo revolucionário".[15]

Um poema seu, como exemplo:

> Dorme à solta o banqueiro. A frouxa lamparina
> Silente, funeral, pálida, avermelhada,
> Espalha no cetim da alcova iluminada
> No supremo estertor, a luz adamantina...
>
> O grande espelho oval da *toilette* fina
> Reflete-lhe o palor da fronde desmaiada,
> Como o olho fatal da — consciência irada
> Que olhasse o condenado escapo à guilhotina.
>
> O Creso dorme e sonha e vê naquele sonho
> Passar e repassar o seu porvir risonho...
> As doudas ilusões em bandos como abelhas;
>
> Subitamente grita... e sente-se boiando
> À proporção que vão as vítimas passando,
> Num mar de lodo e sangue e maldições vermelhas![16]

---

13. Cesar, *op. cit.*, p. 286.
14. Michael Löwy; Robert Sayre, *Revolta e melancolia*: o Romantismo na contracorrente da modernidade, p. 38-39.
15. *Site* da Hemeroteca da Biblioteca Nacional, edição fac-similar.
16. Renato Cunha *apud* Cesar, p. 287.

A constelação romântica: período formativo

A figura do banqueiro adormecido aparece em primeiro plano e os dois primeiros quartetos constroem a ambiência que irá determinar seu sonho atribulado. Mesmo que o léxico indique preciosismo, o cerne do poema são as vítimas do banqueiro de vida opulenta, do "grande espelho oval da *toilette* fina", que atormentam seu descanso. Pode-se acusar uma ingenuidade de fundo, como se perguntasse, "pode um banqueiro dormir tranquilo depois de um dia de trabalho?", mas não deixa de atacar uma figura central do capitalismo moderno nascente e de colocar em pauta os crimes permitidos, isto é, as violências necessárias para a construção desse modelo de civilização. Salvo melhor leitura, tem algo de Simbolismo na estética deste poema, irmão de versos como estes,

> Tudo! vivo e nervoso e quente e forte,
> Nos turbilhões quiméricos do Sonho,
> Passe, cantando, ante o perfil medonho
> E o tropel cabalístico da Morte...

de Cruz e Sousa[17]. Contudo não está em jogo na poesia social de Renato da Cunha a sugestão do sentido para além das palavras, preocupação central da estética simbolista. Se irmanam numa representação não positivista do estado de coisas.

Damasceno Vieira (1850–1910), também de Porto Alegre, gozou de grande prestígio como poeta. Funcionário público — perdeu o cargo com a Proclamação da República, por motivos políticos —, foi também dramaturgo, jornalista e historiador. Um dos principais colaboradores da *Revista do Partenon*, defensor do positivismo e de uma poesia voltada para o futuro. Como figura humana, Guilhermino Cesar aponta para seu caráter espirituoso[18], que se afinaria à síntese luminosa esperada pela poesia parnasiana. Podemos ver essa presença de espírito num de seus poemas:

---

17. Cruz e Sousa, *Broquéis*, p. 9.
18. Cesar, *op. cit.*, p. 282-283.

"A lição"[19]

Nunca o moço se vê a sós com ela.
A mãe, cosendo junto da janela,
Sempre assiste às lições.
Mas por mais forças que ele em si reúna,
Sente em presença da formosa aluna
Febris perturbações.

Tem por ela sincero sentimento;
Porém quer esconder, como avarento,
O recatado amor.
Não dando mostras na paixão imensa,
Afeta a mais perfeita indiferença
Como hábil professor.

Julga a aluna uma estátua inerte e fria
E para convencer-se quer um dia
Ouvi-la conjugar
Uma bela palavra, um verbo ardente
Que faz pulsar o peito adolescente,
O doce verbo — *amar*.

— "Diga o futuro desse verbo." E ela
Sem leve alteração na face bela
Responde: — *Eu amarei*.
"— Muito bem. Mas se o tempo for passado?"
Ela diz friamente: — *Eu tenho amado*.
"Ou antes": — *Eu amei*.

"Como chama este tempo: — Eu amaria".
A moça lhe responde sempre fria:
— Condicional lhe chamo.
"— Diga o presente do indicativo". A medo
Ela confessa o virginal segredo,
Corando diz: — *Eu amo*.

---

19. Damasceno Vieira, *Mosaico poético*: coleção de escolhidas poesias dos melhores poetas nacionais e estrangeiros, s.p.

A constelação romântica: período formativo

Se à primeira vista pode parecer pertencente ao melhor Romantismo, da lavra do bom-humor e do galanteio de um Álvares de Azevedo, por exemplo, olhando de novo notamos o trabalho, sobremodo no momento mesmo da lição, em que as conjugações do verbo cabem na rima e na métrica estipuladas. Além disso, a estrutura lembra "O corvo" de Poe na condução pelo professor da resposta desejada, embora no poema do autor estadunidense a angústia se amplie e aqui se resolve com a confissão entredentes da aluna. As falas das duas estrofes finais, entremeadas de travessões, resultam numa construção notavelmente sofisticada, sem perder a fluência áspera de nervosismo necessária à boa construção da cena.

Por fim, provavelmente o mais completo poeta do período foi Múcio Teixeira (1857–1928). Tendo contribuído para a *Revista do Partenon* desde a adolescência[20], atravessa as escolas romântica, parnasiana e simbolista praticando diversos gêneros literários: poesia, drama, sátira, folclore, memórias, ensaio, tradução etc., sendo "o autor mais prolífico do seu tempo, com mais de setenta obras publicadas".[21] De atividades igualmente variadas ao longo da vida, nasce em Porto Alegre, estuda na Escola Militar, que abandona após receber punição de seu comandante por recitar um poema sobre a Revolta dos Muckers (1873–1874). Milita na imprensa carioca, torna-se secretário do governo da província do Espírito Santo aos 23 anos, oito anos mais tarde, depois de idas e vindas, torna-se vice-cônsul do Brasil na Venezuela, retorna ao Brasil no ano seguinte. Durante a Revolução Federalista, reside por três anos em Porto Alegre. Funda um jornal em Salvador em 1899, percorre vários estados e torna-se, ao fim da vida, o ocultista Barão Ergonte, cujas previsões são glosadas graciosamente pela imprensa da época.[22] Como diz o próprio autor no

---

20. Luís Augusto Fischer, *Um passado pela frente*: poesia gaúcha ontem e hoje, p. 26.
21. Sergio Paulo Rouanet, "Prefácio", *in*: Múcio Teixeira (Org.), *Hugonianas*, p. XXIV.
22. Cesar, *op. cit.*, p. 226-227.

livro *Os gaúchos: estudo do meio físico*, do momento histórico, da vida pampiana, do cancioneiro popular e síntese biográfica dos rio-grandenses ilustres (1920):

> Dividi o meu tempo em uma tal multiplicidade de coisas antagônicas, que eu mesmo fico às vezes perplexo, como que fazendo uma tácita interrogação ao passado, interpelando-o e invocando o seu testemunho para o nítido desencadeamento de tudo [...].[23]

Indo ao que mais nos interessa, a face parnasiana de sua poesia, embora se possa notar o horizonte clássico, no equilíbrio dos versos e na forma reiterada do desenvolvimento da temática, são evidentes as marcas de sua raiz romântica e dos ares simbolistas para o qual se dirigiria sua visão de mundo. Tanto uma quanto outra estética parecem compor ainda a biografia do poeta, quer na impetuosidade e na verve revolucionária que lhe imputa Guilhermino Cesar, quer na extravagante figura do adivinho que o poeta encarnará na madureza. Percebe-se, entretanto, o quanto a temática onírica parece ser coadjuvante de um jogo intrincado de palavras e de sentidos. As formas solares dos versos, em que a razão dissipa eventuais mistérios significativos caros ao Simbolismo, também se fazem notar, sendo o poema que segue, por exemplo, basicamente um exercício de compreensão do mundo, que é de matriz positiva e parnasiana:

> "O sonho dos sonhos"[24]
>
> Quanto mais lanço as vistas ao passado,
> Mais sinto ter passado distraído,
> Por tanto bem — tão mal compreendido,
> Por tanto mal — tão bem recompensado!...
>
> Em vão relanço meu olhar cansado
> Pelo sombrio espaço percorrido:

---

23. Múcio Teixeira, *Os gaúchos*, p. 7.
24. Múcio Teixeira, *Poesias e poemas de Múcio Teixeira*, p. 17-18.

A constelação romântica: período formativo

Andei tanto — em tão pouco... e já perdido
Vejo tudo o que vi, sem ter olhado!

E assim prossigo, sempre audaz e errante,
Vendo, o que mais procuro, mais distante,
Sem ter nada — de tudo que já tive...

Quanto mais lanço as vistas ao passado,
Mais julgo a vida — o sonho mal sonhado
De quem nem sonha que a sonhar se vive!...

Também cabe destacar sua condição de tradutor e de homem de letras junto ao Imperador D. Pedro II. No primeiro caso, traduziu autores alemães, franceses e espanhóis, além de parafrasear argumentos de livros dessas literaturas em produções autorais, como o *Fausto*, de Goethe, em *Fausto e Margarida*. No segundo caso, Múcio chega a residir no Palácio da Boa Vista, com todas as regalias de "poeta imperial". Junto ao reconhecido protetor das letras e das belas artes, levou a cabo algumas realizações, como essa coletânea de traduções de Victor Hugo, pela ocasião de sua morte. Encerramos a apresentação dos escritores e obras com uma estrofe traduzida do autor francês pelo poeta.

Busca a andorinha, busca a torre envelhecida
Ruína abandonada e onde há sempre vida
Na verde primavera;
Eis — chega abril, e a tutinegra, ó minha amada,
Da umbrosa mata o fresco, a rama entrelaçada,
E o doce musgo espera.[25]

Conferir a produção moderna, parnasiana, gaúcha é ser provocado a pensar sobre escolas literárias e a organização dessas escolas numa suposta história literária brasileira oficial. Tal ocorre, num primeiro sentido, porque a produção dos escritores aqui tratados parece não ser vista adequadamente à luz do

---

25. Múcio Teixeira (Org.), *Hugonianas*, p. 42.

que consideramos ser as transformações existentes na literatura brasileira da segunda metade do século XIX. Isto é, corremos o risco de olhar para esses escritores e dizer que não foram parnasianos o bastante para escrever a poesia parnasiana que esperávamos deles. Ocorre também, num segundo sentido, que o Parnasianismo carioca só é tomado como modelar e neutro, a ponto de parecer um paradigma total para avaliar os demais casos de poesia parnasiana, se fecharmos os olhos para o nexo que ele mantém com as particularidades da sociedade carioca do período.

Desfazendo-nos dos moldes, que são também da crítica, encontramos um rosto bastante nítido para a produção do período, que reage, sim, às práticas da estética moderna, suas regras, suas recorrências, sua positividade, mas também confere espaço à preponderância do indivíduo como visão de mundo, bem como reconhece, desconfiada, os limites dessa estética que se dispõe a organizar a arte para organizar o mundo. É intrigante como essa forma de resistência a uma colonização estética é vista como defeito pelo centro de poder simbólico, como também interessa observar a maneira como essa civilização "longe demais das capitais" tem por costume negar ou modular o que chega de fora, mesmo quando parece assimilar e repetir as modas.

Referências

CANDIDO, Antonio. *A educação pela noite e outros ensaios*. São Paulo: Ática, 1989.

CESAR, Guilhermino. *História da literatura do Rio Grande do Sul*. Porto Alegre: Globo, 1971.

CRUZ E SOUSA, João da. *Broquéis*. Rio de Janeiro: Magalhães Editores, 1893.

FERRER, Francisca Carla Santos. Ao "rés-do-chão": análise das crônicas de Aquiles Porto Alegre. *Outras Palavras*, Brasília, v. 11, n. 1, 2015.

A constelação romântica: período formativo

FISCHER, Luís Augusto. *Um passado pela frente*: poesia gaúcha ontem e hoje. Porto Alegre: Ed. da UFRGS, 1992.

FISCHER, Luís Augusto. *Parnasianismo brasileiro*: entre ressonância e dissonância. Porto Alegre: EDIPUCRS, 2003.

LÖWY, Michael; SAYRE, Robert. *Revolta e melancolia*: o Romantismo na contracorrente da modernidade. Trad. Nair Fonseca. São Paulo: Boitempo, 2015.

MACHADO DE ASSIS, Joaquim Maria. *Obras completas*. v. III. Rio de Janeiro: Nova Aguilar, 1994.

MACHADO DE ASSIS, Joaquim Maria. *Papéis avulsos*. Versão em domínio público: Biblioteca Virtual do Estudante Brasileiro.

MOSAICO POÉTICO: coleção de escolhidas poesias dos melhores poetas nacionais e estrangeiros. Recife: G. Laporte, s.d.

PORTO ALEGRE, Aquiles. *Iluminuras*. Porto Alegre: Tip. do Jornal do Comércio, 1884.

SANTOS, Fabiano Rodrigo da Silva. *Lira dissonante*: considerações sobre aspectos do grotesco na poesia de Bernardo Guimarães e Cruz e Sousa. São Paulo: Cultura Acadêmica, 2009.

TEIXEIRA, Múcio (Org.). *Hugonianas*: poemas de Victor Hugo traduzidos por poetas brasileiros. Prefácio de Sergio Paulo Rouanet. Rio de Janeiro: Academia Brasileira de Letras, 2003.

TEIXEIRA, Múcio. *Poesias e poemas de Múcio Teixeira*: 1886–1887. 2. ed. Rio de Janeiro: Imprensa Nacional, 1888.

TEIXEIRA, Múcio. *Os gaúchos*: estudo do meio físico, do momento histórico, da vida pampiana, do cancioneiro popular e síntese biográfica dos rio-grandenses ilustres. Rio de Janeiro: Leite Ribeiro, 1920.

VIEIRA, Damasceno. A lição. *In*: MOSAICO POÉTICO: coleção de escolhidas poesias dos melhores poetas nacionais e estrangeiros. Recife: G. Laporte & Cia., s.d.

XAVIER, Fontoura. *Opalas*. Lisboa: Livraria Editora Viúva Tavares Cardoso, 1905.

Luciana Murari

1.8

À sombra da modernidade: o regionalismo realista no Rio Grande do Sul

Entre os últimos anos do século XIX e as três primeiras décadas do século XX, a literatura regionalista gaúcha viveu uma de suas fases mais produtivas, consagrando-se como a principal expressão de nativismo entre os letrados locais. Os regionalistas criaram e difundiram um vasto arsenal lírico e narrativo, inscrevendo o Rio Grande do Sul em uma corrente que se implantava com igual sucesso na cultura brasileira. Neste capítulo, acompanharemos algumas das principais criações do regionalismo realista gaúcho durante a República Velha, buscando apresentar manifestações diversas do gênero, a partir da identificação de seu substrato comum.

No contexto em questão, o regionalismo — literatura voltada para as comunidades rurais — era autenticado em nível nacional como expressão de um genérico "interior" brasileiro, atrasado e selvagem, mas pretensamente puro e verdadeiro em sua aderência à terra e seu afastamento em relação ao dissolvente meio urbano contaminado por "estrangeirismos". Esse programa ideológico, que referendava a literatura regional independentemente de seu valor estético, equivalia a uma afirmação de nacionalismo, já que a diversidade das partes dava a ler a riqueza do todo. Podemos dizer, em consonância com o caso francês, que o regionalismo brasileiro antes neutralizava os dissensos e

A constelação romântica: período formativo

legitimava as diferenças, criando o sentido do nacional a partir da experiência imediata e concreta.[1] As primeiras manifestações regionais mais consistentes da literatura brasileira surgem sob a égide do Romantismo, já então dotadas de um viés objetivo, centrado da observação e na descrição do cenário natural-rural, das práticas, comportamentos e costumes interioranos.[2] Em 1870, José de Alencar adotou essa perspectiva com a publicação do romance *O gaúcho*, origem de um arquétipo de longa duração: a "aura épica", a extremada afeição pelo cavalo, o instinto bélico, a intrepidez inabalável, a patente misoginia, a defesa da honra, do civismo e da liberdade.[3] A partir d'*O vaqueano*, de Apolinário Porto Alegre (1873), esse arquétipo passou a ser alimentado pela cultura regional e referendado, nacionalmente, por intelectuais como Euclides da Cunha e Oliveira Vianna.[4]

No final do século XIX, o regionalismo aprofundou a tendência ao realismo. As teorias científicas então em voga no país convergiam tanto com a busca identitária — em nome da caracterização da etnia e do território, e de sua pretensa ação determinista sobre a sociedade —, quanto com o naturalismo literário. Mantinha-se, simultaneamente, o substrato romântico, perceptível nas inflexões nostálgicas e no apelo à memória coletiva. Incorporando ainda as tendências estetizantes do período finissecular, a abundante produção brasileira no gênero mostrou-se eclética em sua essência.[5]

---

1. Anne-Marie Thiesse, *Écrire la France: le mouvement littéraire régionaliste de langue française entre la Belle Époque et la Libération*, p. 9-13.
2. Antonio Candido, *Formação da literatura brasileira*: momentos decisivos, p. 296.
3. Flávio Loureiro Chaves, *Simões Lopes Neto*: regionalismo e literatura, p. 35-36.
4. Augusto Meyer, "Gaúcho, história de uma palavra", p. 38-39. Luciana Murari, "Um eugênico, enfim": o gaúcho como tipo antropológico na literatura e no discurso social brasileiro.
5. Luciana Murari, *Natureza e cultura no Brasil*: 1870-1922, p. 187-261.

O estudo mais citado sobre o regionalismo realista no Rio Grande do Sul é, ainda hoje, *Regionalismo e Modernismo*, de Ligia Chiappini Moraes Leite, publicado em 1978. A autora utiliza as metodologias estruturalistas então em voga para esmiuçar o conto regionalista do período entre 1911 e 1927, a partir de uma abordagem esquemática de cunho descritivo e sintético. Ao final, embora a autora defina seu esforço como um trabalho inacabado, as manifestações do gênero são interpretadas, em sua maior parte, como "um código narrativo fixo e uma retórica conservadora, que exprimem uma idêntica mensagem: o mito do gaúcho-herói".[6] Nesse contexto, eventuais polêmicas e variantes de cunho ideológico e estético restam inexploradas, assim como as possibilidades de criação oferecidas no interior desse "código narrativo".

Em continuidade com esse trabalho, Maria Eunice Moreira lançou *Regionalismo e literatura no Rio Grande do Sul*, em 1982. O livro, que analisa obras publicadas entre 1872 e 1922, propõe uma tipologia das manifestações do gênero no estado, abarcando tanto obras da fase romântica quanto da fase realista. Sua proposta de estudo adota como referência as "marcas textuais" que permitem expor as convenções regionalistas: paisagismo, narrativa de caso, definição do herói e de outros personagens, representação de tempo e de espaço. A conclusão segue a linha desenvolvida pelo trabalho de Leite, acentuando o passadismo que conduz a uma definição do *corpus* como "uma forma de luta social e política contra o aniquilamento"[7], haja vista um presente aviltado.

Desde então, o regionalismo gaúcho tem sido raramente analisado como um modelo estético-ideológico. Mais comumente, encontram-se estudos sobre autores específicos, principalmente João Simões Lopes Neto. Neste trabalho, acompanhamos as manifestações mais relevantes do gênero do final do século XIX

---

6. Ligia Chiappini Moraes Leite, *Regionalismo e Modernismo*: o caso gaúcho, p. 249.

7. Maria Eunice Moreira, *Regionalismo e literatura no Rio Grande do Sul*, p. 120.

A constelação romântica: período formativo

até 1930, de acordo com os eixos conceituais do paisagismo, da etnografia, da história, da política e da sociologia.

A paisagem verbal

Em seu estudo do regionalismo realista no Rio Grande do Sul, Ligia Chiappini Moraes Leite elaborou o conceito de "mancha" para se referir ao descritivismo paisagístico que se destaca como um dos procedimentos estilísticos mais característicos do gênero. No livro, o termo define a parada descritiva inserida no interior do material narrativo. Partindo daí, a autora conclui que o recurso à escrita paisagística não é um componente isolado, e sim um traço característico de um paradigma em que os elementos da natureza evocam o sentido de perenidade e simbolizam as virtudes atribuídas ao herói, ou seja, o gaúcho paradigmático que pertence ao passado, em contraposição ao anti-herói que encarna a negatividade do presente. Maria Eunice Moreira dá continuidade a tal enfoque, ao acentuar a correspondência imagética entre a grandiosidade da natureza e o vigor do homem que a enfrenta, imagem que prepara a cena para a emergência do sujeito atuante.[8]

Partimos aqui da ideia de que a paisagem incorpora, em seu próprio *status* teórico, o sentido da *memória*: o presente se eterniza e reafirma sua continuidade com o passado. O distanciamento é um de seus pré-requisitos, pois o sujeito que se encontra afastado pode, através da paisagem, reconstituir o espaço e o tempo ausentes através da rememoração de um conjunto esteticamente coerente.[9] No regionalismo brasileiro, dispersas ao longo da narrativa que, assim, se fragmenta, as passagens paisagísticas são o procedimento reconhecidamente

---

8. Leite, *op. cit.*, p. 43.
9. Gérard Simon, "Le paysage, affaire de temps", p. 43-50.

mais anacrônico de sua linguagem, associado a influências como o beletrismo *art-nouveau*.[10]

O paisagismo é, por outro lado, um dos recursos de linguagem mais característicos do gênero, pois a dinâmica entre descrição e narração reconecta os eventos que compõem trajetórias individuais à densidade da existência coletiva. No Rio Grande do Sul, textos majoritariamente paisagísticos comumente se encontram no início dos volumes, constituindo uma espécie de moldura cenográfica que define os limites do observado. *Pampa* começa com "O cenário"[11], *Querência* com as evocações sentimentais de "Pampa..." e "Velha figueira".[12] *Rincão* abre com "Cenários" e finaliza com "Atalaia"[13], *Tapera*[14] se inicia com um conto homônimo[15], título repetido por Clemenciano Barnasque no soneto de abertura de *No pago*.[16]

Vemos que a cena natural-rural foi decisivamente incorporada ao regionalismo gaúcho, em continuidade com os procedimentos estéticos e ideológicos do gênero em nível nacional.[17] Particularmente significativas desse apelo a um passado continuado por meio da longa duração da paisagem são as narrativas curtas e os dois sonetos do livro de Barnasque, que saúdam imagens consagradas do repertório regionalista, elementos do mundo social e natural — rios, animais, árvores, cenários, personagens, objetos. Assim, desdobram-se os significados da vivência coletiva, presentificados na paisagem natal que os abriga e que incorpora,

---

10. José Paulo Paes, "O art-nouveau na literatura brasileira", p. 64-80.

11. João Maia, *Pampa*: episodios regionalistas.

12. Vieira Pires, *Querencia*: contos regionaes.

13. Roque Callage, *Rincão*: scenas da vida gaúcha.

14. Alcides Maya, *Tapera*.

15. Sobre a recorrência da tapera como alegoria na literatura regionalista brasileira, ver Murari, *op. cit.*, p. 236-247.

16. Clemenciano Barnasque, *No pago*: manchas pampeanas.

17. O modelo para a evocação paisagística no regionalismo brasileiro do período é "Buriti perdido", de Afonso Arinos, publicado em *Pelo sertão* (1898).

A constelação romântica: período formativo

simultaneamente, os significados da natureza e da história, do espaço e do tempo.

No entanto, os sentidos da paisagem na literatura regionalista são múltiplos: podem expressar a solidariedade da natureza para com os sentimentos humanos, como em "No alto da coxilha", de Vargas Netto[18], e, inversamente, sua completa indiferença (aliás, recíproca), como no contraste entre a melancolia do enterro de Chico Santos e o colorido da paisagem em *Ruínas vivas*.[19] Em "D. Pancho, o matador", de Vieira Pires, a impressão da cena é lida como um presságio, traduzindo o estado de espírito do personagem[20], ao passo que, no "Velho conto", de Alcides Maya[21], a natureza evoca o ritmo da passagem do tempo na narrativa. Ela resume a situação dramática em "Ao descambar do Sol", de Roque Callage, enquanto em "Aos corvos", do mesmo autor, o vermelho do pôr-do-sol, "ocaso golpeado em sangueira", antecipa a violência da narrativa de guerra.[22] Em "O hóspede", conto de *Pampa*, de João Maia, a saudação ao cenário natural vincula o narrado ao contexto sociocultural em que ele adquire sentido, a "plaga rio-grandense". No mesmo livro, em "Uma queimada no Pampa", o contexto descritivo é dinamizado pela observação do avanço do fogo e de seus efeitos sobre o ambiente físico e social[23], tema recorrente da literatura brasileira da época.[24]

Lembremos que a paisagem como forma de arte é um fenômeno característico da modernidade ocidental, que forjou um modelo de observação estetizante da natureza.[25] Em contextos

---

18. Vargas Netto, "Tropilha crioula", p. 73-74.
19. Alcides Maya, *Ruínas vivas*, p. 49.
20. Pires, *op. cit.*, p. 80.
21. Alcides Maya, *Tapera*, p. 98-99.
22. Roque Callage, *Quéro-quéro*: scenas crioulas, p. 92; Roque Callage, *O drama das coxilhas*, p. 83.
23. João Maia, *op. cit.*, p. 94; p. 89-91.
24. Murari, *op. cit.*, p. 170-182.
25. Alain Roger, "La naissance du paysage en Occident".

históricos de ruptura como aquele do final do século XIX, o êxodo rural, a desorganização das sociedades camponesas e a urbanização criaram uma profunda perturbação dos ritmos, práticas e modos de vida costumeiros. Em meio à crise, a paisagem evocava a continuidade[26]. Coube, assim, aos regionalistas, um papel decisivo na fixação literária da tradição, que parecia pronta a sair da vida para entrar nos livros.

Etnografias de ontem

Fazendo generoso uso de um tom didático na revelação dos códigos culturais e na descrição da vida interiorana, o regionalismo literário brasileiro reforçou a abordagem documental, servindo-se da ficcionalidade e do lirismo. Apesar da difusão do programa regionalista no estado, poucos foram, no período anterior à década de 1930, os estudos sistemáticos sobre a tradição gauchesca. Nesse campo, o nome mais citado é o do militar santa-mariense João Cezimbra Jacques, pioneiro dos estudos da cultura popular do estado com seu *Ensaio sobre os costumes do Rio Grande do Sul*, publicado em 1883, cuja versão aprimorada foi publicada em 1912 sob o título *Assuntos do Rio Grande do Sul*.[27]

Analisando o gaúcho como um tipo humano, Jacques incorpora dados de sua experiência e integra a ela o estudo de Nicolau Dreys na *Notícia descritiva do Rio Grande do Sul*, que registra impressões de viagem datadas da segunda década do século XIX. Suas anotações observam a ressignificação histórica da palavra "gaúcho". Segundo Jacques, a obra de Dreys era adequada "para fazermos uma perfeita ideia do gaúcho desde seu estado mais

---

26. Pierre Nora, "Entre memória e história. A problemática dos lugares". Existe um largo hiato temporal entre a observação dessa realidade na Europa e sua implantação maciça no Brasil. Na vida mental, entretanto, a percepção da inexorabilidade da modernização impunha-se à realidade de um país ainda maciçamente rural.

27. Cezimbra Jacques, *Ensaio sobre os costumes do Rio Grande do Sul*; Cezimbra Jacques, *Assuntos do Rio Grande do Sul*.

A constelação romântica: período formativo

rudimentar", ou seja, aquele que vivia "sem chefes, sem leis, sem polícia". No entanto, em seu tempo, o termo teria passado a ser, tão somente, "sinônimo de cavaleiro".[28] Posteriormente, essa abordagem foi retomada por Augusto Meyer em *Prosa dos pagos*, no clássico ensaio "Gaúcho: história de uma palavra". A perda da especificidade do tipo histórico abre caminho para as formas de idealização que deram origem ao estereótipo do gaúcho, que considera como seus principais atributos, além das qualidades de "cavaleiro", as de "cavalheiro", homem generoso e gentil.[29] Além dessa tipificação do homem regional — mais literária que etnográfica —, o trabalho de Jacques dedica-se a um projeto de registro dos costumes camponeses.

Ressalte-se, aliás, que o meio sociogeográfico a que se refere o autor não se resume ao complexo econômico constituído em torno das estâncias de gado, sobretudo no sul do estado, uma vez que há no texto referências à região central, aos campos de Cima da Serra, e aos vales do Caí e do Rio dos Sinos, por exemplo.[30] Ainda assim, segundo ele, "o grande número de estancieiros da província, sobrepujando as outras classes em quantidade, faz com que ela assuma o caráter de pastoril".[31] O regionalismo gaúcho persistirá na assimilação metonímica da economia pecuária ao Rio Grande do Sul, o que equivale simbolicamente à conversão do termo "gaúcho" em gentílico. O alcance geográfico do gênero continuará limitado em torno da campanha, que concentra os símbolos regionais, a partir daí generalizados para o restante do estado.

As marcas da etnografia na literatura regionalista podem ser fartamente exemplificadas[32]: inserção, no corpo do texto, de

---

28. Jacques, *Ensaio sobre os costumes do Rio Grande do Sul*, p. 56-57.
29. *Ibid.*, p. 59.
30. *Ibid.*, p. 77-75.
31. *Ibid.*, p. 61.
32. Sobre a criação e a difusão dos signos da identidade regional, ver Luciana Murari, "A construção da identidade social na literatura regionalista: o caso rio-grandense".

poemas, letras de canções e trovas, de origem popular ou nela inspiradas, em uma cena ficcional[33]; citações de entidades do folclore, como a Salamanca do Jarau[34] e o Curupira[35]; descrição de festas populares, como a cavalhada[36], a Folia do Divino[37] e as carreiras de cavalo[38]; anotação de superstições, como o mau agouro espalhado pelo canto do caboré[39]; explicação minuciosa de práticas de trabalho, como a marcação e o aparte do gado[40]. Ao mesmo tempo, o apontamento das peculiaridades vocabulares em um glossário ao fim do volume, prática recorrente das narrativas regionalistas, demonstra o sentido didático dessa literatura como projeto cultural paralelo ao folclorismo.[41]

No Rio Grande do Sul, o regionalismo incentivou, assim, a incorporação do trabalho de pesquisa da cultura popular pelos escritores, criando uma certa indistinção ou fusão entre esforços autorais inspirados por temas populares, registros etnográficos inseridos no texto e adaptação de procedimentos da cultura oral na literatura. Nesse sentido, compreende-se a utilidade do "caderno de notas", o célebre instrumento de trabalho do escritor regionalista, citado por Alcides Maya em um conto que reproduziria uma história ouvida de um "romancista do campo, analfabeto e brilhante".[42] Ficcionalmente, o escritor se posiciona como um mediador cultural, assumindo o papel desse narrador.

---

33. Callage, *Quéro-quéro*, p. 80; João Fontoura, *Umbú: contos gaúchos*, p. 16.

34. Vargas Netto, "Gado xucro", p. 138-141.

35. Pires, *op. cit.*, p. 160.

36. João Maia, *op. cit.*, p. 58, Fontoura, *Nas coxilhas*, p. 16.

37. Luiz Araújo Filho, *Recordações gaúchas*, p. 76.

38. Callage, *Rincão*, p. 69.

39. Fontoura, *op. cit.*, p. 90.

40. Roque Callage, *Terra gaúcha*, p. 109; Vargas Netto, "Tropilha crioula", p. 69-70.

41. No caso francês, a distinção clara entre os ofícios do escritor e do folclorista deu-se a partir da afirmação da moderna etnografia. Ver Thiesse, p. 230. No caso sul-rio-grandense, o folclorismo passou a desempenhar um papel cultural mais notável a partir dos anos 1950. Letícia Nedel, *Um passado novo para uma história em crise*: regionalismo e folcloristas no Rio Grande do Sul (1948–1965).

42. Alcides Maya, *Alma bárbara*, p. 135.

A constelação romântica: período formativo

Apesar de eventuais efeitos estilísticos, sofisticações de linguagem e argumentos cientificistas, a escrita regionalista é uma derivação da prática da narração oral de histórias, sua raiz etnográfica. A melhor expressão disso encontra-se em um conto de Darcy Azambuja inspirado pela imagem de uma velha senhora que contava histórias a três crianças. O conto reproduz a atmosfera de curiosidade e excitação dos ouvintes, e se mescla ao conteúdo narrado na ficção, "os milagres, as fadas, os palácios encantados, os valorosos cavalheiros do duelo secular entre cristãos e sarracenos, as lendas das longes terras ibéricas".[43] Ao mesmo tempo, os peões, no galpão da estância, também contavam casos. Compreende-se, assim, que esse seja o texto de abertura de No galpão, obra que, no próprio título, enfatiza sua inspiração na oralidade popular.

A história rediviva

No conto de Darcy Azambuja, acima citado, enquanto dentro de casa a velha Silvina contava histórias folclóricas, no galpão os peões contavam histórias de guerra. O passado histórico do Rio Grande do Sul participa da composição das narrativas regionalistas, revestindo-se de uma atmosfera legendária e da mística da predestinação. "A primeira escaramuça", de Roque Callage, recupera a figura histórica de Sepé Tiaraju como antepassado mítico que encarnou pela primeira vez a vocação bélica do estado, transmitindo esse legado aos pósteros.[44]

A continuidade com o passado era, no entanto, posta em dúvida com o avanço da modernização. Ao argumentar contra aqueles que acreditavam destruída a tradição gauchesca, a voz poética de "Outra charla", de Vargas Netto, dedica-se a recapitular a sucessão histórica de guerras que marcou o Rio Grande do

---

43. Darcy Azambuja, No galpão, p. 16.
44. Callage, Rincão, p. 19-24.

Sul, chegando a 1924 — o livro foi lançado em 1929. O mesmo autor se esmera, no "Poema das Missões", em celebrar "o instinto da raça, que nasceu para a guerra", reforçando a fabulação das origens.[45] Em "Velhos Tempos", de Darcy Azambuja, a guerra permite regressar no tempo em direção a um passado mítico perfeito.[46] Assim, eventos históricos únicos se desdobram ao longo do tempo, que assume sentido profético, cíclico ou reversível.

Dentre os diversos eventos bélicos que marcaram a história do Rio Grande do Sul, nenhum viria a adquirir tamanha representatividade na narrativa literária regionalista quanto a Revolução Farroupilha. No conto "A filha do posteiro", de João Fontoura, o elogio da Revolução faz-se acompanhar pela inserção no universo ficcional de personagens históricos farroupilhas, figurando, a título de registro histórico, interpolada à narrativa, a letra do hino revolucionário.[47] Em "Farrapo", do mesmo autor, o próprio Bento Gonçalves ganha a palavra, assim como no conto "Morreu... de bexigas", de João Maia.[48]

A familiaridade com os personagens e eventos históricos contribui para a fixação de um mapa de lugares sagrados, um panteão de heróis e uma galeria de anti-heróis e bandidos, nomes que possuem significações prévias ditadas pelo discurso historiográfico. A literatura assume, assim, redobrado papel didático, em seu apelo simultâneo à sugestão do passado histórico e à liberdade da imaginação, mobilizando a História em prol de uma interpretação geral dos eventos que atende a um propósito identitário.

No caso da Revolução Farroupilha, consolida-se uma interpretação que ignora ou minimiza a divisão do Rio Grande do Sul entre revolucionários e partidários da institucionalidade do Império, em prol da imagem de uma guerra externa em que

---

45. Vargas Netto, "Tropilha crioula", p. 41-44; Vargas Netto, "Gado xucro", p. 132.
46. Azambuja, *op. cit.*, p. 79-94.
47. Fontoura, *Nas coxilhas*, p. 147-149.
48. *Ibid.*, p. 225-226; João Maia, *op. cit.*, p. 41-47.

A constelação romântica: período formativo

parece ter havido consenso dentro do estado. O ajuste da Farroupilha aos ideais patrióticos se dá, geralmente, pela simples omissão do compromisso assumido por segmentos da sociedade sul-rio-grandense com as forças legalistas. Há, entretanto, exceções, como um dos contos de João Fontoura citados acima ("A filha do posteiro"), que encena o diálogo entre um partidário dos farrapos e seu amigo cético, que vê idealismo não só entre os republicanos, como também entre os "imperiais", o que dignifica a opção pela monarquia.[49]

Chama ainda a atenção, nesse conto de João Fontoura, o projeto de realização de uma ambiciosa revolução tecnológica na fazenda do protagonista. Gradativamente, percebe-se seu longo alcance, como parte de um programa de transformação social a ser empreendido pelos farroupilhas, sob uma liderança forte.[50] No entanto, a natureza e as dimensões de tal reforma são anacrônicas quando vistos no contexto histórico da Farroupilha, remetendo a um ideário modernizador típico das primeiras décadas do século XX, quando o conto foi publicado. Logo, o deslocamento ficcional em direção ao decênio revolucionário, contexto histórico caro à expressão literária, evoca os problemas da contemporaneidade do autor.

Contrariamente a esse culto da Farroupilha, a Revolução Federalista mantém-se sob o anátema da autodestruição, e sua representação recicla os procedimentos mórbidos do naturalismo literário. Com frequência, a guerra entre federalistas e republicanos é nomeada "guerra fratricida", expressão tomada ao pé da letra por Alcides Maya, que, no conto "Inimigos", expõe as visões ideológicas discordantes de dois irmãos, exprimindo, assim, sua própria percepção acerca dos projetos partidários em conflito, e projetando ficcionalmente sua inevitável consequência: a

---

49. *Ibid.*, p. 152-155.
50. *Ibid.*, p. 140.

179

destruição das possibilidades de futuro do estado.[51] A relação entre uma historicidade ficcionalizada e os debates contemporâneos à escrita do conto é direta, naquele início do século XX que vivia ainda sob o rancor da violência revolucionária e do alijamento das oposições pelo Partido Republicano.

No conto "Bandido", de Roque Callage, é com a Federalista, em 1893, que surge para a guerra a sinistra figura de Pedruca Pereira, "neto de um herói, filho de um bravo", cuja condição de "criminoso nato" encontra ambiente de expressão no novo contexto revolucionário. Na usual linguagem metonímica, também empregada por Maya, a família é microcosmo do estado, de forma que se cria uma imediata antítese entre a bravura patriótica — demonstrada pelos Pereira durante as invasões hispânicas, a Farroupilha e a guerra contra Rosas — e a essência perversa da Federalista, expressa por meio da degeneração da família.[52]

Mesmo entre os que saudavam a tradição guerreira do estado, entretanto, a idealização das guerras não era uma posição unânime. No romance *Ruínas vivas*, também de Maya, encontramos, na posição de protagonista, o jovem Miguelito, criado à sombra das narrativas guerreiras do avô, em sua habitual versão grandiloquente e autocongratulatória. Sozinho no mundo, o jovem se lança a uma trajetória errática pela campanha, o que lhe franqueia uma observação crua do real, temperada pela revolta contra sua condição de bastardia e abandono. *Ruínas vivas* é também marcado pelos modelos científicos naturalistas e pelas modas estéticas da época.[53]

Estamos, assim, muito próximos ao romance social, na representação sombria da pobreza, nos cenários melancólicos

---

51. Alcides Maya, *Tapera*, p. 136-143.

52. Callage, *Rincão*, p. 122. As referências ao "criminoso nato" e à ideia de "degeneração" demonstram a comunicação do autor com os naturalismos científicos estabelecidos a partir do final do século XIX. Luciana Murari, *Brasil*: ficção geográfica. Ciência e nacionalidade no país d'*Os sertões*, p. 169-173.

53. Léa Sílvia dos Santos Masina, *Tese e realidade em* Ruínas vivas *de Alcides Maya*.

dos campos de população rarefeita, na denúncia do desenraizamento, do trabalho precário, da extrema desigualdade social e da indiferença dos ricos para com os camponeses. A lembrança do avô (ou, simbolicamente, do passado histórico sul-rio-grandense) deixa gradativamente de inspirar admiração e orgulho, e passa a incorporar a miséria dos soldados depois da guerra. Partindo da memória histórica, o escritor nos lança, inadvertidamente, ao presente da vida política e social do Rio Grande do Sul de seu tempo.

Como demonstrou o estudo minucioso de Marlene Medaglia Almeida sobre a trajetória intelectual de Maya, o passado é visto por ele de forma alegórica, o que "lhe permitiu ir além, avançar no sentido ideológico, ao fixar no paradoxo das ruínas e da tapera [...] a situação-limite da questão social no Rio Grande do Sul, visualizada em sua condição extrema de pauperismo".[54] Muitos anos seriam necessários para que o regionalismo gaúcho recuperasse a força da observação social crítica da literatura de Alcides Maya.

O palco da política

No contexto regionalista, o engajamento político pode ser lido a partir de procedimentos de ficcionalização das posições ideológicas, dramatização dos conflitos e personalização das forças em disputa: os republicanos, que monopolizaram o poder na República Velha, e as oposições. Uma das mais notáveis obras de temática política na literatura rio-grandense, *Antônio Chimango*, utilizou-se dos temas gauchescos para a veiculação de uma ética tradicional cuja deturpação é, por princípio, uma afronta às virtudes regionais e aos códigos de honorabilidade que presidem as noções de liderança e de valor pessoal vigentes no universo da campanha.

---

54. Marlene Medaglia Almeida, *Na trilha de um andarengo*. Alcides Maya, p. 249.

O médico e político Ramiro Barcelos — que assume aqui o apodo "Amaro Juvenal" — construiu o poemeto como uma espécie de biografia satírica do chefe de seu próprio partido, Borges de Medeiros, com o qual rompera politicamente em função da disputa de uma vaga no Senado Federal.[55] A sátira é habilmente elaborada em dois níveis sobrepostos, um nível descritivo em que é reconstituído o universo da tropeada e um nível narrativo em que a figura do chefe é desautorizada pela encenação de eventos que dão a ler sua índole mesquinha e oposta ao campo da honra, da força e da habilidade, dada sua inépcia no exercício das práticas do trabalho campeiro.

Ao demonstrar a inadaptação do chimango ao universo tradicional, estabelece-se a ruptura entre o representante e os representados, lendo-se a decadência do estado como o desastre inevitável causado por uma liderança desprovida de identificação com o meio. Como demonstrou Raymundo Faoro, o problema não estava no autoritarismo de Borges de Medeiros, e sim na imposição de suas vontades por meio de intrigas e manobras de bastidores, incoerentes com a ética da ação enérgica enraizada na tradição.[56]

Como Ramiro Barcelos, outros intelectuais colocaram a linguagem do regionalismo a serviço de suas convicções partidárias. O tema do caudilhismo, por exemplo, recebe a atenção de Vieira Pires, que imagina um caudilho entrevado e saudosista reduzido a uma "alegoria em ruínas do seu passado irrequieto".[57] Em "O derradeiro caudilho", João Maia ficcionaliza o episódio histórico da morte de Gumercindo Saraiva, no cenário da Revolução Federalista. Defende-se aí a ideia de que a derrota do "último caudilho da América" havia significado uma vitória para ambos

---

55. Amaro Juvenal. *Antônio Chimango*; Joseph L. Love, *O regionalismo gaúcho*, p. 182-183.
56. Raymundo Faoro, "Antônio Chimango, algoz de Blau Nunes", p. 39-46.
57. Pires, *op. cit.*, p. 188, 190.

A constelação romântica: período formativo

os exércitos.[58] Entretanto, o mesmo Gumercindo Saraiva surge como defensor da liberdade *contra* a ditadura republicana no poder, em uma leitura ao revés dos contos de Maia e Vieira Pires, na pena do oposicionista Roque Callage.[59]

Callage, o mais prolífico escritor regionalista das primeiras décadas do século XX no Rio Grande do Sul, oferece os exemplos mais imediatos de emprego da linguagem regionalista na defesa de ideais políticos. Militando pela Revolução Assisista e pela Revolução de 1930, publicou, no calor da hora, dois livros de explícita propaganda política: "O drama das coxilhas", lançado em São Paulo quando o conflito de 1923 ainda não havia sido encerrado, e "Episódios da Revolução", conclamação dos sul-rio-grandenses ao engajamento em massa na derrubada da República Velha.[60] Em ambos, a elaboração ficcional consiste em uma fina camada de imaginação sobre as demonstrações exemplares de heroísmo, devotamento e autoimolação por parte de assisistas e aliancistas; no caso das forças inimigas, mesmo gaúchas, só há selvageria, frieza e crueldade.

Embora adquiram uma dose extra de maniqueísmo, essas obras claramente panfletárias não fogem, em seus procedimentos narrativos, ao modelo já empregado pelo autor em sua escrita regionalista, em torno de temas como a inevitabilidade do progresso, o valor da tradição, a fragilidade dos desprivilegiados, a celebração da paisagem pampiana e a condenação da arbitrariedade dos poderosos. Certamente, a linguagem regionalista mostrava-se adaptável ao engajamento político, podendo ser encampada para fins ideológicos que em muito ultrapassavam a difusão de símbolos comunitários e a arregimentação cultural em prol da difusão de sentimentos agregadores.

---

58. João Maia, *op. cit.*, p. 119-124.
59. Callage, O *drama das coxilhas*, p. 104.
60. Callage, O *drama das coxilhas*; Callage, *Episodios da revolução*: 3 a 24 de outubro de 1930.

A modernidade a caminho

Na literatura regionalista, a violência das guerras pode ser celebrada como sinal de vitalidade ou lamentada como força destrutiva, mas é de qualquer maneira radicalmente diversa de sua forma vulgar, tema recorrente do gênero. Decerto, em uma sociedade rural em que os sistemas repressivos e de controle social eram incipientes, o apelo à força bruta era comum e podia ser visto como uma obrigação a ser cumprida em determinadas situações, como mecanismo de desagravo, vingança ou solução de problemas, inclusive os mais comezinhos.[61] Na dramatização dos pequenos embates cotidianos que desembocavam em conflitos de sangue, a literatura acompanhou um período de expansão do alcance do aparato judiciário, em conjunto com um ajuste comparativamente mais lento das mentalidades.

"Boleando Chucros", de Vieira Pires, tematiza justamente a implantação da ordem legal em uma comunidade que vinha sendo controlada pela autoridade de um "caudilho latente". No mesmo livro, o conto "Uma tora, no mais" encena um caso de defesa da honra, "o travo hereditário da vindita reconhecida redimindo o mal sofrido", verdadeira obsessão que persegue o protagonista.[62] Nos contos "Morreu de bexigas" e "Amor de China", os cenários são a venda e o bolicho, alguns dos poucos espaços de sociabilidade na vida rural-provinciana e, portanto, lugares privilegiados para encontros imprevistos, provocações e duelos de sangue.[63] O conto "Chiru", de João Fontoura, explora a excitação que toma conta de um adolescente que encontra a oportunidade de vingar a morte do pai, encorajado pelas

---

61. Para uma análise da "violência necessária" nas comunidades interioranas brasileiras no período escravocrata, ver "O código do sertão", *in*: Maria Sylvia de Carvalho Franco, *Homens livres na ordem escravocrata*, p. 20-59.

62. Pires, *op. cit.*, p. 41-53, p. 136.

63. João Maia, *op. cit.*, p. 41-67.

A constelação romântica: período formativo

"histórias gauchescas, heroicas [...]".[64] No enredo de "Entre bandidos", de Alcides Maya, o narrador-personagem lamenta a institucionalização da justiça, que fazia com que um assassino fugitivo vivesse acossado pela polícia, já que "ele se tornara perigoso bandido, por motivo que, aliás, o honra: uma legítima vingança, injustamente punida com a pena máxima".[65]

Os exemplos da irrupção da violência na literatura regionalista gaúcha podem repetir-se, mas em alguns casos a temática é desviada para uma mudança das atitudes em relação a ela, à medida que o processo de modernização alcança populações até então predominantemente insuladas. Em *Ruínas vivas*, Miguelito alveja o inimigo, mas percebe que "praticara um *crime*, que ia ser denunciado à justiça, que seria punido se o prendessem" (itálico do autor). Neste momento, é o temor da punição e do estigma social de assassino que o perseguem, pois a ordem legal já se havia imposto em sua consciência.[66] Em outras narrativas, o tema ficcional não será o peso da repressão, mas uma mudança psíquica ainda mais profunda.

Este é o caso do conto "Fronteira", em que Roque Callage ficcionaliza a ampliação da visão de mundo dos jovens da campanha à medida que o processo educacional infunde novos valores. A narrativa apresenta uma situação conflitiva usual na literatura regionalista: o velho Chico Pedro, que vivia na fronteira com o Uruguai, reage à provocação de um castelhano e é atingido de morte. Em casa, ferido, recebe a visita do filho Amâncio, que havia sido educado no Exército para o patriotismo e o exercício cívico. O pai moribundo sugere ao filho uma resposta conforme a tradição; contudo, o jovem havia encontrado uma alternativa de inserção social que em muito superava os limites do mundo

---

64. Fontoura, *Umbú*, p. 32.
65. Alcides Maya, *Alma bárbara*, p. 113.
66. Alcides Maya, *Ruínas vivas*, p. 172.

paterno, do qual se despede definitivamente, sem haver sequer cogitado a vingança.[67]

Mudanças nas sensibilidades também caracterizam esse processo de modernização, como é o caso do conto "Monarcas", de Alcides Maya, em que um "gaúcho de raça" percebe em si mesmo "pensamentos estranhos às convicções habituais do seu espírito". O protagonista Neco Alves sentia-se subitamente desperto para o mundo exterior, tocado por uma percepção pastoral e idílica da paisagem que dissolve o clichê regionalista da insensibilidade do homem rural em relação à natureza. No entanto, seu "coração sensível", sentia-se obrigado a reprimir expressões de afetividade.[68]

Neco Alves demonstrava, além do gosto pela paisagem, uma sensibilidade acurada em direção aos animais, mesmo que apegado à ética tradicional quando em questão estavam os humanos: "hai para cada vivente uma obrigação de sangue". Igualmente, dirigia-se com respeito e gentileza às mulheres, apesar de reproduzir em sua conduta social a misantropia gauchesca. Assim, as expressões comportamentais da identidade regional ganham um quê de artificialidade, como uma forma de teatralização do comportamento de acordo com o *ethos* da tradição: "chegava a exagerar um pouco, atrevido, provocante, as linhas da sua atitude". Autoconsciente e orgulhoso de sua condição de "monarca das coxilhas", mantém-se fiel ao velho código de honra: "As derrotas sofridas não eram somente dele: atingiam seus antepassados, feriam na honra da família ao seu pai".[69]

A implantação de uma nova mentalidade no campo é um dos sintomas da mudança institucional e tecnológica representada pela modernização do país, ainda que incipiente. Alguns personagens resistem à transformação, como o Severo de "Velhos

---

67. Callage, *Rincão*, p. 39-51.
68. Alcides Maya, *Alma bárbara*, p. 55-56.
69. *Ibid.*, p. 61, p. 66.

A constelação romântica: período formativo

tempos", que "ficara o mesmo, e por isso, estranho a tudo o que o cercava"[70], e o jovem Sérgio, que, dividido entre a carreira no Exército e a volta definitiva à querência, acaba optando pela última.[71] Na maior parte dos casos, entretanto, a luta contra o novo denota uma revolta obstinada, até mesmo caricata em sua negação da realidade.

O regionalismo gaúcho não pode ser tido, portanto, como um gênero necessariamente reacionário, nostálgico ou infenso à modernidade. Pelo contrário, interage com ela, ao mesmo tempo em que opera no sentido de sua inserção nas consciências e, apesar de seu propalado saudosismo, difunde a ideia da inevitabilidade da mudança. Esse traço ideológico define a trajetória do gênero no país como um todo[72]. Porém, o Rio Grande do Sul se diferencia nesse contexto pela recorrência dos temas bélicos e pelo tom heroico, não usual nas demais manifestações regionalistas brasileiras do período. Ao pretender substituir-se à tradição, a literatura regionalista a retira do campo dinâmico da vivência e a imobiliza no espaço seguro da escrita. Se, em um primeiro momento, essa mudança se restringe à população letrada, o sistema educacional e a cultura de massas tratarão, nas décadas seguintes, de veicular a literatura regional entre públicos bem mais amplos.

---

70. Azambuja, *op. cit.*, p. 84.

71. *Ibid.*, p. 112-113.

72. Léa Masina buscou evidências da influência da literatura gauchesca platina na obra de Alcides Maya. Acreditamos, entretanto, que, até mais do que qualquer outra manifestação do gênero no país, o regionalismo gaúcho esforçou-se por afirmar sua inserção no movimento literário brasileiro. Léa Sílvia dos Santos Masina, *Um sátiro na terra do Currupira*.

Referências

OBRAS REGIONALISTAS

ARAÚJO FILHO, Luiz. *Recordações gaúchas*. 2. ed. Porto Alegre: Aplub; PUCRS; IEL, 1987. [1905]

AZAMBUJA, Darcy. *No galpão*. 7. ed. Porto Alegre: Globo, 1955. [1925]

BARNASQUE, Clemenciano. *No pago*: manchas pampeanas. 2. ed. aumentada. Porto Alegre: Globo, 1926.

CALLAGE, Roque. *Episodios da revolução*: 3 a 24 de outubro de 1930. Porto Alegre: Globo, 1930.

CALLAGE, Roque. *O drama das coxilhas*. São Paulo: Monteiro Lobato, 1923.

CALLAGE, Roque. *Quéro-quéro*: scenas crioulas. Porto Alegre: Globo, 1927.

CALLAGE, Roque. *Rincão*: scenas da vida gaúcha. 2. ed. Porto Alegre: Globo, 1924.

CALLAGE, Roque. *Terra gaúcha*: scenas da vida riograndense. Porto Alegre, 1914.

JACQUES, Cezimbra. *Assuntos do Rio Grande do Sul*. 2. ed. Porto Alegre: Companhia União de Seguros, s. d. [1912]

JACQUES, Cezimbra. *Ensaio sobre os costumes do Rio Grande do Sul*. 3. ed. Porto Alegre: Companhia União de Seguros, s/d. 1ª. ed. 1883.

FONTOURA, João. *Nas coxilhas*: contos gaúchos. Rio de Janeiro: Gomes Pereira, 1912.

FONTOURA, João. *Umbú*: contos gaúchos. Segunda série. Rio de Janeiro: Jornal do Comércio, 1929.

JUVENAL, Amaro (Ramiro Barcelos). *Antônio Chimango*. Poemeto Campestre. Porto Alegre: Mercado Aberto, 1999. [1915]

MAIA, João. *Pampa*: episodios regionalistas. Porto Alegre: Globo, 1925.

MAYA, Alcides. *Ruínas vivas*. 2. ed. Porto Alegre: Movimento, 2002. [1910]

MAYA, Alcides. *Tapera*. 3. ed. Porto Alegre: Movimento; Santa Maria: UFSM, 2003. [1911]

A constelação romântica: período formativo

MAYA, Alcides. *Alma bárbara*. 2. ed. Porto Alegre: Movimento; Universitário, 1991. [1922]

PIRES, Vieira. *Querencia*: contos regionaes. Porto Alegre: Globo, 1925.

VARGAS NETTO, Manoel. Tropilha crioula. *In*: VARGAS NETTO, Manoel. *Tropilha crioula e Gado xucro*: versos gauchescos. Porto Alegre: Globo, 1955, p. 9-80. [1929].

VARGAS NETTO, Manoel. Gado xucro. *In*: VARGAS NETTO, Manoel. *Tropilha crioula e Gado xucro*: versos gauchescos. Porto Alegre: Globo, 1955, p. 81-146. [1929].

CRÍTICA E HISTORIOGRAFIA

ALMEIDA, Marlene Medaglia. *Na trilha de um andarengo*. Alcides Maya (1877–1944). Porto Alegre: Mercado Aberto, Edipucrs, 2004.

ARINOS, Afonso. Burity perdido. *In*: ARINOS, Afonso. *Pelo sertão* [1898]. Rio de Janeiro: Garnier, 1930, p. 59-64.

CANDIDO, Antonio. *Formação da literatura brasileira*: momentos decisivos. 5. ed. Belo Horizonte: Itatiaia; São Paulo: Ed. da Universidade de São Paulo, 1975. v. 2.

CHAVES, Flávio Loureiro. *Simões Lopes Neto*: regionalismo e literatura. 2ª ed. Porto Alegre: Editora da UFRGS, 2002.

FAORO, Raymundo. Antônio Chimango, algoz de Blau Nunes. *In*: TARGA, Luiz Roberto Pecoits (Org.). *Breve inventário de temas do Sul*. Porto Alegre: Ed. da UFRGS; FEE; Lajeado: UNIVATES, 1998, p. 39-46.

FRANCO, Maria Sylvia de Carvalho. *Homens livres na ordem escravocrata*. São Paulo: Ática, 1974.

LEITE, Ligia Chiappini Moraes. *Regionalismo e Modernismo*: o caso gaúcho. São Paulo: Ática, 1978.

LOVE, Joseph L. *O regionalismo gaúcho*. São Paulo: Perspectiva, 1975.

MASINA, Léa Sílvia dos Santos. *Tese e realidade em* Ruínas vivas *de Alcides Maya*. 1980. Dissertação (Mestrado em Letras) – Universidade Federal do Rio Grande do Sul, Porto Alegre, 1980.

MASINA, Léa Sílvia dos Santos. *Um sátiro na terra do currupira*. São Leopoldo: Ed. da Unisinos, 1998.

MEYER, Augusto. Gaúcho, história de uma palavra. *In*: MEYER, Augusto. *Prosa dos pagos*. 1941-1959. Rio de Janeiro: Livraria São José, 1960, p. 9-42.

MOREIRA, Maria Eunice. *Regionalismo e literatura no Rio Grande do Sul*. Porto Alegre: EST, 1982.

MURARI, Luciana. A construção da identidade social na literatura regionalista: o caso sul-rio-grandense. *Anos 90*, Porto Alegre, v. 17, n. 32, p. 159-183, dez. 2010.

MURARI, Luciana. *Brasil, ficção geográfica*: ciência e nacionalidade no país d'Os Sertões. São Paulo: Annablume, 2007.

MURARI, Luciana. *Natureza e cultura no Brasil*: 1870-1922. São Paulo: Alameda/Fapesp, 2009.

MURARI, Luciana. "Um eugênico, enfim": o gaúcho como tipo antropológico na literatura e no discurso social brasileiro. *Topoi*, Rio de Janeiro, v. 16, n. 31, p. 596-615, 2015.

NEDEL, Letícia Borges. *Um passado novo para uma história em crise*: regionalismo e folcloristas no Rio Grande do Sul (1948-1965). 2005. Tese (Doutorado em História) – Universidade de Brasília, Brasília, 2005.

NORA, Pierre. Entre memória e história. A problemática dos lugares. Tradução Yara Aun Khoury. *Projeto História*, São Paulo, n. 10, p. 7-28, 1993.

PAES, José Paulo. O art nouveau na literatura brasileira. *In*: PAES, José Paulo. *Gregos e baianos*. São Paulo: Brasiliense, 1985.

ROGER, Alain. "La naissance du paysage en Occident". *In*: SALGUEIRO, Heliana Angotti (Org.). *Paisagem e arte*: a invenção da natureza, a evolução do olhar. São Paulo: Heliana Angotti Salgueiro, 2000, p. 33-39.

SIMON, Gérard. Le paysage, affaire de temps. *Le Débat*, Paris, n. 65, p. 43-50, mai-juin 1991.

THIESSE, Anne-Marie. Écrire la France: le mouvement littéraire régionaliste de langue française entre la Belle Époque et la Libération. Paris: Presses Universitaires de France, 1991.

Luís Augusto Fischer
Patrícia Lima

1.9

Simões Lopes Neto

Escritor que não parou de fazer sentido, e ainda agora sem ter a totalidade de sua obra publicada, Simões Lopes Neto é um fenômeno de primeira grandeza na literatura brasileira, para muito além de seu protagonismo no âmbito sul-rio-grandense. Mescla complexa de dramaturgo, poeta, folclorista, contista, jornalista, historiador, cronista e pedagogo, os ecos do que escreveu e propôs são perfeitamente audíveis passados já cem anos de sua morte, ocorrida em 1916, em sua Pelotas natal.

Se é verdade que a face mais conhecida de sua obra recebeu o enquadramento sempre empobrecedor de "regionalismo", por causa de seus *Contos gauchescos* (1912) e *Lendas do Sul* (1913), não menos fato é que mesmo nesse restrito circuito ele foi um inovador, com méritos não desprezíveis, entre os quais o de ser o mais interessante de sua geração nesse metiê de escrever a vida dos homens e mulheres do povo interiorano, tendo sido capaz de combinar o registro realista-naturalista, de rigor na época, com a ousadia arquitetônica de conceber e dar corpo e voz adequados a um narrador como Blau Nunes. Produzindo, como se percebe agora, mais para seu leitor futuro do que para o leitor seu contemporâneo, Simões Lopes Neto abriu caminho para que a geração modernista no estado — de Erico Verissimo, de Augusto Meyer e de tantos outros — vislumbrasse uma

A constelação romântica: período formativo

alternativa à dicção saudosista, lamentativa, reacionária, que ocupava, então, o centro das atenções.

Nascido em família muito rica, em 1865, João Simões Lopes Neto era neto de um dos homens mais poderosos e influentes de todo o estado em sua época, João Simões Lopes Filho, o Visconde da Graça — estancieiro, charqueador, dono ou sócio de inúmeros empreendimentos na região de Pelotas, proprietário de dezenas de imóveis, político poderoso. De dois casamentos, este avô teve vinte e dois filhos legítimos (e alguns outros de relações fora do casamento formal). O segundo filho do primeiro casamento foi Catão Bonifácio Lopes, que veio a ser pai do nosso escritor.[1]

Foi na Estância da Graça que nasceu e cresceu João Simões Lopes Neto, o primeiro neto varão do Visconde. Ali esteve até a idade de nove anos, quando foi para a cidade de Pelotas, para estudar no Colégio Francês. Até então, foi verdadeiramente um menino campeiro, que amava a vida da fazenda, o trato com animais, a natureza. O menino João nasceu estrábico e sofreu operação para correção do problema, que no entanto se agravou e marcaria para sempre sua estampa.

Em 1876 morre sua mãe, e a vida vai se alterar muito. João vai se transferir para o Rio de Janeiro, para estudar. Passará lá os próximos seis ou sete anos, sua adolescência inteira, na maior cidade brasileira, um porto mundial, um ambiente cosmopolita, entre 1877 e 1884. Estava lá quando saíram as *Memórias póstumas de Brás Cubas*, o livro revolucionário de Machado de Assis, e quando Chiquinha Gonzaga apareceu como autora de polcas inesquecíveis que já eram música popular brasileira; quando a moda da narrativa realista e naturalista se confirmava, lado a lado com a moda parnasiana na poesia; quando a campanha abolicionista e a republicana ganharam fôlego vencedor; quando o primeiro telefone foi instalado no país. Foi também neste

---

1. Carlos Francisco Sica Diniz, *João Simões Lopes Neto*: uma biografia, cap. 1.

período que saiu um livro que pode ter sido lido por nosso escritor: Sílvio Romero fez publicar seus *Cantos populares do Brasil*, coletânea de cantigas populares da tradição oral brasileira — lá está o "Balaio" gaúcho, ao lado de dezenas de lundus, chulas e modinhas, assim como nada menos de 556 quadras populares enviadas do Rio Grande do Sul.

O que fez o futuro escritor, por esses anos? Não se conseguiu esclarecer totalmente. Cogitava-se que tivesse estudado no famoso Colégio Abílio, mas nunca se pôde confirmar a hipótese. O que é certo é que estudou, fazendo o que então se chamava de "preparatórios", estudos que conduziam a algum curso superior. Também não é certo que João Simões Lopes Neto tenha começado a cursar Medicina, mas não é correto negar totalmente essa hipótese, reforçada por algumas evidências, a começar pela lembrança que ele registrou acerca de dois professores e a terminar por seu desembaraço no debate científico da época — há uma significativa série de artigos de sua autoria, publicados em 1913, expondo com segurança e defendendo com firmeza os principais movimentos de Lamarck, Darwin e Haeckel.[2]

Não concluiu curso algum; voltou para sua Pelotas em 1884. Por que saiu da capital federal? Os motivos também não são claros. Por um tempo se disse que era por alguma questão de saúde; uma descendente do mesmo tronco, Hilda Simões Lopes, lembrou informação familiar dando conta de que o jovem João teria tido algum embaraço de lá permanecer, porque em determinado dia "o tio [em cuja casa ele vivia] flagrara-o espiando, pelo buraco da fechadura, o banho da tia", motivo por que foi posto no primeiro navio que voltava ao Sul.[3]

Seja como houver sido, vamos encontrá-lo de volta em Pelotas, num momento de auge da economia daquele município charqueador, em 1884. Pelotas era, nesta altura, uma cidade em

---

2. Ângelo Pires Moreira (Ed.), *A outra face de J. Simões Lopes Neto*, p. 81-99.

3. Hilda Simões Lopes, "Entre sonhos e charqueadas", p. 26.

A constelação romântica: período formativo

conexão com o Rio de Janeiro e com Paris. Sofisticada culturalmente, importava itens requintados para a arquitetura e a vida cotidiana, tanto quanto modos de pensar e viver. O dinheiro vinha da charqueada: o trabalho ficava para os escravizados, no manejo da carne, ou com gaúchos campeiros, que traziam as tropas de bois em viagens de vários dias, através do território; os filhos das famílias proprietárias faziam a contabilidade e o comércio, e nas muitas horas de lazer praticavam sua sociabilidade à francesa.

O jovem João, que passou algum tempo sem ação profissional, como herdeiro, se lança como colaborador de jornais em 1888, com um soneto de amor, com título em francês, "Rêve". Seguem outros textos, muitos em forma de triolés e com ânimo satírico. São tempos de agudo debate político – Abolição e República polarizam as atenções. Nosso escritor tem convicção republicana, sem ser militante nem positivista, mas está nos comícios e armações políticas.

Em 1890, ocorre sua primeira iniciativa profissional: abre um escritório de despachante. Era o primeiro passo de uma vida econômica de grandes frustrações, de derrotas e enganos sucessivos, que o conduziram da posição de neto de um homem muito rico, com uma experiência social muito confortável, para a degradada condição de classe média baixa em apuros, em que terminou a vida. Tentou de tudo: foi sócio ou diretor de vários empreendimentos, uma vidraria, uma destiladora, uma companhia de saneamento e urbanização, uma firma de venda de café, um café, uma exploração de supostas minas de prata em Santa Catarina. As mais duradouras foram a fábrica de cigarros, iniciada em 1900 e responsável pelo famoso cigarro Marca Diabo — nome peculiar que ele teria explicado por já haver na cidade outras quatro fábricas, três das quais com nome de santo, Santa Bárbara, Santa Cruz e São Rafael... — e a fábrica de um produto chamado Tabacina, fungicida e inseticida fabricado com

195

alcaloide de tabaco, extraído dos resíduos do fumo, utilizado no combate ao carrapato, conhecida praga dos rebanhos. Também consta outra modernidade em seu currículo empresarial: parece certo que ele fazia questão de empregar mulheres em suas oficinas, porque acreditava na igualdade dos sexos, outra bandeira das mais sofisticadas em matéria de pensamento social.

Aos vinte e sete anos, ainda acreditando no futuro de seus empreendimentos e longe de pensar em dedicar-se à literatura, muito menos aos temas locais do mundo gauchesco, João Simões Lopes Neto casa com Francisca Meirelles Leite, conhecida como Dona Velha. Era o ano de 1891. Desse casamento não resultaram filhos; nos anos finais de sua vida, perfilharam uma moça, Firmina, em 1905. Dona Velha sobreviveu larguíssimos anos ao marido: ele faleceu em 1916, ela apenas em 1965, meio século depois.

E sobreviveu mal, ressentida pelo destino social que conheceu, magoada, dizem, com o desperdício que fora seu marido dedicar-se tanto aos livros, o que teria ocasionado a decadência que experimentou. Em 1918, a viúva pôs à venda o acervo do escritor, sua biblioteca, manuscritos, estudos, figuras e clichês; da dispersão desse preciosíssimo material resultou que não se pode saber com certeza de suas leituras, suas predileções intelectuais, nem mesmo da natureza específica de seus vários planos não realizados. A verdade é que o conjunto da obra comercial e industrial de seu marido foi um fracasso — um comentário conhecido sobre ele era de que se tratava de um azarado —; nem a boa posição da família, nem a razoável herança recebida quando da morte do avô, em 1893, e do pai, em 1896, nada disso assegurou boa condição.

O escritor Simões Lopes Neto não nasceu tratando a matéria popular e gauchesca. Suas primeiras investidas fortes, para além dos textos eventuais para jornal, foram na área do teatro urbano, para diversão galante da gente moderna. Vamos encontrá-lo em 1893 com sua primeira peça: em parceria com José

A constelação romântica: período formativo

Gomes Mendes (português, ator, futuro cunhado), escreve e publica *O boato*, uma revista musical, acompanhada de tango (de autoria de Manoel Acosta y Olivera) e assinada por Serafim Bemol e Mouta-Rara, estes os pseudônimos de João Simões e José Mendes, respectivamente. Depois viriam *Mixórdia* (revista, 1894) e *Os bacharéis* (opereta ou comédia musical, 1894, música também de Manoel Acosta y Olivera, músico), tendo esta sido a mais famosa e bem sucedida de toda a sua produção para teatro.

Do ponto de vista sociológico, nada mais esperável de um herdeiro do que o dedicar-se a um gênero prestigioso como o teatro, a comédia leve, ou a poesia, mesmo que satírica: era por ali que os de sua classe ingressavam nas letras, muitas vezes delas passando à política, aos cargos. Ainda não se tinha desenhado no horizonte de Simões Lopes a hipótese de escrever sobre cultura popular, tipos gauchescos ou lendas da tradição oral, temas que lhe aparecerão anos depois, quando do agravamento de sua decadência social.

Em 1893 apareceu, em Pelotas, um folhetim de que participou Simões Lopes Neto, assinando com seu pseudônimo Serafim Bemol, de parceria com outros dois, assinados Don Salústio e Sátiro Clemente. Ainda vieram à luz, no mesmo ano, alguns artigos sérios de nosso autor, analisando a economia do município, coisa digna de líder empresarial que ele aparentava aspirar a ser — tanto assim, que em 1898 ajuda a fundar a Sociedade Agrícola Pastoril e atua na Comissão Organizadora da 1ª Exposição Rural de Pelotas.

Em 1896, mesmo ano da morte do pai, é eleito Conselheiro Municipal, o nome de então para o cargo de vereador (com mandato até 1900), e tem intensa produção teatral: *Coió Júnior* (parceria com Raul d'Anvers), *Mixórdia*, *A viúva Pitorra*, esta a sua primeira peça individual. Trata-se de peças dramáticas relativamente convencionais, de temperamento humorístico, com óbvios efeitos de deleite, comédias urbanas ligeiras, enfim.

197

Ano seguinte, uma mudança importante na vida civil: vende as duas casas que herdara e compra outra. Mas não viveu nesta até o fim da vida, porque a decadência financeira o colheu antes: em 1907 vendeu-a, passando a morar em casa bem mais modesta. Seu segundo livro impresso foi a peça A *viúva Pitorra*, comédia de costumes, que sai em 1898, mesmo ano de outra comédia, *O bicho*, sobre o jogo famoso, a loteria inventada em 1892, no Rio de Janeiro. Em 1899, uma novidade institucional se fez notar em Pelotas: 74 pessoas fundam a União Gaúcha, sociedade de cultivo da tradição campeira, umas das primeiras instituições desse gênero que o Rio Grande do Sul conheceu. É o auge do prestígio de nosso autor como dramaturgo; é também seu tempo como Diretor da Associação Comercial de Pelotas, cargo evidentemente prestigioso.

No ano final do século, 1900, quando João Simões Lopes Neto abre sua já citada fábrica de cigarros, saem *Fifina* e *O palhaço*. No ano seguinte, um texto realmente desconcertante é bolado pela cabeça privilegiada de nosso teatrólogo: escreve uma surpreendente peça, mais ou menos teatro do absurdo, *Jojô e Jajá e não Ioiô e Iaiá*, qualificada por ele mesmo como "cebolório destemperado". Trata-se de uma "cena breve", com dois personagens que o tempo todo mantém diálogos de modo trocadilhesco, irônico, debochado, cogitando no começo matarem-se, em seguida comentando sarcasticamente a condição de artistas inventivos ("Somos incompreendidos. Que estupidez ter talento!"). Nas peças, aprendeu a difícil arte do diálogo e da recriação por escrito da fala cotidiana — aprendizado que é muito importante, em nosso país, de escassa cultura letrada.

Em 1903 Simões Lopes Neto entra na vida cartorial como notário do Segundo Tabelionato de Pelotas. Mas apenas dois anos depois larga o cartório. Teria dito a um membro da família que não aguentava aquela coisa maçante, aquela rotina. Foi a última chance de manter-se economicamente na elite de que

A constelação romântica: período formativo

provinha. Pode-se dizer que a vida adulta de Simões Lopes Neto tem duas partes: na primeira, mais ou menos entre 1884 e 1904 (entre os 20 e os 40 anos de idade), temos um empresário ativo e um dramaturgo com notável vocação para a comédia ligeira; depois disso até sua morte, em 1916, temos um derrotado econômico e um devoto da cultura popular, particularmente aquela de origem rural.

Dentro desse segundo momento, há dois ciclos. A partir de 1904 até 1910, uma série significativa de projetos editoriais e institucionais que tem por foco a educação. De 1910 ao fim da vida, outra série de trabalhos focados basicamente na vida popular do estado, envolvendo história, folclore, ficção e alguma crônica. A história das obras com preocupação pedagógica é confusa, porque a vida editorial de Simões Lopes Neto foi muito atribulada. Muitos já observaram o que aqui se comprova com sobras: ele tinha uma grande criatividade intelectual, que porém não foi acompanhada por uma correspondente capacidade administrativa — como, de resto, se vê no conjunto de sua vida.

No citado ano de 1904, nosso escritor profere uma decisiva conferência na Biblioteca Pública de Pelotas: era "Educação cívica — Terra gaúcha (Apresentação de um livro)". A conferência era tomada de civismo, já se vê, na onda do momento. O livro intentado por Simões Lopes Neto seria para uso em escolas primárias e teria sido inspirado em três fontes, três livros célebres: *Educação nacional* (1890), de José Veríssimo (1890), em que o pelotense leu um apelo aos escritores brasileiros para que fossem nacionalizadas a concepção e a pesquisa para cartilhas de ensino de leitura; *Por que me ufano de meu país* (1900), de Afonso Celso, um rosário de elogios nacionalistas; e muito mais do que os outros, *Cuore* (1886) [Coração], do italiano Edmondo de Amicis.

Essas duas últimas eram obras para a juventude, para leitura na sala de aula; foram obras inventadas por autores interessados em intervir no mundo letrado em que atuavam, em uma das pontas que, naquele momento final do século XIX, ganhava uma força inédita, tanto na Itália quanto no Brasil — a força do crescimento de oferta escolar, a generalização da escola fundamental, item da modernização econômica e social em curso. Já o livro de Veríssimo funcionou claramente como um marco teórico, com teses que parecem ter servido de farol a Simões Lopes Neto. Não é só a nacionalização, em geral; é também o elogio da província ("Não é no Rio de Janeiro, cidade cosmopolita e artificial, que devemos estudar o Brasil, mas na província, no interior"[4]).

Entre 1904 e 1908 ele produz *Terra gaúcha: histórias de infância*[5], obra de clara intenção pedagógica. Este é o livro inspirado em *Cuore* que foi anunciado no título da conferência acima lembrada. Dividido em duas partes, "As férias, na estância" e "O estudo, no colégio", as duas narradas por um menino de seus dez anos, Maio, que repassa os dois universos mencionados nas duas designações, a estância do pai e a escola que frequentava, o manuscrito não foi completado e permaneceu assim por mais de um século. Por que assim ocorreu?

Não se sabe ao certo, mas é bastante provável que o abandono desse sensacional projeto tenha relação com outro fracasso, a *Artinha de leitura*, outro livro que permaneceu inédito até 2013. Este se sabe, documentalmente, que teve sua trajetória bloqueada: Simões Lopes Neto produziu um exemplar, manuscrito e com figurinhas coladas, e o enviou à burocracia estadual para receber a licença para impressão, eis que se tratava de obra escolar, uma cartilha. Essa permissão foi recusada; e sabemos, por testemunho, que o autor ficou frustradíssimo com essa impossibilidade. Chegou a enviar carta às autoridades, defendendo seu livro, mas não teve forças para seguir adiante.

---

4. José Veríssimo, A *educação nacional*, p. 62.
5. O manuscrito não trazia subtítulo, que foi acrescentado na edição, para diferenciar de outro livro com o mesmo título, como adiante se explica.

A constelação romântica: período formativo

Por que não foi dada licença ao projeto? A manifestação negadora não entrou em muitos detalhes, apenas disse que não estava de acordo com a ortografia oficial. De fato, o autor teve a grande e futurosa ideia de escrever já na forma nova da ortografia, que vinha sendo debatida no Brasil e em Portugal, e havia sido objeto de uma entusiasmada confirmação por parte da Academia Brasileira de Letras. A nova ortografia seria vitoriosa em seguida — sem as consoantes duplas, sem o "ph" em lugar de "f" e assim por diante. Simões Lopes Neto estava certo, mas não lhe reconheceram a razão. Tivessem saído impressos esses dois livros naquele momento, bem outra poderia ter sido a história do autor mesmo, que talvez se viabilizasse como escritor, e por certo de muitíssimos estudantes, que teriam tido acesso a um livro de histórias entranhado na vida concreta de grande parte dos habitantes do estado.

Como se fosse pouco o imbróglio editorial, bem depois da morte do autor, em 1955, foi publicado um livro, assinado por Simões Lopes Neto e organizado por Walter Spalding, com o título de *Terra gaúcha*, com o subtítulo *História elementar do Rio Grande do Sul*, outro livro para uso na escola. São, portanto, três projetos gorados, do ponto de vista da vida concreta do autor, que não os viu impressos.

Mas nem tudo foi tão malsucedido assim. Simões Lopes Neto mantém por esses anos a prática de fazer conferências, algumas claramente voltadas para o mesmo campo educacional. E abre outra frente de trabalho já em 1905, quando publica um ensaio com o sugestivo nome de *A cidade de Pelotas: apontamentos para alguma monografia de seu centenário*. Ocorre que sua cidade de fato seria logo centenária, e o intelectual e jornalista, que compartilhavam o mesmo cérebro e o mesmo coração do autor de livros didáticos e dramaturgo, se preparava para uma impressionante iniciativa, esta bem-sucedida: em 1912, ele comandava a publicação da *Revista do Centenário*.

201

Em outra interessantíssima iniciativa editorial (que porém será em grande parte frustrada), é lançada em 1906 a primeira série da *Coleção Brasiliana*, cartões-postais com imagens e textos de instrução historiográfica e exaltação patriótica. Seriam, conforme projeto, 12 séries de 25 cartões cada, em cores, para venda massiva. A primeira série apresentava as bandeiras usadas no Brasil desde o período colonial, os brasões, as insígnias, toques militares, dados geográficos e históricos, armas oficiais do país. Dizia Simões Lopes Neto estar fazendo "a anatomia da Pátria". E de certa forma estava mesmo. Pelo luxo da primeira série, impressa em cores e outros requintes certamente dispendiosos, se pode imaginar que tenha empenhado uma considerável quantia de investimento. Saiu ainda uma segunda série, em 1908, mas em preto e branco, e essa iniciativa encerrou por aí.

Quase no mesmo marco conceitual pedagógico, ou em um âmbito mais amplo que poderíamos qualificar como educativo, há duas outras iniciativas que merecem atenção. Em 1909, nosso autor concebeu o projeto "Glória Farroupilha": queria fundar o que hoje chamaríamos um arquivo, um acervo de documentos relativos ao conjunto de eventos ocorridos entre 1835 e 1845, período que marcou para sempre o Rio Grande do Sul. De modo análogo, em 1913, ele imaginou outro arquivo, sobre a chamada Revolução Federalista (1893–1895). Mesmo que nenhum dos dois arquivos tenha se concretizado, isso não nos deve levar a subestimar a impressionante vocação pública iluminista do escritor pelotense. Sua visão apontava claramente para o valor da educação, do conhecimento, do cultivo da inteligência e da história.

Em 1910, sai o livro que define a mudança de rumos do autor dramático e do pedagogo: o *Cancioneiro guasca*. O adjetivo é o mesmo termo que ele já usara em outras circunstâncias para designar o homem gaúcho, honrado e campeiro. O livro era seu e ao mesmo tempo não era, porque a composição do volume quase nada tem de autoral: são quadras, adivinhas, letras de

A constelação romântica: período formativo

cantigas, poemas, trovas e desafios, algumas fotografias históricas em forma de poesia, além das lendas a que deu feição escrita. Era uma recolha, mais um projeto de salvação da memória coletiva, uma antologia de literatura oral popular, na mesma linha de seus antecedentes neste metiê: no Rio Grande do Sul, Carlos von Koseritz e Graciano Azambuja, e no Rio de Janeiro, Sílvio Romero. Na apresentação do volume, sob o significativo título "Pró Memória", é possível ler uma ambivalente defesa do material ali reunido. Dizendo que aquele conteúdo era uma "velha joia, pesada e tosca", que o progresso de então considerava arcaica, apresentava o acervo como um amoroso registro dos usos e costumes, eventualmente agressivos, mas sempre documentos dos que haviam feito o Rio Grande do Sul. E arremata: "Seja este livrinho o escrínio pobre; mas, que dentro dele, resplandeça a ingênua alma forte dos guerrilheiros, campesinos, amantes, lavradores; dos mortos e, para sempre, abençoados Guascas!" Com o *Cancioneiro*, enfim, estava aberto o caminho para o que o escritor produziria de melhor, nos anos seguintes.

Em 1912, no centenário de Pelotas, além de publicar a *Revista do Centenário*, seu mais ilustre letrado publica os *Contos gauchescos*, série de histórias pacientemente tramadas, escritas com a linguagem da vida rural da Campanha sul-rio-grandense, competentemente transformada em literatura. Na folha de rosto, logo abaixo do título, que é genérico, vinha uma espécie de enquadramento: "Folclore regional". Era uma advertência ao leitor urbano? Um pedido de desculpas? E por que adjetivar como "regional" aquele material, na verdade contos que nem eram exatamente folclore, eis que não eram como as lendas reproduzidas por ele no livro de 1910?

Eram dezoito contos, e nada menos que treze haviam sido publicados antes, doze deles no jornal *Diário Popular* de Pelotas. Nas edições a partir da terceira, feita pela Editora Globo em 1949, o conjunto de dezoito se acrescenta de mais um conto,

203

"O 'Menininho' do presépio", anunciado como pertencente a uma pretendida segunda série dos *Contos gauchescos*, que o autor nunca conseguiu levar a cabo. O livro se tornaria um clássico, porém demorou muitos anos até receber leitura larga e significativa fora de seu círculo: o autor só viu em vida essa edição; a segunda viria apenas em 1926, e depois dela apenas em 1949, então pela já poderosa Editora Globo, com a chancela de Augusto Meyer e outros.[6]

No mesmo ano, manifesta o autor por escrito outra faceta de seu modo de pensar: uma revista católica paulista publicara matéria, reproduzida em semanário pelotense, que descrevia um bandido com o adjetivo "garibaldino", em alusão clara ao "herói de dois mundos", Giuseppe Garibaldi, figura exponencial da guerra dos farrapos. Simões Lopes Neto se encarrega de revidar o que considerou uma agressão, e o faz acentuando sua discordância em relação ao Vaticano. Ainda em 1912, escreve artigo criticando a "Lei dos estrangeiros", que segundo ele se destinava a expulsar do Brasil lideranças políticas do mundo sindical.

No ano seguinte, 1913, são dois os grandes acontecimentos na vida de Simões Lopes Neto. O maior é certamente a edição das *Lendas do Sul*, que juntava duas já publicadas com outra, a magnífica "Salamanca do Jarau", cujos contornos básicos conhecera provavelmente pela boca de seu pai, lá em Uruguaiana, e que ele pesquisara com atenção. Acrescentou ao volume esboços de outras várias lendas, do Sul e de outras partes do Brasil. Com este livro e seu peculiar arranjo — que contém três textos desenvolvidos e quinze outras lendas apenas apontadas, como que para posterior desenvolvimento —, se pode ver que para o escritor a literatura era sempre, como se diria muitos anos depois, *work in progress*, trabalho em execução.

---

6. O processo de consagração de Simões Lopes Neto pela geração modernista está descrito e interpretado na pesquisa de Jocelito Zalla intitulada *A invenção de Simões Lopes Neto*: literatura e memória histórica no sul do Brasil, tese defendida na UFRJ em 2018.

A constelação romântica: período formativo

Há ainda seu trabalho como cronista urbano, na série publicada no jornal A *Opinião Pública*, em que passou a trabalhar como redator remunerado (para somar algo ao magro salário de professor, na ponta mais baixa da trajetória descendente que viveu), chamada "Inquéritos em contraste". Foram no total dezessete textos, sob a assinatura de "João do Sul", alcançando a vida dos pobres, pretos e mestiços, nas tavernas, cortiços e ruas simples, naquela vida que é invisível aos olhos comuns da gente de bem.

Nos últimos anos de sua curta vida — faleceu com 51 anos, em 1916 —, teve tempo de desenvolver o projeto dos *Casos do Romualdo*, contos de humor popular. Também esse material só veria a forma de livro muitos anos depois, numa iniciativa de Carlos Reverbel. Mas faltaram as forças para uma intentada segunda série dos *Contos gauchescos* e para concretizar a publicação de livros prometidos, como os romances *Peona e dona* e *Jango Jorge* (este possivelmente uma narrativa que desdobraria o trágico conto "Contrabandista"), ou os volumes *Palavras viajantes* e *Prata do Taió*.

No mais, tudo foi decadência, agora também física, acompanhada pela falência do jornal em que passara a trabalhar, como diretor, em 1914, o *Correio Mercantil* — era o tempo da Primeira Guerra, o papel aumentara de preço, e além de tudo aquele órgão de imprensa fez, em 1915, a campanha do candidato oposicionista (e derrotado) ao Senado, Ramiro Barcelos (que viria a escrever outro clássico do gauchismo sul-rio-grandense, *Antônio Chimango*).

No dia 14 de junho de 1916, uma perfuração na úlcera duodenal matou Simões Lopes Neto. Ele não teve nem tempo de presenciar a chegada a Pelotas do mais ilustre divulgador do civismo brasileiro, Olavo Bilac, que em novembro fez périplo pelo Rio Grande do Sul. Ícone da época, o poeta carioca teve a delicadeza de chorar a morte do João do Sul em Pelotas, e depois, em Porto Alegre, dedicou algum tempo de seus empolados discursos a reproduzir oralmente a história do Negrinho, que conheceu na versão de João Simões Lopes Neto, esta figura sensacional, um artista adiante de seu tempo.

A fama de azarado, incompreendido e menosprezado que Simões Lopes Neto ainda tem não condiz, hoje, com o prestígio de que o escritor goza entre o público leitor e a crítica. Pela quantidade de novas edições lançadas pelo mercado editorial nos últimos anos e também pelas formulações cada vez mais frequentes de críticos e acadêmicos, em Letras e na História, pode-se dizer que ele, finalmente, foi validado. É bem verdade que seu fôlego vai arrefecendo quanto mais se sobe no mapa, em direção ao centro cultural do país, mas também isso está mudando.

Uma das impressões equivocadas que se tem diante da figura do escritor é que sua obra literária foi reconhecida tardiamente, somente a partir da geração de crítica modernista. É certo que nesse período, com o peso de comentaristas como Augusto Meyer e Moysés Vellinho, e editores como a Livraria do Globo, a obra do pelotense finalmente decolou em escala ainda não experimentada. Mas não é verdadeiro supor que a produção literária conhecida de Simões tenha ficado adormecida, esquecida em um fundo de baú até sua descoberta salvadora.

O próprio escritor leu os primeiros comentários produzidos acerca dos *Contos gauchescos*. Em novembro de 1912, ano do surgimento da obra em livro, o escritor Januário Coelho da Costa publicou no *Diário Popular*, de Pelotas, a primeira análise dos textos que havia acabado de ler. Quase um ano depois, o *Correio do Povo*, de Porto Alegre, publica uma leitura positiva dos *Contos* feita pelo historiador José Paulo Ribeiro, sob o pseudônimo de Antônio de Mariz. Em 1924, o primeiro comentário de fôlego deixa claras as qualidades dos *Contos* e *Lendas*, especialmente porque em oposição direta a outro escritor, prestigiado na época, que também se ocupava do universo rural do interior gaúcho:

A constelação romântica: período formativo

Alcides Maya. Em sua *História literária do Rio Grande do Sul*, João Pinto da Silva assinala que os personagens simonianos falam uma língua expressiva e colorida. Um gauchismo mais fácil, mais singelo e mais espontâneo do que o de Maya tornava a obra de Simões superior à de seu colega mais famoso. É possível que a avaliação de João Pinto nesta que foi a primeira tentativa de organizar a historiografia literária do estado tenha sido o estímulo definitivo para a republicação dos *Contos gauchescos* e das *Lendas do Sul*, agora em edição conjunta, pela Livraria do Globo, em 1926.

Posicionar Simões Lopes Neto em confronto com outros escritores do período, que trabalharam com a mesma matéria rural, é o objetivo de um amoroso artigo de Augusto Meyer, em 1926, o primeiro de muitos comentários sobre o autor, ao qual Meyer dedicou muita atenção. Em certo trecho, depois de comparar uma cena do conto "Trezentas onças" com enredos de Dostoiévski, afirma que contos como "No manantial" e "Contrabandista" poderiam figurar em qualquer antologia. Foi essa geração, a dos críticos modernistas, que nos anos 1940 retomou os *Contos* e *Lendas* com novas análises.

Antes avaliada por sua fidelidade ao passado, por sua habilidosa descrição da natureza e pela linguagem estilizada mas acessível, a obra simoniana ganhou novo fôlego. A comparação com Alcides Maya, regionalista de maior prestígio, passou a pender cada vez mais para o lado de Simões. Um dos primeiros a assinalar as diferenças entre as prosas dos dois escritores gaúchos foi José Lins do Rego, em ensaio de 1942. Nele, Rego afirma que a obra de João Simões equilibra o típico e o humano, sem pender para o exotismo. O grande comentador de Simões nessa geração foi mesmo Augusto Meyer, já então instalado no Rio de Janeiro e dirigindo o Instituto Nacional do Livro. A eficiência da operação narrativa montada pelo pelotense, que criou Blau Nunes, o vaqueano, dando a ele a palavra, sem intermediários intrusos vindos do mundo letrado e urbano, começava a ficar cada vez mais evidente. Para além de comentar, Meyer pretendia interferir na divulgação da obra e na recepção do escritor pelotense. Como diretor do INL e frequentador dos gabinetes do poder, ele foi o marco intelectual e prático que abriu, definitivamente, as porteiras para João Simões.

"Simões Lopes Neto", ensaio publicado em 1943 no livro *Prosa dos pagos*, registra o engenho literário dos contos e lendas, qualidade essa que se sobrepôs inclusive à intenção folclorística e de registro de memória, o que até então era posto como vocação principal da obra. "Talvez ninguém no Brasil tenha conseguido uma identificação tão profunda com o espírito dos seus pagos, a tal ponto que o próprio João Simões Lopes Neto, o pelotense culto e de família patrícia, inteiramente se apaga na sombra de Blau, o vaqueano", afirma Meyer na parte introdutória do ensaio. Ao lado de um glossário de termos regionais, elaborado por Aurélio Buarque de Holanda, que também fixou o texto e escreveu um importante ensaio, esse texto de Meyer abre a luxuosa reedição de *Contos gauchescos e Lendas do Sul*, levada a cabo pela Editora Globo em 1949, como primeiro volume da Coleção Província, representando a grande virada na divulgação da obra do autor pelotense. No posfácio desta edição, uma nota biográfica produzida em missão de reportagem por Carlos Reverbel revela aspectos até então desconhecidos da vida do escritor. De tão apaixonado que ficou pela história de Simões, Reverbel seguiu sua pesquisa e acabou sendo o seu primeiro biógrafo, no livro *Um capitão da Guarda Nacional*: vida e obra de J. Simões Lopes Neto, publicado em 1981 pela Editora Martins Livreiro. Enquanto pesquisava avidamente os vestígios deixados pelo escritor em Pelotas, Reverbel conheceu a viúva, Dona Velha, e teve com ela várias entrevistas. Também descobriu, em suas incursões pelos arquivos, os vinte e um textos da série *Casos do Romualdo*, que haviam sido publicados no *Correio Mercantil*

A constelação romântica: período formativo

em 1914 e estavam perdidos. Com o material descoberto por Reverbel, a Editora Globo publicou, em 1952, o livro com o nome da série. A partir daí, a circulação em maior escala da obra maior de João Simões estava inaugurada.

João Guimarães Rosa foi um dos beneficiados por esse novo momento. Em 1950, ganhou do amigo Aurélio Buarque de Holanda um exemplar da recém-publicada edição dos *Contos e Lendas*. O exemplar está disponível para consulta no Instituto de Estudos Brasileiros da Universidade de São Paulo (USP) e mostra o interesse com que Rosa recebeu o presente. Marcou boa parte do prefácio de Augusto Meyer e da introdução de Holanda, além de sublinhar termos, escrever palavras, destacar trechos. O que resultou disso? Impossível dizer precisamente. O fato é que, em 1956, o mineiro publica o monumental *Grande sertão: veredas*, romance narrado por Riobaldo Tatarana, um ex-jagunço já velho, que teve algum letramento mas fez sua vida percorrendo o Brasil Central com seu grupo armado, que no ocaso da vida relata suas experiências e suas inquietações filosóficas a um interlocutor invisível.

Exemplo de alto aproveitamento da matéria ficcional de Simões também foi feito por Erico Verissimo no primeiro volume de *O tempo e o vento*. O contato se deu, provavelmente, por meio da edição de 1926, já que *O Continente* foi publicado em 1949. Uma das referências é à lenda do indígena Sepé Tiaraju, evocada por Erico no episódio "A fonte", que remonta ao período das Reduções Jesuíticas na região das Missões. O poemeto "O lunar de Sepé", presente em *Lendas do Sul*, é lembrado durante a narrativa. A Teiniaguá encantada, misto de princesa moura e lagartixa, personagem da "Salamanca do Jarau", também volta a aparecer em *O tempo e o vento* como parte da vida e da psicologia dos personagens e sua relação com o meio físico e histórico.

Embalada pelo sucesso do título inaugural da Coleção Província, a editora carioca Agir também volta sua atenção para

Simões Lopes Neto. Em 1957, lança uma coletânea com alguns dos contos e lendas como um dos títulos da coleção Nossos Clássicos[7]. No prefácio, artigo do crítico gaúcho Moysés Vellinho, republicado na segunda edição de seu livro *Letras da província*, no qual afirma o fenômeno de "redescoberta", pela geração modernista, das obras esquecidas de João Simões. Antes disso, em 1950, certamente com alguma influência da aparição da edição da Globo, no ano anterior, a ensaísta e crítica Lúcia Miguel Pereira publica comentário sobre Simões Lopes Neto em seu livro *História da literatura brasileira: prosa de ficção – de 1870 a 1920*. No capítulo dedicado ao regionalismo, ela classifica a obra do pelotense como a mais sugestiva do país, especialmente pela linguagem, que apesar de carregar características de dialeto, era capaz de compor com habilidade a psicologia das gentes que viviam no ambiente rural que era matéria literária. Seguindo os caminhos interpretativos abertos por Augusto Meyer, Lúcia aponta a habilidade do ficcionista ao criar Blau Nunes e, assim, sobrepor-se aos demais regionalistas contemporâneos seus. É dela uma frase marcante que se reproduz com alguma frequência nos estudos sobre o escritor: "Não é preciso ser gaúcho para sentir-lhe a poesia".[8]

Pela mesma época, um jovem intelectual gaúcho começa a se aventurar pelo universo interiorano de Simões munido de uma intuição diferente: era Raymundo Faoro, que publica, em 1949, na revista *Quixote*, o ensaio, "Introdução ao estudo de Simões Lopes Neto". Faoro descreve o mundo de Blau, que se revela na organização social da estância e posiciona o personagem gaúcho como produto de uma vida comunitária. À altura em que se encontra o narrador e, especialmente, o autor, esse mundo compartilhado está em vias de extinção, sendo substituído, pela

---

7. Com informações de João Claudio Arendt, *Histórias de um bruxo velho*: ensaios sobre Simões Lopes Neto, p. 21-22.

8. Lúcia Miguel Pereira, *História da literatura brasileira*: prosa de ficção – de 1870 a 1920, p. 212.

A constelação romântica: período formativo

lógica do progresso, por uma ordem estabelecida pelo conceito de classes e posições hierárquicas.

Nos anos 1970, há toda uma renovação na fortuna crítica simoniana. Como marca maiúscula temos um ensaio de Antonio Candido, "A literatura e a formação do homem", de 1972, que defende a tese de que é com Simões Lopes Neto que ocorre uma virada humanizadora na narrativa que se dedica ao mundo não citadino. O motivo está na arquitetura narrativa, eis que Blau Nunes "se situa *dentro* da matéria narrada e não raro no próprio enredo, como uma espécie de Marlowe gaúcho", o que evita o artificialismo exotizante de um Coelho Neto.

Por esses anos a primeira geração de professores universitários a cumprir formação de pós-graduação regular toma a palavra. Nesse contexto, aparecem os trabalhos de Flávio Loureiro Chaves, com *Simões Lopes Neto: regionalismo e literatura* (1982) e Ligia Chiappini, com *No entretanto dos tempos* (1988), frutos maduros de uma tendência que se iniciou nos anos 1970, com trabalhos variados, como a obra coletiva *Simões Lopes Neto: a invenção, o mito e a mentira*, de 1973, com estudos de Ana Mariza Filipouski, Luiz Arthur Nunes, Maria da Glória Bordini e Regina Zilberman. Muitos nomes contribuíram no debate desses anos com livros e estudos, como Maria Luiza de Carvalho Armando, Mario Osório Magalhães, Antonio Hohlfeldt, Hilda Simões Lopes, Lígia Militz da Costa e Aldyr Schlee. Vale registrar que Ligia Chiappini e Schlee publicariam edições críticas dos *Contos gauchescos* e das *Lendas do Sul*, em 1988 e 2006, respectivamente.

Depois da abertura das portas da academia, Simões Lopes Neto se tornou objeto de estudo cada vez mais frequente nas décadas mais recentes. O trabalho de um biógrafo, o jurista pelotense Carlos Francisco Sica Diniz, inaugurou um novo momento sobre a obra simoniana. *João Simões Lopes Neto: uma biografia* foi lançado em 2001 em edição conjunta da AGE e da Editora da Universidade Católica de Pelotas (UCPel), após cerca de dez anos de pesquisa em arquivos, documentos e bibliografia, e reeditado em 2023 pela Editora Coragem, de Porto Alegre. Um esforço grandioso que sanou diversas dúvidas que pairavam sobre a trajetória de João Simões desde a primeira biografia, de Reverbel. Duas das grandes descobertas anunciadas por Sica Diniz em seu livro e que ganharam solução surpreendente e de grande valor nos anos seguintes foram os livros escolares *Terra gaúcha* e *Artinha de leitura*, encontrados em circunstâncias fantásticas e devidamente editados e publicados em 2012, por Luís Augusto Fischer, que também foi responsável por uma reedição anotada dos dois mais famosos livros do autor, em 2012. Neste mesmo ano, foi republicada, cercada de farto material ilustrativo e com vários estudos, a *Revista do 1º Centenário de Pelotas*.

O manuscrito do primeiro deles, *Terra gaúcha: histórias de infância*, estava guardado em um baú obtido pelo colecionador e estudioso Fausto Domingues. O manuscrito do segundo, a cartilha escolar de alfabetização *Artinha de leitura*, estava na biblioteca pessoal da professora de História Helga Piccolo, provavelmente adquirido décadas antes em algum sebo e esquecido. Ao descobri-lo, Helga imediatamente fez a doação do manuscrito à Universidade Federal de Pelotas, que o tornou público e passível de edição e publicação. São também desse período novo os trabalhos de Luís Rubira, João Claudio Arendt, Agemir Bavaresco, Luís Borges, João Luis Ourique, Cláudia Antunes e outros.

Outra consequência direta da pesquisa de Sica Diniz resultou em evento que marcou de forma decisiva os esforços para a preservação da memória do escritor e para a divulgação de sua obra. Muito antes de publicar seu livro, em 1992 o biógrafo havia confirmado, por meio de documentos notariais, que um casarão do século XIX localizado na rua Dom Pedro II, no Centro de Pelotas, que estava prestes a ser derrubado para se transformar em um prédio de apartamentos, havia pertencido a Simões Lopes Neto por dez anos. O escritor havia morado ali com sua

A constelação romântica: período formativo

esposa entre 1897 e 1907, quando vendeu o imóvel. Um esforço conjunto de lideranças, que envolveu o então deputado estadual Bernardo de Souza, a prefeitura de Pelotas, o Ministério Público e até o governador à época, Olívio Dutra, conseguiu impedir a demolição do casarão, tombando o imóvel e declarando o seu interesse cultural para o estado. Em 1999, um grupo de simonianos criou o Instituto João Simões Lopes Neto com o objetivo de preservar a memória e divulgar a obra do escritor. Em 2005, depois de uma maratona em busca de patrocínio para o restauro, o casarão foi entregue ao Instituto, para ser sua sede. Em 9 de março de 2006, dia do aniversário de João Simões, as portas do Instituto foram oficialmente abertas para a comunidade. Até hoje o local promove uma série de iniciativas culturais e artísticas para fomentar o interesse na literatura simoniana.

No final de 2016, uma estátua de bronze em tamanho real foi inaugurada na Praça Coronel Pedro Osório, no Centro de Pelotas. Antiga Praça da República, foi frequentada e muito citada por João Simões, especialmente nas crônicas urbanas que publicou na imprensa. O interesse pela obra do escritor, que parece ganhar novo fôlego a cada geração, é sustentado por sucessivas reedições de sua obra, a que se dedicam pesquisadores de variadas filiações. Para revelar uma face totalmente inesperada de João Simões, seus textos jornalísticos mais importantes, as séries de crônicas "Inquéritos em contraste" e "Temas gastos", que ele publicou no jornal A Opinião Pública em 1913 e 1916, foram editados em 2016 o livro Inquéritos em contraste.

A vasta produção teatral de João Simões, que havia ganho somente uma edição, e incompleta, voltou ao debate pelas mãos dos professores João Luis Ourique e Luís Rubira, que publicaram em 2017 a primeira parte de um estudo sobre a produção teatral, que abarca sete peças escritas no século XIX. Entre elas estão as mais conhecidas, a opereta Os bacharéis e a comédia A viúva Pitorra. Os pesquisadores já informaram que uma segunda edição do teatro, dessa vez com a produção publicada a partir de 1900, deve ser lançada na sequência.

Verter o universo ficcional criado por Simões Lopes Neto para outras línguas também tem ocupado alguns tradutores, em projetos de grande interesse. Mas isso não é novidade. Pelo menos desde os anos 1940, de acordo com o pesquisador Fausto Domingues, o escritor é publicado em outros países e traduzido para outras línguas. Segundo levantamento feito por Fausto, a lenda do "Negrinho do Pastoreio" foi o primeiro texto a romper fronteiras, tendo integrado uma antologia de contos publicada em Lisboa em 1944. A versão em espanhol do conto "O boi velho" foi a primeira tradução, em 1946, inserida em uma antologia de contos brasileiros organizada por uma editora de Madri. Desde então, muitos foram os esforços para traduzir os *Contos* e as *Lendas* para outros idiomas como inglês, russo, japonês, francês, italiano, alemão e até polonês. Uma iniciativa recente nasceu de um projeto da Universidade Federal do Rio Grande do Sul (UFRGS), que publicou um livro com contos de Simões traduzidos para dez idiomas, no volume *Simões Lopes Neto para o mundo*. Em 2019 foi defendida uma tese na UFRGS contendo a tradução integral dos *Contos gauchescos* para o francês, por Michel Le Grand.

Filmes, peças de teatro, documentários e novos textos literários são produzidos a partir da obra simoniana com grande frequência. Um dos exemplos disso é o filme *Contos gauchescos*, de Henrique de Freitas Lima (2011). Em 2015 a lenda da Salamanca do Jarau foi publicada em forma de quadrinhos pelo ilustrador Henrique Kipper. Antes disso, outro artista elaborou um singular diálogo entre música e literatura: lançado em 1997, o disco *Ramilonga: a estética do frio*, de Vitor Ramil, tem uma canção sobre o conto "No manantial". Em sua novela *Satolep*, Ramil põe em cena o próprio Simões Lopes Neto.

A constelação romântica: período formativo

Seja pela herança que deixou, seja pelo aproveitamento que fazem dele os consumidores e produtores de cultura, Simões Lopes Neto está cada vez mais vivo. Novos estudos de grande importância, como os de Paula Mastroberti, Simone Saueressig, Heloísa Netto, Jocelito Zalla e Patrícia Lima, se somam ao já longo percurso crítico, que não dá mostras de perder fôlego.

Referências

OBRA MAIS RELEVANTE DE SIMÕES LOPES NETO EM LIVRO

Em vida:

NETO, João Simões Lopes. *Cancioneiro guasca*. Pelotas: Livraria Universal, 1910.

NETO, João Simões Lopes. *Contos gauchescos*. Pelotas: Livraria Universal, 1912.

NETO, João Simões Lopes. *Lendas do Sul*. Pelotas: Livraria Universal, 1913.

Póstumos:

Casos do Romualdo, 1952. Edição de Carlos Reverbel.

Terra gaúcha: história elementar do Rio Grande do Sul, 1955. Organização de Walter Spalding.

A outra face de J. Simões Lopes Neto – 1º volume, 1983. Edição de Ângelo Pires Moreira.

Novos textos simonianos, 1991. Organização de Adão Monquelat.

O teatro de Simões Lopes Neto, 1999. Edição de Cláudio Heemann.

Revista do 1º Centenário de Pelotas (1912), 2012. Organização de Luís Rubira, em *Almanaque do Bicentenário de Pelotas* (v. 1).

Artinha de leitura, 2013. Edição de Luís Augusto Fischer

Terra gaúcha: histórias de infância, 2013. Edição de Luís Augusto Fischer

Inquéritos em contraste, 2016. Edição de Patrícia Lima e Luís Augusto Fischer.

215

Simões Lopes Neto para o mundo – Tradução de contos gauchescos para dez línguas, 2017. Organização de Rosalia Garcia, Karina Lucena e Luís Augusto Fischer.

Teatro – Século XIX, 2017. Edição de João Luis Pereira Ourique e Luís Rubira.

Sobre o autor

ARENDT, João Claudio. *Histórias de um bruxo velho*: ensaios sobre Simões Lopes Neto. Caxias do Sul: EDUCS, 2004.

CANDIDO, Antonio. A literatura e a formação do homem. *In*: CANDIDO, Antonio. *Textos de intervenção*. São Paulo: Duas Cidades; Ed. 34, 2002.

CHAVES, Flávio Loureiro. *Simões Lopes Neto*. Porto Alegre: Instituto Estadual do Livro; Ed. da UFRGS, 2001. (Segunda edição de *Simões Lopes Neto*: regionalismo e literatura. Porto Alegre: Mercado Aberto, 1982).

CHIAPPINI, Ligia. *No entretanto dos tempos*: literatura e história em João Simões Lopes Neto. São Paulo: Martins Fontes, 1987.

DINIZ, Carlos Francisco Sica. *João Simões Lopes Neto*: uma biografia. Porto Alegre: AGE; Pelotas: Ed. da UCPEL, 2003.

DINIZ, Carlos Francisco Sica. *João Simões Lopes Neto*: uma biografia. 2ª ed. Porto Alegre: Editora Coragem, 2023.

FAORO, Raymundo. Introdução ao estudo de Simões Lopes Neto e Antônio Chimango, algoz de Blau Nunes. *In*: TARGA, Luiz Roberto Pecoits (Org.). *Breve itinerário de temas do Sul*. Porto Alegre: Ed. da UFRGS; FEE; Lajeado: UNIVATES, 1998.

MASSOT, Ivete Simões Lopes Barcelos. *Simões Lopes Neto na intimidade*. Porto Alegre: BELS; Instituto Estadual do Livro, 1974.

MEYER, Augusto. *Prosa dos pagos* [1943], 3. ed. Rio de Janeiro: Presença-INL, 1979.

PEREIRA, Lúcia Miguel. *História da literatura brasileira*: prosa de ficção – de 1870 a 1920. Belo Horizonte: Itatiaia, 1988.

REVERBEL, Carlos. *Um capitão da Guarda Nacional*: vida e obra de J. Simões Lopes Neto. Caxias do Sul: Ed. da Universidade de Caxias do Sul; Porto Alegre: Martins Livreiro, 1981.

SIMÕES LOPES, Hilda. Entre sonhos e charqueadas. *In*: CRUZ, Cláudio (Org.). *Simões Lopes Neto*. Porto Alegre: Unidade Editorial da Secretaria Municipal de Cultura, 1999.

VERÍSSIMO, José. *A educação nacional*. Porto Alegre: Mercado Aberto, 1985.

ZALLA, Jocelito. *A invenção de Simões Lopes Neto*: literatura e memória histórica no sul do Brasil. 2018. Tese (Doutorado em História) – Universidade Federal do Rio de Janeiro, Rio de Janeiro, 2018. 2 v. Disponível em: http://objdig.ufrj,br/34/teses/875713.pdf. Acesso em: 24 abr. 2019.

Ligia Chiappini

1.9.1
Refinamento e engajamento

Em nossos primeiros encontros, nos idos de 1960–1970, briguei um pouco com Simões e seus escritos. Imaginem, para uma jovem que se queria muito politizada e atualizada, um escritor que se identificava com Olavo Bilac e Coelho Neto, considerados nessa época muito nacionalistas e verborrágicos, senão piegas.[1] Pior ainda, quando descobri que ele admirava Afonso Celso, autor do livro intitulado *Por que me ufano do meu país*, de grande difusão no seu tempo, mas considerado por muitos até hoje como uma espécie de paradigma da pieguice. Simões me obrigou a ler inteiro esse livro, em busca de algo que merecesse sua admiração. Não achei. Fiquei decepcionada e me perguntei: como pode? Será que Blau Nunes combina com isso? Depois, como este já havia fisgado a jovem leitora/ouvinte de suas histórias, acabei me conformando com o pensamento de que até os grandes escritores podiam cometer erros de avaliação. E fui, pouco a pouco, entrando mais fundo nas ricas contradições de Simões e descobrindo a cada releitura da sua obra ficcional, bem como em cada novo texto seu — resgatado de jornais, revistas ou de um velho baú misterioso —, que esse João só à primeira vista engana. Pode parecer ingênuo ou até simplório, mas a uma

---

1. Em tempo, vale lembrar que esse juízo crítico veio sendo devidamente relativizado, quando não contestado, pelas novas pesquisas da obra desses dois grandes nomes da literatura brasileira.

A constelação romântica: período formativo

pesquisa mais detalhada e a uma leitura mais arguta se revela sofisticado e socialmente engajado.

Então, o que soa como localismo estreito ou patriotada, mostra-se, precocemente, em pleno início do século XX, a consciência aguçada do processo de desconstrução da nação dos outros, mesmo antes que estas terminassem sua formação. A militância do escritor, cidadão, jornalista e professor, João Simões Lopes Neto, e sua obra regionalista, brasileira, latino-americana e universal, são movidas por um desejo profundo de contribuir para salvar a memória do mundo do gaúcho em extinção. Uma conjunção feliz de intuição e esclarecimento já lhe permitia saber, muito antes dos teóricos da memória, a força desta como fator de resistência à dominação.

Muito além das aparências, é como vem sendo lida a vida e a obra do velho e sempre novo escritor João Simões Lopes Neto, regional, nacional, universal, embora ainda não mundial, porque o mundo é lento para descobrir os bons escritores da nossa língua, portuguesa-brasileira, quanto mais do "vivo e colorido dialeto gauchesco". E é preciso levar em conta que lidar com o criador de Blau Nunes é correr o risco de se contagiar com a sua proverbial falta de sorte, que pode frustrar iniciativas para torná-lo mais conhecido, principalmente fora do Rio Grande e do Brasil.[2] Na verdade, mesmo dentro do Brasil, Simões continua sendo "um canônico na fímbria do cânone", como bem o definiu Luís Borges.[3]

A dificuldade em divulgá-lo tem também a ver com preconceitos contra o chamado regionalismo e com a superficialidade

---

2. É possível ilustrar essa má sorte com livros roubados e desaparecidos no Brasil ou com traduções, publicações e simpósios planejados no exterior, que não puderam se realizar ou se realizaram a meias, como foi o caso, entre outros, da pequena antologia bilíngue, concebida e iniciada em conjunto com Sarita Brandt e que acabou se defrontando com alguns obstáculos, responsáveis pela interrupção e adiamento meio indefinido do projeto. Ligia Chiappini, "Simões Lopes Neto, um poeta da imensidão", p. 98-99.
3. Luís Borges, "João Simões Lopes Neto: um canônico na fímbria do cânone".

221

História da Literatura no Rio Grande do Sul | Volume 1

com que muitos leem um escritor como esse, o que lhes impede de perceber o grande refinamento, na sua simplicidade só aparentemente fácil, como também o engajamento e a crítica social, sob a atitude só aparentemente ingênua e submissa do gaúcho pobre, centro da sua narrativa. Na verdade, em tudo o que escreveu, impera o senso crítico, a atenção sensível à pobreza e aos contrastes desta com a riqueza injusta e, quase sempre, injustamente conquistada. E, embora o processo de recepção de sua obra seja lento, ele é contínuo e profundo. Cada vez mais, novos pesquisadores e intérpretes dessa pequena-grande obra trazem à luz elementos e significados inéditos, abrindo dimensões ainda não exploradas pela crítica anterior.

Tal obra ficcional é fruto de um projeto pedagógico-político redimensionado poeticamente. Poesia encravada na vida do escritor e da região brasileira que o viu nascer e crescer. Por isso transcende a intenção documental, ressignificando-a e compatibilizando, pela forma artística, o empenho em contribuir para resgatar a memória rio-grandense e brasileira, por meio da educação cívica, com a obra literária autônoma, de alto valor político e de alto valor estético.

Em *Contos gauchescos*, *Lendas do Sul* e *Casos do Romualdo* a pedagogia se entranha, assim, na história viva do Rio Grande, sob a perspectiva, também só aparentemente ingênua, do peão de estância. Imensa na sua brevidade, como já tive oportunidade de sublinhar[4], essa obra internaliza, superpõe e funde a imensidão do espaço e a imensidão do tempo, fazendo-nos mergulhar num mundo muito antigo, cujas raízes culturais se perdem na noite dos tempos, mas que é presentificado pela narrativa literária, justamente quando a modernização começa a destruí-lo. A sua linguagem poética, perfeitamente adequada ao tema, concorre para criar tanto a solenidade quanto o rebaixamento que o contexto exige. E o seu estilo gauchesco é trabalhado, mesmo

---

4. Chiappini, *op. cit.*, p. 99.

A constelação romântica: período formativo

quando parodia, sem cair no ridículo, como era comum no regionalismo da época.

Nos gestos, ações e falas de Blau aparecem atitudes que caracterizam os pobres em contraste com os ricos, como no caso das dívidas e da honestidade do homem honrado, que prefere morrer a ser considerado ladrão ou traidor de quem lhe depositou confiança. Questão atualíssima, já que hoje em dia, enquanto uns morrem para pagar dívidas, pelas quais nem sempre são responsáveis, outros, supostamente mais espertos, ou expertos das finanças, aprendem a fazer dinheiro fácil, vivendo de dívidas alheias numa renovada arte da agiotagem planetária.

Simões assume, contra os preconceitos da historiografia de sua época, a presença e a importância do negro na formação histórica e cultural do Rio Grande e do Brasil, desvelando a violência da escravidão na campanha gaúcha, sem aderir à tese, muito divulgada, da sua quase inexistência ou de sua existência branda nessa região e em todo o Rio Grande. Reconhece, igualmente, a presença marcante do indígena na cultura e na civilização gaúchas, igualmente negada ou subestimada por historiadores, adeptos de uma suposta pureza europeia ou, mais precisamente, lusitana, no sul da América do Sul.

Contra o racismo, Simões cria, meio século antes de Guimarães Rosa, suas "puras misturas", sensível ainda à presença dos imigrantes italianos e alemães, como, no caso destes, nos faz lembrar até no nome de Blau Nunes. Tinha plena consciência de fenômenos que nos atingiram e atingem, o Brasil e o mundo, principalmente o mundo rico de recursos naturais e pobre de recursos financeiros, contra o qual se ergue o imperialismo globalizado de ontem e de hoje, atuando em várias áreas do planeta com a chamada "paz armada", cuja hipocrisia já era desvendada pelo nosso escritor "de província", como se pode ler no trecho abaixo:

> Não creio, não creio e não comungo na utopia dos visionários do século, que pregam por uma só língua, numa pátria universal. Enquanto essa utopia como flor delicada de estufa, medra no ambiente tépido da vaga aspiração, como simbólica pomba de aliança dentro de uma jaula de feras — os países blindam-se em malhas de aço, regem as forjas na fusão do bronze dos canhões [...] E a hipocrisia e o feroz egoísmo internacional atiram com uma mão o gesto brando da benção da paz, depois que tem na outra o gládio que mais corta. / Será assim, ainda por dilatados séculos, a força a garantia do direito. / Em um século prático, positivo, industrial, mercantil e interesseiro como o nosso, é preciso estar preparado e saber contrabalançar as formidáveis exigências da luta pela vida.[5]

Bem informado, mas também e, mesmo assim, bem-humorado, esse cidadão, jornalista e professor, foi um sonhador com os pés no chão, um tradicionalista atualizado, um poeta formador. Seu pensamento, só aparentemente díspar e disperso, é, na verdade, coerente, complexo, tenso e aberto, dialógico e dialético. Suas ideias avançadas e, ao mesmo tempo, tradicionais, e seu projeto pedagógico-político funcionam como uma espécie de andaime invisível na sua ficção. Podemos perguntar como isso se relaciona com o trabalho mais propriamente literário, sem negar a autonomia da obra literária nem comprometer o seu valor estético. Na verdade, a literatura simoniana transcende o projeto político-pedagógico, mas o inclui. Sem ele, não teria existido como tal. Pois, glosando Merleau-Ponty, pode-se dizer que essa obra precisava essa vida e, desta, era parte indissociável um projeto que, por falta de nome melhor, chamei de global[6], para designar a combinação do projeto explícito e do projeto

---

5. Luís Borges, *João Simões Lopes Neto*, p. 169-170.
6. Ligia Chiappini, *No entretanto dos tempos*: literatura e história em João Simões Lopes Neto.

A constelação romântica: período formativo

implícito, como queria Umberto Eco, ou do projeto ideológico e do projeto estético, como os define Pierre Macherey.[7] Assim, é possível ler nessa literatura, presente implicitamente aí, algo que é explicitado em discursos do cidadão Simões Lopes Neto, em seus livros de caráter didático ou em seus artigos jornalísticos: uma pedagogia profunda, política e crítica; o empenho do escritor em contribuir para resgatar a história e a memória rio-grandense, brasileira e platina, pela participação em várias instâncias da sociedade, incluindo como prioritária a educação cívica, não como uma louvação vazia da terra em que nasceu, mas como uma forma de ativar a memória e a sensibilidade, sem cair na patriotada. Ao contrário, formando-se como cidadão responsável, para ajudar a construir a vida social em diferentes níveis. Coisa necessária e muito urgente ainda hoje, quando o imperialismo, embora sob máscaras menos evidentes, nos faz retomar bandeiras como a de "o petróleo é nosso!". E quando os direitos e valores da cidadania, duramente conquistados, estão sendo postos em perigo nas ruas e nos salões do Brasil, sob ameaça da barbárie de elites truculentas, apoiadas pela grande mídia, quando não por outras organizações menos explícitas.[8]

Referências

BORGES, Luís. *João Simões Lopes Neto*. Pelotas: NEL-CEFET; JC Alfarrábios, 2008.

BORGES, Luís.João Simões Lopes Neto: um canônico na fímbria do cânone. *Thema*, Revista Científica do Centro Federal de Educação Tecnológica, Pelotas, p. 11-20, 2003.

---

7. Umberto Eco, *Obra aberta*, e Pierre Macherey, *Pour une théorie de la production littéraire*. Explicito esse método na introdução de *No entretanto dos tempos*: literatura e história em João Simões Lopes Neto, Martins Fontes, São Paulo, 1998.

8. Refiro-me, entre outras, à CIA.

225

CHIAPPINI, Ligia. Simões Lopes Neto, um poeta da imensidão. *Nonada*, Letras em Revista, Porto Alegre, ano 15, n. 19, p. 98-99, 2012.

CHIAPPINI, Ligia. *No entretanto dos tempos*: literatura e história em João Simões Lopes Neto. São Paulo: Martins Fontes, 1998.

ECO, Umberto. *Obra aberta*. Trad. Pérola de Carvalho. São Paulo: Perspectiva, 1991.

MACHEREY, Pierre. *Pour une théorie de la production littéraire*. Paris: Maspero, 1966.

João Luis Pereira Ourique

1.10

A gauchesca platina e a rio-grandense

O gaúcho não existiu — não como a literatura o apresentou — e talvez por isso mesmo sua presença histórica seja tão relevante, visto se tratar de uma construção que estabeleceu uma forma de entendimento e percepção de um espaço cultural que transcende as fronteiras geopolíticas. Esse tipo humano que transita entre a história e a ficção se tornou fundamental para que identidades pudessem ser estabelecidas e servisse como um elo do pensamento europeu com as situações vivenciadas na parte mais meridional do Novo Mundo. O aspecto tardio das nacionalidades, percebidas a partir do século XVIII, se amparou na figura desse tipo humano (visto ao mesmo tempo como herói, vítima e algoz) para dirimir suas contradições e encontrar um veículo que se adaptasse às várias fases da ocupação do território, uma ocupação marcada pelo conflito permanente.

A partir dessa percepção é que a abordagem de Ángel Rama[1] sobre um outro mapa latino-americano adquire um significado relevante. Esse mapa contemplaria as formações culturais para além das fronteiras geopolíticas e seria mais verdadeiro que o oficial, caracterizando a região do Prata como uma "macrorregião cultural", pela relação fronteiriça entre vários países que se constituem em "zonas de contato" por meio da interação permanente de tradições culturais e de convenções literárias.

---

1. Ángel Rama, *Transculturación narrativa en América Latina.*

A constelação romântica: período formativo

Enfatiza também que os elementos característicos do regionalismo não desapareceram com o tempo, mas continuaram e se transformaram mediante a contribuição de novos aportes nos quais o material oral e mítico das culturas regionais articula seus próprios códigos expressivos.

Nesse ponto, o da construção de uma identidade ou, mais profundamente, da necessidade da existência (ao menos no campo ficcional) de uma *persona* que possibilitasse esse viés de convergência identitária, é que a literatura gauchesca platina e rio-grandense se aproximam. Era o modelo do pioneirismo guerreiro, alicerçado no fato de que, a partir do século XVIII, a mera transposição de riquezas do novo continente para as metrópoles europeias — Portugal e Espanha — já havia perdido muito do seu atrativo. Isso ocorreu pelo esgotamento das reservas naturais que poderiam ser exploradas sem os custos de uma empreitada de ocupação territorial e também pelo fato da necessidade dos reinos em colonizar novas terras, tendo como motivadores a hegemonia política em contrapartida ao desenvolvimento industrial que França e Inglaterra conquistavam. Além disso, é importante salientar o papel que a religião, ou a busca de novos territórios para expandir a fé cristã, exerceu como motivação e justificativa ao processo de ocupação territorial, processo esse exercido com base na violência e na escravização de indígenas americanos e negros vindos das colônias africanas para o novo continente.

Assim, a exploração humana e a tomada de uma *terra de ninguém* acabaram por criar espaços em que as fronteiras eram volúveis, incapazes de delimitar claramente a noção de estado, pois se caracterizava como um território a ser ocupado, em nome de um rei, de uma nação ou de (um) Deus. É importante essa reflexão sobre o processo de formação territorial e a noção de espaço geográfico como um lugar no qual a percepção da realidade presente toma forma e participa do imaginário coletivo, interferindo na própria formação cultural dos grupos sociais, porque:

> As fronteiras são "realidades tangíveis, ou seja, como realidades efetivas e realidades do pensamento, são o resultado de relações de poder". A sua legitimação também depende do sentido "naturalizado" [...] Reforçando um aspecto consensual sobre o tema, as "fronteiras são também elementos simbólicos carregados de ambiguidades, pois, ao mesmo tempo em que impedem, permitem ultrapassar".[2]

Essas relações de poder estão associadas à lógica de que a uma fronteira corresponde uma outra e o espaço fronteiriço é, mais que um local, uma situação de troca — raramente pacífica, mas de geração de uma expectativa de produção cultural — fortalecida por estruturas comuns que são incorporadas e estabelecidas em outros níveis a partir do desenvolvimento socioeconômico.

Nas trocas ocorridas nessa "realidade tangível" há, necessariamente, a correspondência de papéis exercidos em função dos obstáculos enfrentados no período de ocupação, que acabaram por estabelecer certas atitudes e parâmetros com respeito aos povos nativos. Merecem destaque, por esse fim, as diferentes formas em que a necessidade sentida pelo colonizador se materializou por meio de projetos concretos de ocupação dos territórios indígenas no Brasil e na Argentina: no primeiro, a força da natureza, sentida através das matas densas e de difícil penetração, foi a causa principal do retardamento do avanço das *novas fronteiras*, que se deu quase que totalmente em função dos interesses econômicos privados e da oscilação das políticas públicas em sua influência sobre os diversos setores ligados à economia.

Na Argentina, por outro lado, foi realizada uma grande expedição de conquista que mobilizou vastos recursos humanos e

---

2. Tau Golin, *A fronteira*, p. 26-27.

A constelação romântica: período formativo

materiais. Segundo Lígia Osório Silva e Maria Verônica Secreto[3], o caráter guerreiro e a resistência oferecida pelos indígenas, que já dispunham de armas e cavalos, obrigaram o deslocamento da fronteira a assumir a natureza de um grande movimento militar. Afirmam também que tanto a política do liberalismo adotada pelo Brasil, quanto a forte presença do Estado exercida na Argentina, oportunizaram a elaboração de um consenso que visava retirar o poder de determinados grupos oligárquicos (principalmente aqueles chefiados pelos caudilhos[4]) em função do enriquecimento do poder estatal, o que veio a ocasionar constantes distensões entre a política oficial e a realidade desses grupos sociais.

Montevidéu constituía-se, nesse período, em uma fundação exclusivamente militar, destinada a guardar a região contra os avanços dos portugueses localizados na Colônia do Sacramento. Encerrada entre muros e à sombra de uma guarnição em constante vigília, um regime de caserna rege a vida de seus habitantes tentando manter a obediência ao poder central situado em Buenos Aires que edita leis e diretrizes para a fundação, proibindo, inclusive, o comércio. Tal situação convém aos interesses argentinos, condenando a região guarnecida a um isolamento enquanto suas demais regiões continuam usufruindo da sua riqueza pecuária.

O controle exercido, no entanto, não conseguiu coibir uma prática que veio a contribuir decisivamente para a formação do gaúcho: o contrabando. O contrabando acaba por se traduzir na vida normal da campanha, o que faz com que a autoridade

---

3. Lígia Osório Silva; Maria Verônica Secreto, "Terras públicas, ocupação privada: elementos para a história comparada da apropriação territorial na Argentina e no Brasil".
4. Raymundo Faoro esclarece a principal diferença entre o caudilho platino e o rio-grandense: "No pampa platino [...], o caudilho era, com frequência, o chefe de governo, como o foram Facundo, Rosas, Artigas, enquanto que no Rio Grande, ele se limitava ao papel secundário de agente do poder central e estadual. [...] O rio-grandense seria, pois, o defensor da ordem controlado por poderes superiores, e o platino, na sua soberania, um perturbador da paz, segundo a não sempre justa distinção de escritores brasileiros". Raymundo Faoro, "Antônio Chimango, algoz de Blau Nunes", p. 42.

constituída incursione pelo interior, estabelecendo pontos de controle militarizados. Muitos milicianos espanhóis desertam para se unirem aos contrabandistas, que incorporam também portugueses e indígenas. Com a expulsão dos jesuítas das Missões houve um êxodo de grande massa de indígenas até o sul do Uruguai, constituindo uma nova forma de ocupação pelos campos: a de agricultores sob a tutela jesuítica. Acabam por incorporar atividades como a doma de cavalos, mesclando-se, além dos espanhóis e portugueses, com outros povos indígenas, como os Tapes.

Nessas distensões houve o surgimento de um pioneirismo militarizado, ou seja, uma empreitada que envolvia a luta diária e a necessidade de um *estado de vigília* constante em virtude dessa ocupação ser realizada com base em um sentimento de dominação que não reconhecia nas novas terras quaisquer direitos além daqueles ditados pelos seus *conquistadores.*

Com o pano de fundo da conquista por meio de uma investida militarizada, o gaúcho adaptou-se à condição do pioneirismo guerreiro criando características próprias para garantir a sua sobrevivência e a do novo modelo que viria a representar:

> O gaúcho apresenta semelhanças com outros grupos de tipo pastoril, com economia "ganadera" e o cavalo como meio de transporte, mas as diferenças são fundamentais, devido a múltiplos fatores culturais e econômicos. [...] O pastoreio, nos inícios livre, deixou de sê-lo. A falta de cercas originou problemas de ordem jurídica. Criam-se companhias militares para o cuidado de uma fronteira instável e que retrocede ou avança segundo a situação militar e econômica.[5]

Nessa perspectiva, o gaúcho[6], tipo humano que se evidenciou como elemento característico do Pampa, sendo "produto de

---

5. Bella Jozef, *História da literatura hispano-americana*, p. 83.

6. São vários os autores que apresentaram uma definição sobre o gaúcho, todas elas muito próximas na argumentação em prol de uma realidade histórica que se consolidou através do entrecruzamento das fronteiras e do processo de *mestiçagem* ocorrido com o

A constelação romântica: período formativo

vários componentes próprios da planície rio-platense e [que] resultou do contato de espanhóis, índios, mestiços, escravos africanos e diversos fatores econômicos, sociais, biológicos e geográficos", foi influenciado pelas transformações históricas que o afastaram dessa definição mais próxima da natureza, relacionando-o com a cultura europeia e com os valores por ela apregoados. Relação que ocorre a partir do momento em que o europeu chega à planície bonaerense, iniciando-se uma cultura diferente da trazida pelos espanhóis e da possuída pelo indígena: "O pampa deixa de ser gaúcho para ser europeizado".[7]

Segundo Alicia Lídia Sisca[8], durante a época colonial e até a primeira metade do século XIX, a vida do gaúcho foi uma epopeia. Desde a iniciação pastoril até o serviço como soldado da independência e sentinela da civilização nas fronteiras, foi um herói. Porém, apenas organizada a República e *resolvida* a questão indígena, juntamente com o progresso, começou a decadência de sua estirpe. Representava uma fase histórica já superada. Sua vida nômade não poderia sobreviver à criação de um novo modelo econômico de base industrial que determinou outras estruturas de organização do trabalho nas estâncias e fazendas. Como o indígena, o gaúcho estava condenado a desaparecer. De todo modo há duas razões que lhe permitiram sobreviver: o perfil característico do gaúcho — legítimo produto sociocultural do Rio da Prata — perdurando em seus descendentes e o fato de haver sido objeto central, como personagem, de uma variante peculiar da literatura *rioplatense*: a literatura gauchesca.

---

contato entre culturas diversas durante o processo de colonização. Alberto Zum Felde, em El *proceso histórico del Uruguay*, p. 25, apresenta a seguinte definição: "*El gaucho es un hombre-jinete de la pradera, no responde a un tipo étnico único, fruto del mestizaje de la región rioplatense, su origen está vinculado a las singulares condiciones políticas, históricas y económicas de su medio. Pertenece por igual a las zonas ganaderas de la Argentina, sur del Brasil y Uruguay, el área geográfica del gaucho coincide con una región natural.*".

7. Jozef, *op. cit.*, p. 83.

8. Alicia Lídia Sisca, "La literatura folclórica argentina".

O imaginário literário se apoiou nos constantes enfrentamentos bélicos que deram forma ao gaúcho guerreiro. Essas condições históricas prepararam um campo fértil para o desenvolvimento de certas habilidades na busca pela sobrevivência, permanência e, é claro, conquista do território, envolvendo a todos nas lutas revolucionárias em busca de uma independência republicana, inicialmente na Argentina[9], como parte do processo que deflagrou o movimento de independência das colônias espanholas americanas, depois no Uruguai, por meio da Revolução Cisplatina[10] e, por fim, nos episódios da Revolução Farroupilha[11] que tentaram, depois de deflagrada a guerra civil, a proclamação e afirmação de uma república a exemplo da Argentina e do Uruguai. Esses fatores também apontam para o gaúcho como sendo mais do que um gentílico ou tipo humano comum à região, evidenciando a sua afirmação enquanto herói popular.

E foi a entrada no século XIX que oportunizou uma adequação daquela *individualidade cultural*, sentida mais por uma sensação de liberdade refletida por meio de uma experiência nômade, do que pela independência do modelo de sociedade que se fortalecia por meio do capitalismo. Influenciadas pelas ideias políticas e econômicas vindas do Iluminismo, juntamente com o tempo das lutas de independência, segundo E. Bradford

---

9. Na Argentina, o movimento pela independência começou em 25 de maio de 1810; o Congresso de Tucumán declarou a soberania da Argentina em 9 de julho de 1816.

10. A Banda Oriental do Uruguai nunca aceitou sua anexação ao território brasileiro nem sua ocupação por tropas luso-brasileiras. O processo de sua autonomia política teve início a 19 de abril de 1825 mas o reconhecimento do Uruguai como um país independente ocorreu a 29 de agosto de 1828, quando o Brasil e a Argentina assinaram um tratado neste sentido. Depois de promulgada a constituição, em 1830, passou a denominar-se República Oriental do Uruguai.

11. O movimento revolucionário ocorreu no Rio Grande do Sul entre 1835 e 1845, com um saldo estimado entre três mil e cinco mil mortos. A guerra foi causada pelo conflito de interesses entre a elite regional de proprietários rurais pecuaristas, defendendo a autonomia local, e os esforços centralizadores do governo imperial. Sucessivas vitórias das forças imperiais em 1843 (Poncho Verde, Piratini, Canguçu) e 1844 (Porongos) terminaram convencendo os revoltosos a aceitar a anistia oferecida pelo imperador.

A constelação romântica: período formativo

Burns[12], as elites impuseram para a América Latina teorias que pouco ajudavam no seu desenvolvimento socioeconômico.

Com isso, a América Latina como um todo se tornou uma grande produtora de mercadorias agropecuárias e minerais e importadora dos artigos manufaturados vindos, principalmente, da Europa. Somente a passagem do tempo viria a revelar para a América Latina o grave prejuízo mascarado nas teorias que traziam ideias avançadas como constituição, leis e práticas políticas das quais as elites lançaram mão para complementar a penetração do modelo capitalista. A entrada das teorias provindas das transformações ocasionadas na Europa a partir do século XVIII veio a alterar e definir profundamente os conceitos de terra e trabalho, mas, ao mesmo tempo em que trouxe novas possibilidades de interpretar a realidade vivida com experiências como interdependência, cooperação, solidariedade, contrárias às teorias de individualismo e competição, a não preparação das massas para refutar outros valores fez com que praticamente não houvesse um questionamento mais sério das estruturas que, se não consolidadas, já possuíam uma base fundamental para a sua manutenção:

> Liberdade e democracia, conforme tomaram forma na América Latina do século XIX, rapidamente se tornaram uma justificativa sofisticada para desculpar ou disfarçar a exploração dos muitos pelos poucos. Como expressou o historiador argentino Hector Iñigo Carrera, "O liberalismo prometia um teórico jardim de felicidade que historicamente se transformou em uma selva de pobreza." [...] A violência emergiu como um *leitmotiv* do século XIX, enfatizando a relação entre a falta de justiça social e econômica e o protesto social. [13]

Todo esse processo histórico foi marcado pelas guerras visando à demarcação de fronteiras; nessa perspectiva, Tau Golin avança

---

12. Ver E. Bradford Burns, *The poverty of progress*.
13. *Ibid.*, p. 11-17. Tradução de J. L. Ourique.

na discussão e questiona qual o lugar da fronteira na história rio-grandense, sabendo que a consciência do homem comum e a do intelectual se movem na contradição de que toda "a conquista territorial é violenta, mas também é uma 'história de resistência, de revolta, de protesto, de sonho e de esperança'".[14]

Destacando que o Prata foi cenário da contradição entre região e estado, Golin afirma que a fronteira somente pode ser abordada na sua dimensionalidade, na complexa relação entre a vivência e as leis, fatores intrinsecamente ligados a uma concepção expansionista, "que produziu na população formas concretas de mobilização e uma cultura imanente dessa lógica de transposição de limites; uma população que se fez no movimento sobre o outro transfronteiriço, na transgressão territorial".[15]

Isso acaba por ferir o senso comum de que a nação é uma sociedade totalizada, isolada em suas fronteiras, principalmente quando essas *demarcações*, ao longo da história, se caracterizaram por serem tão inconstantes e frágeis, tanto as geopolíticas quanto as culturais. O Prata surge, dessa forma, como um espaço muito mais vasto, coeso em sua diversidade geográfica e cultural com suas incertas fronteiras para aqueles que nela vivem, visto que são transpostas naturalmente, como se por elas estivessem mais ligados do que apartados. Poder-se-ia dizer também o *Pampa* — ou a *Pampa* —, visto que é o espaço geográfico comum a gaúchos e *gauchos*, tanto no trânsito de seu caminho como no caminho de sua imaginação, espaço no qual o imaginário que evoca a terra em seu mais profundo sentimento telúrico, é uma força que marca a sua própria identidade quando canta:

> Pampa, matambre esverdeado
> dos costilhares do Prata,
> que se agranda e se dilata

---

14. Golin, *op. cit.*, p. 17.
15. *Ibid.*, p. 59.

A constelação romântica: período formativo

de horizontes estaqueado,
couro recém-pelechado
que tem Pátria nas raízes.
Aos teus bárbaros matizes,
os tauras e campeadores,
misturaram sangue às cores
para desenhar três países.[16]

Ou de forma ainda mais lírica quando a ausência, a distância e a saudade, não apenas da paisagem, mas de uma realidade que se renova e busca sentido no reencontro nostálgico com a própria vida, se revela na amplidão que se descortina nos horizontes da alma, como no poema "Ao horizonte de um subúrbio", de Jorge Luis Borges:

Pampa:
Avisto tua amplidão que afunda os subúrbios,
estou me dessangrando em teus poentes.
Pampa:
Posso ouvir-te nas tenazes violas sentenciosas,
e nos altos bem-te-vis e no ruído cansado
dos carros de bois que vêm do verão.
Pampa:
O espaço de um pátio colorado me basta
para te sentir meu.
Pampa:
Eu sei que te cortam
trilha e atalhos e o vento que te muda.
Pampa sofrido e macho que estás nos céus,
não sei se és a morte. Sei que estás em meu peito.[17]

Contrariando os aspectos positivos, as constantes trocas e as riquezas resultantes delas, os conflitos interpretativos sobre o

---

16. Jayme Caetano Braun, "Payador, Pampa e guitarra", p. 16.
17. Jorge Luis Borges, *Obras completas*. v. I, p. 58.

237

espaço fronteiriço também geraram, no centro do poder, um mito negativo, pois a fronteira passou a ser vista por grupos intelectuais como um lugar no qual a barbárie imperava e onde a justiça não teria qualquer chance de ser exercida, devendo isso sim, ser imposta aos *novos bárbaros*. Essa tese, defendida por Sarmiento[18], um dos principais integrantes da Geração de 37[19], caracterizava o gaúcho como um nômade que não conhecia lei ou rei, sendo um elemento subversivo e *malo* à ordem buscada sob as luzes da civilização europeia.

O imaginário de uma nação que se difere de projetos, estruturado com base em fatores múltiplos que não correspondem necessariamente à lógica pretendida, pode ser percebido por meio da transformação de interpretações negativas presentes em sua origem para uma visão positiva, uma nova ordem que valoriza aspectos até então tidos como negativos para a sociedade. Richard W. Slatta percebe que um mito positivo sobre o gaúcho surge apenas quando o tipo humano ligado diretamente a essa gênese já está praticamente desaparecido, surgindo, na literatura argentina, um resgate dessa forma de vida que visa personificar todas as qualidades de um povo: é a referência à obra *Martín Fierro*, de José Hernández, caracterizada como uma evocação simbólica e literária capaz de representar aspectos acerca do

---

18. A visão de Sarmiento foi o principal elemento de enfrentamento com José Hernández e a produção literária de ambos aprofundou o debate sobre o gaúcho, constituindo-se em base para a reflexão sobre o tema, como afirma Aldyr Garcia Schlee: "Reconhece-se geralmente a existência de duas obras fundamentais, nas quais se refletiram as duas faces da nacionalidade: o *Martín Fierro*, de José Hernández, e *Facundo*, de Sarmiento. O *Martín Fierro*, representativo da vida e da mentalidade pastoril, num enfoque tipicamente gaúcho; o *Facundo*, defensor da cultura urbana, numa perspectiva predominantemente europeia". Aldyr Garcia Schlee, "Introdução", p. XIII-XIV.

19. A Geração de 37 foi a organização de um grupo de intelectuais argentinos nascidos em torno da revolução da independência que surgiu durante a ditadura de Juan Manuel de Rosas, para amadurecer no período da chamada "Organização Nacional" (1853–1880). Caracteriza-se por aderir aos princípios do Romantismo, afirmando seu caráter americano e sua distância em relação à Espanha. Entre os membros desta geração, destacam-se além de Domingo Faustino Sarmiento, Juan Bautista Alberdi, Esteban Echeverría e José Mármol. Jean Franco, *Historia de la literatura hispanoamericana*.

A constelação romântica: período formativo

gaúcho que o fizeram ser louvado e romantizado pelos nacionalistas e tradicionalistas, afastando-se, no imaginário, dos outros habitantes do meio rural.

O confronto entre as visões sobre o gaúcho gerou um embate rico de significados e importante para a compreensão do papel dessa nova ordem social e cultural. Enquanto Hernández defendia o gaúcho marginalizado e oprimido, Sarmiento, como já foi mencionado anteriormente, considerava-o como um câncer que tinha de ser retirado da ordem social, ainda que, para isso, acabasse usando de uma concepção carregada de barbárie, como nas orientações dadas ao general Mitre, em 1861, de não tentar poupar o sangue dos gaúchos, sendo o sangue a única coisa em comum que possuem com os seres humanos.[20]

Com essa tentativa de formar e consolidar uma identidade cultural, antes mesmo da nacional, é que a literatura gauchesca pode ser considerada um fenômeno singular dentro das literaturas americanas. Guilhermino Cesar afirma que a poesia gauchesca muito cedo assumiu o caráter satírico, de contestação política, caracterizando-a como uma arma de motivação ideológica contra jugo espanhol: "Versando temas crioulos, exaltando a terra, opunham-se a tudo e a todos que fossem ibéricos. Foi a melhor maneira [...] para dizer NÃO ao colonialismo".[21]

O desenvolvimento dessa produção começou, em princípio de forma anônima, no âmbito do Rio da Prata, no final do século XVIII.[22] Com base nisso, a poesia incorpora alguns elementos

---

20. Richard W. Slatta, *Gauchos & the vanishing frontier*, p. 180-181: "*No trate de economizar sangre de gauchos. Este es un abono que es preciso hacer útil al país. La sangre es lo único que tienen de seres humanos*".

21. Guilhermino Cesar, *Notícia do Rio Grande*, p. 57.

22. Guilhermino Cesar salienta — com base na descoberta de A. J. Battistesa — que a obra clássica de Antonio Bermejo de la Rica, escrita em 1779, que narra a expedição de Cevallos a Santa Catarina e Rio Grande do Sul, pode ser considerada "o germe precursor da gauchesca" (p. 57). Entre 1800 e 1830 surgiram numerosos *payadores*, que difundiram composições de versos octossílabos. As *payadas*, mais moralizantes que poéticas, já se encontram descritas por Carrió de la Vandera em *El lazarillo de ciegos caminantes*; no soneto *El amor de la estanciera* se registram as características salientes da fala rural. Por

da poesia tradicional espanhola[23] principalmente, mas também da portuguesa tendo em vista o processo de colonização e a constante relação fronteiriça vivida no Prata, que oportunizou a re-elaboração em palavras, personagens e costumes que imprimiram a esta poesia os tons e as cores locais.[24] Tanto a tradição oral, transmitida pelos *payadores*, como as primeiras manifestações da literatura gauchesca, foram enriquecidas em seus temas e aperfeiçoadas na forma de expressar suas ideias até incorporarem autores das cidades.

Essa intelectualidade contribuiu também para a elaboração de determinados conceitos que vislumbravam o gaúcho como um elemento capaz de extrapolar a sua condição humana, mitificando a sua origem e formação em função de uma relação íntima com Deus, como no poema *"Gaucho"*, de Fernán Silva Valdés:

Gaucho:
naciste en la juntura de dos razas,
como en el tajo de dos piedras
nacen los talas.
Con un poco de tierra y otro poco de cielo,
Amasaste el adobe para construir tu rancho
Lo mismo que el hornero;

---

outra parte, não se deve descartar a obra de Juan Bautista Maziel, autor de uma poesia de escasso valor literário, mas curiosa enquanto antecedente da conversão do gaúcho em personagem poético, sobretudo em seu romance *Canta un guaso en estilo campestre los triunfos del Excelentísimo Señor Don Pedro Cevallos.*

23. Rondas e canções, *villancicos* e *coplas* como elementos expressivos e heróis legendários, cavaleiros, monarcas e pastores como temas principais.

24. O primeiro retrato do gaúcho que acabará sendo o protagonista de uma grande produção literária é elaborado por Hilario Ascasubi na primeira edição de *Santos Vega* o *Los mellizos de la flor*: "El gaucho es el habitante de los campos argentinos; es sumamente experto en el manejo del caballo y en todos los ejercicios del pastoreo. Por lo regular es pobre, pero libre e independiente a causa de su misma pobreza y de sus pocas necesidades; es hospitalario en su rancho, lleno de inteligencia y de astucia, ágil de cuerpo, corto de palabras, enérgico y prudente en sus acciones, muy cauto para comunicarse con los extraños, de un tinte poético y supersticioso en sus creencias y lenguaje, y extraordinariamente diestro para viajar solo por los inmensos desiertos del país, procurándose alimentos, caballos, y demás con sólo su lazo y las bolas". Hilario Ascasubi, *Santos Vega o Los mellizos de la flor*, p. 8.

A constelação romântica: período formativo

Por eso yo te veo ascendencia de pájaro.
Eras
una mitad hacia abajo y otra mitad hacia arriba;
una mitad de tierra y otra mitad de cielo;
una mitad de carne y otra mitad de alas;
carne tu forma física,
alón tu forma lírica;
y si eso no bastara para llamarte alado:
alas en tu caballo,
alas en tu sombrero,
alas todo tu poncho,
alas a media espalda flameando en tu pañuelo,
y alas también llevabas fijas en los talones:
las agudas rodajas de tus espuelas.
Gaucho:
naciste en la juntura de dos razas,
como nacen los talas
en el tajo de dos piedras.[25]

No processo de hierofilia proposto pelo poema, há a intenção de alçar o gaúcho ao patamar de semideus, no qual suas características mais marcantes, como a vestimenta e o cavalo, adquirem conotações mágicas, sacras, sagradas pela junção das duas raças: céu e terra em comunhão para gerar esse fruto que habita a campanha. Essa visão onírica está voltada para a tentativa de resgatar um sentido ímpar do surgimento do gaúcho, necessário para afiançar e exaltar os seus valores e conquistas, assim como o fizeram os precursores da poesia regionalista gaúcha, visto que havia o interesse em cativar um público não afeito aos modelos clássicos de literatura.

Pode-se dizer também que havia um interesse político em transmitir a um público iletrado aqueles temas e histórias que vivenciavam no seu cotidiano, bem como a vontade literária dos

---

25. Fernán Silva Valdés, *Antologia poética* (1920–1955), p. 23-24.

autores de diferenciarem-se da literatura de origem europeia, com o fim implícito de alcançar sua autonomia cultural e literária. Outro aspecto importante e que acompanha paralelamente o interesse político e a vontade literária é a exaltação de um tipo humano que se forjou por meio da miscigenação[26] e da adaptação à terra, tendo de criar novas formas de expressão, a fim de dar condições para que fosse possível elaborar um processo de identificação.

Assim, o *Cancioneiro gaúcho* incorpora uma imagem de força e de domínio sobre a terra e sobre os homens quando ostenta que "Ser monarca da coxilha / Foi sempre o meu galardão, / E quando alguém me duvida, / Descasco logo o facão"[27]. Do cancioneiro popular para a intelectualidade do Partenon Literário[28] houve uma manutenção dessa presença do monarca e do sentimento de conquista e afirmação sobre a terra, como no poema "O gaúcho", de Apolinário Porto Alegre: "Aqui sou rei. Se lanço a fronte aos céus / Tenho por teto o azul da imensidade; / Se desço logo, vejo a soledade, / O Pampa a desdobrar em escarcéus".[29] Tal permanência temática é percebida no poema de autoria de Luiz Coronel, de 1972, "Gaudêncio Sete Luas":

---

26. O termo *miscigenação* enfoca o aspecto cultural, de troca de informações e de adaptação ao novo contexto histórico, o do processo de colonização, não havendo o intuito de encobrir a violência, o preconceito e até mesmo o racismo contra as *minorias* da época: indígenas e negros, além, é claro, da submissão da mulher que, apesar de ter de lutar ao lado do homem, ainda estava ligada aos preceitos morais dos colonizadores europeus.

27. Augusto Meyer, *Cancioneiro gaúcho*, p. 78.

28. "A 'Sociedade do Partenon Literário' foi fundada em 1868. Apolinário Porto Alegre e Caldre e Fião, Taveira Júnior, Múcio Teixeira, [...] e mais de uma centena de pessoas dedicadas ao cultivo das letras marcaram profundamente o panorama literário do Rio Grande do Sul. Havia entre eles divergências de orientação e de ideias. Um elo os unia — a literatura. E, se observarmos as obras de maior vulto, como *O corsário*, de Caldre e fião, e *O vaqueano*, de Apolinário Porto Alegre, *Os farrapos*, de Oliveira Belo, a literatura, que cultivaram, era a regionalista, gauchesca, viril, combativa, de exaltação do herói". Luiz Marobin, *A literatura no Rio Grande do Sul*, p. 44.

29. Apolinário Porto Alegre, *Cancioneiro da Revolução de 1835*, p. 14.

A constelação romântica: período formativo

A lua é um tiro ao alvo
E as estrelas bala e bala.
Vem minuano e eu me salvo
No aconchego do meu pala.
Se troveja a gritaria
Já relampeja minha adaga.
Quem não mostra valentia
Já na peleia se apaga.

Marquei a paleta da noite
Com o sol que é ferro em brasa
E o dia veio mugindo
Pra se banhar n'água rasa.

Pra me aquecer mate quente,
Pra me esfriar geada fria.
Não vai ficar pra semente
Quem nasceu pra ventania.[30]

A estrutura das composições de Pedro Canga, em redondilha maior, é alterada para versos em decassílabos heróicos no "Gaúcho", de Apolinário Porto Alegre, para, no poema de Luiz Coronel, além de recuperar a estrutura em redondilha maior, enfatizar a noção de superioridade com relação àqueles que não partilham os ideais de valentia e força ("Já na peleia se apaga") e à natureza (a qual é personificada, em suas intempéries, como um confronto bélico e tocada, *marcada a ferro*, na evidente apropriação), pois até no reconhecimento da finitude ("Não vai ficar pra semente") está uma afronta e um desafio proposto pelo orgulho de um estilo de vida que prima pela liberdade, simbolizada pela *ventania*.

As características que permitiram ao gaúcho sobreviver no imaginário como o habitante primeiro e último da região

---

30. Luiz Coronel, "Gaudêncio Sete Luas".

apresentaram também os estereótipos consolidadores de um mito que, segundo Mircea Eliade, "é uma realidade cultural extremamente complexa, que pode ser abordada e interpretada por meio de perspectivas múltiplas e complementares".[31] Conforme apontam Machado e Pageaux, o mito é narrativa, cenário das sequências históricas; é um saber explicativo, que organiza o real; "é História, não simplesmente história. Ele narra o tempo, o espaço, o lugar e a função do homem"[32], sendo sempre um mito das origens. E também possui um valor ético, como base para o sistema de valores de um grupo social.

Esse *aperfeiçoamento da produção literária* foi fundamental para a permanência e incorporação do gaúcho como elemento intrínseco à cultura da região. Por aperfeiçoar não podemos entender simplesmente agregar qualidade, mas a perspectiva da aceitação por parte de uma intelectualidade que olhou para um cenário no qual podia representar visões inovadoras daquela realidade e também da sua própria, externada de forma indireta. Assim, na criação de um gaúcho na literatura que conseguia dialogar com aquele gaúcho histórico, fazendo com que até mesmo os tipos autênticos aceitassem e fruíssem positivamente da representação de si, incorporando esse imaginário como possibilidades vinculadas às suas histórias individuais, ocorreu a assimilação de uma literatura como história.

Duas posturas devem ser mencionadas nesse momento. A primeira é de Jorge Luis Borges, quando afirma que:

> há uma diferença fundamental entre a poesia dos gaúchos e a poesia gauchesca. Basta comparar qualquer coleção de poesias populares com o *Martín Fierro*, com o *Paulino Lucero*, com o *Fausto*, para perceber essa diferença, que está não tanto no léxico como no propósito

---

31. Mircea Eliade, *Mito e realidade*, p. 11.
32. Álvaro Manuel Machado; Daniel-Henri Pageaux, *Da literatura comparada à teoria da literatura*, p. 103.

dos poetas. Os poetas populares do campo e do subúrbio fazem versos sobre temas gerais: os sofrimentos do amor e da ausência, a dor do amor, e o fazem num léxico também muito geral; por outro lado, os poetas gauchescos cultivam uma linguagem deliberadamente popular, que os poetas populares não praticam. Não quero dizer que o idioma dos poetas populares seja um espanhol correto; quero dizer que se há incorreções são obra da ignorância. Em compensação, há nos poetas gauchescos uma procura por palavras nativas, uma profusão de cor local. A prova é esta: um colombiano, um mexicano ou um espanhol podem compreender imediatamente os poemas dos cantadores, dos gaúchos, mas precisam de um glossário para compreender, ainda que aproximadamente, Estanislao Del Campo ou Ascasubi. Tudo isso pode ser resumido assim: a poesia gauchesca, que produziu — apresso-me a repeti-lo — obras admiráveis, é um gênero literário tão artificial quanto qualquer outro.[33]

As constatações de Borges a respeito desse garimpo por metáforas que viriam a dar o tom necessário ao padrão *gauchesco* a ser aceito pelos gaúchos leva em consideração um projeto de nacionalidade e uma busca por fundar uma literatura nova, calcada nos valores telúricos voltados para as aspirações dos "verdadeiros" gaúchos. Borges não aprofundou a discussão exatamente sobre um ponto: a da formação dos ideais dos grupos minoritários pelos poetas gauchescos, que exerceram grande influência política e econômica no momento histórico da consolidação de uma nacionalidade necessitada de uma tradição fundadora e carente de uma história, de uma literatura.

A segunda postura — não em confronto com a primeira, mas desenvolvendo outra possibilidade — parte da observação de Guilhermino Cesar sobre essas diferenças entre um *fazer letrado* e uma produção mais popular, caracterizando uma

---

33. Borges, *op. cit.*, p. 289-290.

sensível e significativa abordagem entre uma visão engajada com a construção de uma nacionalidade — tanto no aspecto político quanto cultural — e de uma percepção de vivências e práticas diárias que, em um primeiro momento, não sentia necessidade de exaltar seu cotidiano. Os enfrentamentos bélicos e o ideal de liberdade que a luta trazia consigo uniram-se a um sentimento terrunho, telúrico, de valorização dos costumes campeiros, com vistas a hostilizar a Espanha:

> Do lado de cá da fronteira — tardio como foi o aparecimento da imprensa — não se conhecem documentos literários significativos senão a contar da Revolução Farroupilha. [...] Mas, homens rudes, campeadores ou estancieiros, aquietados à sombra do boi e do cinamomo, seguiram eles a tradição da poesia popular ibérica. [...] Entretanto, essa poesia de meados do século XIX — mesmo nas peças de ocasião — refutou, olímpica, o popular, salvo naquele "soneto de monarquia", publicado em *O corsário*, e daí por diante citado a qualquer propósito, em razão de sua excepcionalidade. [...] O gosto romântico ainda não se implantara entre nós, com sua fome de localismos temáticos e fraseológicos. A regra continuava a ser o lirismo neoclássico, povoado de pastores. [...] Delfina Benigna da Cunha, a Cega, nossa primeira poetisa em idade cronológica, seguiu comportadinha esse pastoralismo artificial. Na poesia de timbre gauchesco viria muitos anos depois, com Taveira Júnior, que reivindicou, aliás, para si mesmo tal prioridade. Mas fosse com o autor das *Provincianas*, fosse com Múcio Teixeira ou Lobo da Costa, nela não entrou aquele plebeísmo por onde viria a ser identificada, no Prata, como um "produto natural", tirado por artes mágicas da boca do povo. O sal grosso, realista/naturalista, que lhe dá sabor aos exemplares mais representativos, surgiu exatamente da concessão feita à *jerga*, conforme havia

A constelação romântica: período formativo

dito Rafael Obligado; isto é, às camadas menos polidas da sociedade.[34]

É também Guilhermino Cesar que apresenta a problemática que envolve a figura de Rafael Obligado, destacando essa situação daquele que possui o conhecimento letrado, mas que acabou por não sucumbir às situações criticadas por Jorge Luis Borges. Guilhermino Cesar comenta que, "quanto a Rafael Obrigado, vale a pena ver como ele próprio se explica: 'Nunca sonhei com ser poeta gauchesco nem imaginei disfarçar-me com uma indumentária e uma mentalidade alheias a meus hábitos e a meus pensamentos, por mais que tenha vivido e ainda viva, grande parte do ano, entre gaúchos de verdade'".[35]

Em outro momento, Rafael Obligado declara que "*nunca me he creído um literato profesional. He tomado la pluma por necesidad orgánica para escribir lo que vieron mis ojos y lo que sintió mi alma. Mis produciones poéticas son el resultado de mi contacto con la naturaleza y mis lecturas históricas*".[36] O autor de *Santos Vega* apresenta uma tentativa de dotar esse fazer literário de um grau de autenticidade próprio ao ponto de acrescentar ao gaúcho mais uma variante de sua personalidade: o *payador*. Incorpora-se, no contexto do romantismo do século XIX, o elemento literário nesse próprio personagem construído, ou seja, esse gaúcho toma para si o seu cantar, mesmo que simbolicamente.

O século XX irá trazer elementos vinculados ao regionalismo, resgatando situações, provocando perspectivas políticas, econômicas e culturais, mas a ideia da *gauchesca* passa a ser reformulada e inserida em outros âmbitos, especialmente no que tange ao folclore, ao nativismo e aos movimentos tradicionalistas que adquirem força exatamente nessa virada de século. A partir de então, o olhar já estava consolidado a ponto da própria gauchesca

---

34. Cesar, *op. cit.*, p. 98.
35. *Ibid.*, p. 56.
36. Rafael Obligado, *Santos Vega*, p. 62.

não se sustentar mais como uma proposta única, necessitando ser atualizada e pensada a partir de outras realidades históricas nas quais os diversos tipos humanos abrigados no termo gaúcho transitavam. Não é por acaso que parte significativa da produção literária que tematizou o gaúcho nas primeiras décadas do século XX abordou uma noção de luto.

A perspectiva daquele tipo humano pertencente ao século anterior passou a ser visto de forma nostálgica, como uma homenagem e uma reconstrução – quase como se houvesse um acordo tácito entre gerações de que haveria a necessidade de uma passagem, de um adeus necessário. Assim, tanto João Simões Lopes Neto nos *Contos gauchescos* quanto José Alonso y Trelles nos versos da *"Paja brava"* acabaram por realizar essa travessia histórica. Lopes Neto apresentando o velho Blau Nunes, pertencente a uma época que antecede a era da velocidade e da máquina, destaca que não se pode construir um futuro pisando no rastro dos antepassados. Alonso y Trelles, por sua vez, também homenageia o homem de outro tempo, *el viejo pancho*, ao externar sua própria desilusão com o passar do tempo no poema *"Desencanto"*. No primeiro verso já deixa clara sua angústia (*"Me retiro, no hay o que ver"*) que é enfatizada na última estrofe quando confronta seu mundo (sua história) com o mundo à sua volta:

> Nada, a volar, a volar!
> Ni estos mis pagos han sido,
> Ni el que como yo los vido
> Los golverá a recordar.
> Voy ande pueda pulpiar
> Y amañar un redomón,
> Ande alegren un jogón
> Gáuchos que digan primores,
> Y hembras que enviden amores
> Al cebar un cimarrón.[37]

---

37. José Alonso y Trelles, *Paja brava*, p. 10-12.

A constelação romântica: período formativo

Esse caráter nostálgico e de identificação por parte de autores que se viam como gaúchos, que elaboravam, sem um esforço aparente, obras literárias ambientadas e marcadas por esse viés identitário, estabeleceu no gênero narrativo nas primeiras três décadas do século XX o que Guilhermino Cesar chamou de "idade de ouro da gauchesca". Cesar comenta que, no que se refere à gauchesca, "o surto de 1925, com Darcy Azambuja e Vieira Pires, no conto; Vargas Netto, Pedro Vergara, Augusto Meyer (este muito moderadamente) e alguns mais na poesia, se foi em parte estimulado pelo Modernismo nascente, do ponto de vista temático não houve novidade; apenas retomou os caminhos de uma tradição".[38] Autores como João Simões Lopes Neto, Alcides Maya, Roque Callage e Ramiro Barcelos (o Amaro Juvenal do poema *Antônio Chimango*) já haviam explorado essa vertente, que precisaria se reinventar dentro da própria tradição ao longo do século XX.

Assim, desde os primórdios do que podemos denominar literatura gauchesca, nos versos daquele sargento espanhol do século XVIII integrante da comitiva de Don Pedro de Cevallos, identificamos cenários construídos pelo imaginário no qual a própria história recua para dar vazão a esse olhar que se renova em sua constante contradição.

Referências

ASCASUBI, Hilario. *Santos Vega o Los mellizos de la flor*. Rasgos dramáticos de la vida del gaucho en las campañas y praderas de la República Argentina (1778-1808). Paris: Paul Dupont, 1872.

BORGES, Jorge Luis. *Obras completas*. Trad. Josely Vianna Baptista. São Paulo: Globo, 1998. v. 1.

BRAUN, Jayme Caetano. Payador, Pampa e guitarra. *In*: BRAUN, Jayme Caetano. *Bota de garrão*. Porto Alegre: Sulina, 1979.

---

38. Cesar, *op. cit.*, p. 40.

BURNS, E. Bradford. *The poverty of progress*. University of California Press: Berkeley, 1980.

CARRIL, Bonifácio del. *El gaucho*. Su origen. Su personalidad. Su vida. Buenos Aires: EMECÉ, 1993.

CESAR, Guilhermino. *Notícia do Rio Grande*. Porto Alegre: IEL; Ed. da UFRGS, 1994.

CORONEL, Luiz. Gaudêncio Sete Luas. *In: Califórnia da Canção Nativa – 20 Anos*. Long Play. São Paulo: RGE, 1990.

ELIADE, Mircea. *Mito e realidade*. 4. ed. São Paulo: Perspectiva, 1994.

FAORO, Raymundo. Antônio Chimango, algoz de Blau Nunes. In TARGA, Luiz Roberto (Org.). *Breve inventário de temas do Sul*. Porto Alegre: Ed. da UFRGS; FEE; Lajeado: UNIVATES, 1998.

FLORES, Moacyr. *História do Rio Grande do Sul*. Porto Alegre: Nova Dimensão, 1990.

FRANCO, Jean. *Historia de la literatura hispanoamericana*. 11. ed. Barcelona: Ariel, 1997.

GOLIN, Tau. *A fronteira*. Porto Alegre: L&PM, 2002.

JOZEF, Bella. *História da literatura hispano-americana*. Rio de Janeiro: Vozes, 1971.

LOPEZ, Luiz Roberto. *História da América Latina*. 2. ed. Porto Alegre: Mercado Aberto, 1989.

MACHADO, Álvaro Manuel; PAGEAUX, Daniel-Henri. *Da literatura comparada à teoria da literatura*. 2. ed. Lisboa: Presença, 2001.

MAROBIN, Luiz. *A literatura no Rio Grande do Sul*. Porto Alegre: Martins Livreiro, 1985.

MATHIAS, Herculano; GUERRA, Lauryston; CARVALHO, Affonso de. *História do Brasil*. Rio de Janeiro: Bloch, 1972.

MEYER, Augusto. *Cancioneiro gaúcho*. Porto Alegre: Globo, 1959.

OBLIGADO, Rafael. *Santos Vega*. 12. ed. Buenos Aires: Kapelusz, 1976.

PORTO, Adélia; RECH, Iara; TORRES, Euclides. A paz dos Farrapos. *Correio do Povo*, Porto Alegre, 20 set. 1995. Suplemento especial, p. I – XXIII.

PORTO ALEGRE, Apolinário. *Cancioneiro da Revolução de 1835*. Porto Alegre: Globo, 1935.

RAMA, Ángel. *Transculturación narrativa en América Latina*. Ciudad de México: Siglo XXI Ed., 1982.

A constelação romântica: período formativo

SCHLEE, Aldyr Garcia. Introdução. *In*: SARMIENTO, Domingos Faustino. *Facundo*: civilização e barbárie no Pampa argentino. Trad. Aldyr Garcia Schlee. Porto Alegre: Ed. Universidade/ UFRGS; EDIPUCRS, 1996.

SILVA, Lígia Osório; SECRETO, Maria Verônica. Terras públicas, ocupação privada: elementos para a história comparada da apropriação territorial na Argentina e no Brasil. *Economia e Sociedade*, Revista do Instituto de Economia da UNICAMP, n. 12, p. 110-141, jun. 1999.

SISCA, Alicia Lídia. La literatura folclórica argentina. Comunicación hecha en la apertura del Coloquio "Las humanidades y el escenario continental", Universidad del Salvador, Buenos Aires, abr. 1998. Disponível em: http://www.salvador.edu.ar/gramma/1/ua1-7-gramma-01-01-04.htm. Acesso em: 18 mar. 2005.

SLATTA, Richard W. *Gauchos & the vanishing frontier*. Lincoln; London: University of Nebraska Press, 1992.

TRELLES, José Alonso y. *Paja brava*. 6. ed. Montevideo: Impresora Uruguaya, 1930.

VALDÉS, Fernán Silva. *Antologia poética (1920-1955)*. 2. ed. Buenos Aires: Losada, 1961.

ZUM FELDE, Alberto. *El proceso histórico del Uruguay*. Montevideo: Arca, 1967.

Sylvie Dion

1.11

Lendas e crenças populares rio-grandenses

O Brasil migrou do campo para a cidade e esqueceu no fundo do sertão e das matas os seus monstros e outros seres da imaginação. Durante séculos, esses seres povoaram a mente de nossos antepassados e hoje alguns estão quase esquecidos.[1]

O território gaúcho é uma área um tanto especial. Primeiro pelo clima, mais próximo do clima europeu do que daquele dos trópicos, com as quatro estações bem definidas: um verão quente e um inverno frio e chuvoso. Antigamente, associado às lutas fronteiriças, o gaúcho era um homem da planície, corajoso e combativo, que tinha o cavalo como seu mais querido companheiro. Em grupos, ele costumava beber o mate, bebida quente e amarga, chamada, no Sul, de chimarrão. Muitas vezes, era nas rodas de chimarrão, momentos de descanso para jogar conversa fora, que se contavam histórias. Hoje em dia, os gaúchos são conhecidos no restante do Brasil por serem homens de honra. Gregário, hospitaleiro e trabalhador, o gaúcho manteve sua paixão pelos cavalos e pelo chimarrão.

As tradições do sul do Brasil oferecem uma mistura advinda do folclore ameríndio, do folclore europeu, principalmente do português, e do folclore afro-gaúcho, ou seja, o folclore dos

---

1. Mário Corso, *Monstruário*: inventário de entidades imaginárias e mitos brasileiros, p. 13.

A constelação romântica: período formativo

africanos escravizados. Encontramos na tradição gaúcha a influência e a mistura dessas três matrizes. Entretanto, encontramos também, de acordo com as regiões, a influência dos folclores italiano, alemão, espanhol e polonês.

A literatura oral é um termo genérico que designa o conjunto das práticas narrativas tradicionais, tais como os mitos, as lendas, os contos, as canções e a poesia popular. A tradição no sentido etnológico representa a totalidade das formas de pensar, de fazer ou de agir que são transmitidas de geração em geração, que são uma herança do passado. Fala-se também de *oratura* para caracterizar essa literatura sem texto, na perspectiva em que ela é constituída pela narração pontual e temporal de um narrador a um ouvinte.

A lenda é uma narrativa tradicional, transmitida de modo oral, que mistura fatos às vezes históricos e elementos sobrenaturais e extraordinários. Esse imaginário sobrenatural é alimentado por representações religiosas e culturais e povoado de entidades como o diabo, os fogos-fátuos, os lobisomens, os fantasmas, os monstros e os santos. Encontramos também seres ameaçadores de origem humana, tal como as bruxas e os bruxos, marginais, criminais e assassinos.

O homem tradicional convive naturalmente com o sobrenatural. O visível, o não visível e o invisível fazem parte de seu universo. Para ele, segundo Bertrand Bergeron, "aquilo que não se vê, não é que não exista; pertence a uma ordem de coisas diferente, superior ou inferior dependendo do caso, e a noite tradicional, opaca e negra, é "um enclave pelo qual transitam os demônios, os lobisomens, os fogos fátuos, os duendes e os fantasmas em suas incursões esporádicas em direção ao visível".[2]

Tendo em vista a grande riqueza do lendário do Rio Grande do Sul, selecionamos um conjunto de histórias e crenças que nos pareceu representativo da tradição gaúcha. Buscamos considerar

---

2. Bertrand Bergeron, "No reino da lenda", p. 5.

255

o passado histórico, por meio das lendas das Missões, das lendas indígenas e das narrativas de escravizados e das crenças populares que retratam os personagens do diabo, dos lobisomens, das feiticeiras e dos fantasmas.

Lendas indígenas e lendas das Missões

Muitas lendas indígenas fazem parte das lendas geográficas e etiológicas que explicam um nome de lugar, a origem de uma planta ou um fenômeno qualquer. Das muitas lendas desse grupo, a mais conhecida até hoje é a lenda do Boitatá, cobra luminosa gigantesca, um parente próximo dos *fogos-fátuos* europeus que assombravam os cemitérios e pântanos:

> E até hoje o Boitatá anda errante pelas noites do Rio Grande do Sul. Ronda os cemitérios e os banhados, de onde sai para perseguir os campeiros. Os mais medrosos disparam, mas para os valentes é fácil: basta desapresilhar o laço e atirar a armada em cima do Boitatá. Atraído pela argola do laço, ele enrosca todo, se quebra e se some.[3]

Outro monstro de origem indígena é a lenda do Jaguarão, monstro anfíbio que vivia no atual rio Jaguarão, que matava e comia somente os pulmões de suas vítimas.

As lendas das Missões são testemunhos da presença dos jesuítas no Rio Grande do Sul e de um período historicamente turbulento. Elas retratam padres jesuítas, indígenas convertidos e também seus inimigos espanhóis e portugueses, muitas vezes apresentados como mercenários e caçadores de escravizados. Entre 1682 e 1701, os jesuítas espanhóis fundaram os Sete Povos das Missões no Rio Grande do Sul. Em 1750, por meio do Tratado de Madri, a Espanha cedeu essas Missões a Portugal. Ficou estabelecido que os habitantes dos Sete Povos (guaranis) seriam levados para o lado espanhol (Argentina e Paraguai), na outra

---

3. Antônio Augusto Fagundes, *Mitos e lendas do Rio Grande do Sul*, p. 33.

A constelação romântica: período formativo

margem do rio Uruguai, deixando para os portugueses tudo o que tinham: estâncias, ranchos, plantações de erva-mate. Os jesuítas e os indígenas, estabelecidos na região, não aceitaram tal decisão; em especial os últimos resistiram, iniciando o conflito chamado de Guerra das Missões. Em 1756, depois de um terrível massacre, que envolveu de um lado forças espanholas e portuguesas e, de outro, os povos originários missioneiros, morreram mais de 1.500 indígenas. Os missionários derrotados deixaram suas Missões, queimaram seus povoados e suas igrejas, carregando uma grande quantidade de objetos sagrados: o tesouro dos jesuítas.

Quando abandonaram as Missões, os padres jesuítas foram perseguidos por mercenários em busca de ouro. Vários jesuítas preferiram, então, livrar-se desses objetos de valor ao invés de abandoná-los em mãos ímpias. Alguns tesouros foram enterrados, outros foram colocados em torres ou casas construídas para tal fim, ou ainda escondidos no subsolo, guardados por fantasmas ou por monstros:

> No tempo dos Sete Povos das Missões, havia um índio velho muito fiel aos padres jesuítas, chamado Mbororé. Com a chegada dos invasores portugueses e espanhóis, os padres precisaram fugir, levando em carretas os tesouros e bens que pudessem carregar. Assim, amontoaram o muito que não podiam levar consigo — ouro, prata, alfaias, joias, tudo! — e construíram em redor uma casa branca, sem porta e sem janela. Para evitar a descoberta da casa pelo inimigo e o consequente saqueio, deixaram o velho índio fiel Mbororé cuidado, com ordens severas de só entregar o tesouro quando os jesuítas voltassem às Missões. Mas os jesuítas nunca mais voltaram. Com o passar dos anos, o velho índio morreu. [...] A casa de Mbororé continua lá num mato das Missões, imaculadamente branca, cuidada dia e noite pela alma do índio fiel que ainda espera a volta dos jesuítas".[4]

---

4. *Ibid.*, p. 52-53.

Outros tesouros foram jogados em lagos profundos, como no caso da Lagoa Vermelha, onde os jesuítas jogaram o cobiçado tesouro ao final de uma batalha sangrenta. Essa lagoa, dita sem fundo, teria ficado vermelha por causa do sangue dos mortos. Mesmo hoje em dia, parece que ninguém se atreve a nadar ou pescar por lá.

Uma das figuras mais marcantes desse ciclo de lendas é São Sepé. Indígena valente, protegido por São Miguel, Sepé lutou até a morte contra a invasão das Sete Missões, repetindo: "Essa terra é nossa! Nós recebemos de Deus e de São Miguel". Sepé Tiaraju nasceu na redução de São Luís Gonzaga em data desconhecida e faleceu em São Gabriel, no dia 7 de fevereiro de 1756. Ele foi um guerreiro guarani que liderou a rebelião contra o Tratado de Madri. Considerado santo popular, virou personagem lendário do Rio Grande do Sul e foi declarado "herói guarani missioneiro rio-grandense" por lei.

Sepé nasceu com um sinal em sua testa, em forma de meia-lua; nas noites escuras, durante os combates, a lua de Sepé orientava os soldados missioneiros. Diz-se que quando ele morreu Deus retirou a lua de sua testa e a colocou no céu dos pampas. Hoje é o Cruzeiro do Sul, a constelação de São Sepé, que serve de guia para todos os gaúchos:

> Trazia um lunar na testa
> E ao morrer diz o refrão
> O lunar de sua a testa
> Tomou no céu posição
> Virou santo, São Sepé
> O Santo da ressurreição.[5]

Da mesma forma, o Rio das Lágrimas, perto da cidade de Bagé, deve seu nome a Sepé. Pressentindo a derrota e a perda de sua

---

5. Paula Simon Ribeiro, *Folclore*: similaridades nos países do Mercosul, lendas, mitos, religiosidade, medicina e crenças do povo, p. 35.

terra tão querida, Sepé chorou tanto que das suas lágrimas nasceu um rio: "Chereçá y apacuí, Chereçá y", rio das lágrimas que eu chorei. Rio das minhas lágrimas.[6]

As lendas dos escravizados

As lendas dos escravizados são muito numerosas no sul do Brasil. Terceiro grupo fundador da região, depois dos indígenas e dos portugueses, os escravizados, originários principalmente da Grande Guiné, de Angola e do Congo, foram associados às principais atividades econômicas da região. Suas narrativas ilustram os maus-tratos sofridos por eles e apresentam, muitas vezes, uma solução milagrosa, uma espécie de justiça divina, reabilitando o escravizado como ser humano e filho de Deus.

Imortalizada por Simões Lopes Neto, a lenda do Negrinho do Pastoreio é certamente a mais popular das lendas gaúchas. Segundo ela, entre os escravizados de uma estância, havia um negrinho, encarregado do pastoreio de animais. "A este não deram padrinhos nem nome; por isso o Negrinho se dizia afilhado da Virgem, Senhora Nossa, que é a madrinha de quem não a tem".[7] O menino estava cuidando de uma tropilha de cavalos no campo e alguns se extraviaram. Ele conseguiu encontrar os animais graças a uma vela sagrada, presente da Nossa Senhora, e trouxe para casa, mas o malvado filho do patrão soltou novamente os animais. A lenda conta a milagrosa ressurreição do pequeno escravizado, acusado pelo cruel patrão de ter perdido um dos animais; depois de apanhar muito, foi atirado para morrer, devorado, em um formigueiro. O jovem foi milagrosamente salvo pela Virgem Maria:

---

6. Disponível em: http://lendasbage.blogspot.com.br/2013/03/a-lenda-do-rio-das-lagrimas. Acesso em: 12 mar. 2019.

7. João Simões Lopes Neto, *Lendas do Sul*, p. 68.

> Então o senhor foi ao formigueiro, para ver o que restava do corpo do escravo. Qual não foi o seu grande espanto, quando chegado perto, viu na boca do formigueiro o Negrinho de pé, com a pele lisa, perfeita, sacudindo de si as formigas que o cobriam ainda!... O Negrinho, de pé, e ali ao lado, o cavalo baio e ali junto a tropilha dos trinta tordilhos... e fazendo-lhe frente, de guarda ao mesquinho, o estancieiro viu a madrinha dos que não a têm, viu a Virgem, Nossa Senhora, tão serena, pousada na terra, mas mostrando que estava no céu... Quando tal viu, o senhor caiu de joelhos diante do escravo.[8]

Desde então, o Negrinho do Pastoreio ficou sendo o achador dos objetos perdidos. É preciso acender um toco de vela para Negrinho do Pastoreio e dizer "Foi por aí que eu perdi".

Santa Josefa era uma jovem escravizada muito bonita da região de Cachoeira do Sul. Ela foi assassinada por seu patrão por ter recusado suas investidas. Poucos dias depois do funeral, viu-se verter sangue da sepultura simples de Josefa. Avisado do milagre por outros escravizados, o patrão arrependido mandou construir uma capelinha em memória da virtuosa moça, que se tornou uma santa popular.

Submetidos a condições de vida desumanas, muitos escravizados fugiam. Eles eram então perseguidos, e recompensas, oferecidas por suas cabeças. Outros escolhiam a fuga final, ou seja, o suicídio. A Lagoa Negra, na cidade de Osório, é assombrada pelo fantasma de um jovem negro, que pôs fim a seu martírio, enforcando-se em uma árvore à margem da lagoa. Sua figura lúgubre ainda aparece certas noites, balançando ao vento.

Bode expiatório por excelência, o escravizado era o primeiro a ser acusado dos crimes. Assim, durante a construção da igreja de Nossa Senhora das Dores, em Porto Alegre, uma pedra preciosa da estátua da Virgem desapareceu; um padre acusou de furto um

---

8. *Ibid.*, p. 73.

A constelação romântica: período formativo

pedreiro escravizado. Ele foi condenado à forca, mas antes de morrer gritou a injustiça: "Vou morrer porque sou escravo, mas vou morrer inocente. A prova da minha inocência é que essas torres nunca vão ficar prontas!"[9]. Após sua morte, a construção da Igreja desacelerou de modo que as torres permaneceram inacabadas. O padre acusador, tomado por remorso, confessou seu crime. Ele próprio havia roubado a joia para oferecer como presente a uma de suas amantes!

A presença do diabo

O diabo é provavelmente o personagem mais importante e popular dos seres fantásticos que povoam o universo lendário. O diabo para as pessoas simples é, entretanto, bem diferente da figura literária ou teológica: ele é um personagem incomodante e familiar, temido em razão da sua capacidade nociva, que ele introduz nas pequenas coisas da vida cotidiana. "Lixeiro de Deus", o diabo vem punir os pecadores e os maus cristãos no lugar de Deus. Na mentalidade popular, ele representa, de fato, a má-consciência, que se vê, assim, aliviada de vários problemas, já que é o Diabo que nos empurra a essa má-conduta. Instrumento de controle social, punindo os transgressores, o diabo recolhe os frutos da tentação, do vício e do tormento. Ele é, ao mesmo tempo, tentador e algoz.

No Brasil, segundo Luís da Câmara Cascudo, encontramos o diabo português com os mesmos processos, as mesmas seduções e os mesmos medos. Os poderes e os hábitos demoníacos no Brasil são idênticos aos europeus. Encontramos aí o diabo pactuante, punidor, belo dançarino, sob os traços de um jovem mestiço, muito belo e sedutor.

Regra geral, o gaúcho não gosta de pronunciar a palavra diabo porque ele crê que, ao repetir o nome do diabo várias

---

9. Fagundes, *op. cit.*, p. 125.

vezes, este aparecerá durante a noite, batendo um martelo. Em compensação, tem-se o costume de utilizar outras denominações como tinhoso, vermelhinho, demônio etc., ou ainda algumas deformações, entre as quais, dianho ou diacho. Vários provérbios e expressões populares fazem igualmente referência ao diabo: "Mulher com bigode, nem o diabo pode", "Quando o diabo não pode vir, manda o secretário", "Deus existe para me dar o que o diabo me tirou", ou ainda "Quando se está no inferno, não custa nada abraçar o diabo".

Acredita-se que o diabo é proprietário de certos lugares. Algumas estradas ou trechos pertenceriam a ele, tal o número de acidentes com mortes que acontecem aí. Em Soledade, entre outras, conta-se que, em uma noite fria e nevoenta, chegou um ônibus quase vazio. No banco da frente, dois homens discutiam os numerosos acidentes fatais que haviam acontecido na estrada entre Soledade e Passo Fundo. Um deles disse que os acidentes iriam diminuir, pois a polícia federal iria, em breve, instalar um posto de vigilância na saída da cidade. No banco de trás, um jovem mestiço, cabelos crespos e dentes muito brancos, divertia-se muito com a conversa dos dois homens. Pouco depois, o ônibus parou em um restaurante para uma curta pausa. Os homens desceram, e o jovem mestiço passou entre eles e disse: "A polícia não vai servir pra nada aqui. Esta estrada me pertence daqui até o riacho Tigela. Vai continuar a morrer gente, cada vez mais!".[10] Os dois homens perguntaram-lhe quem era. Como resposta, ele afastou-se rindo e desapareceu dentro da cerração, deixando atrás de si um cheiro de enxofre.

O diabo pactuante se encontra em várias regiões do sul do Brasil. As fortunas adquiridas rapidamente e a prosperidade súbita de certos proprietários de terras são frequentemente atribuídas a um pacto com o diabo. Assim, conta-se que um criador da cidade de Soledade teria ganhado sua fortuna com

---

10. *Ibid.*, p. 16.

A constelação romântica: período formativo

um pacto com o diabo, segundo o qual ele lhe entregaria seu próprio filho. Da mesma forma, uma comerciante cujos negócios não iam bem teria trocado sua alma por uma nova prosperidade. Ainda em Soledade, uma professora muito conhecida pela população foi surpreendida comprando velas vermelhas. Seus alunos, intrigados, seguiram-na até uma pedreira isolada onde ela acendeu quatro velas dispostas em cruz, invocando o diabo para obter... um marido.[11]

Encontramos, também, o diabo sob o aspecto de um belo dançarino, ameaçando as jovens que gostam bastante da dança e que têm tendência a dispensar seus noivos pelo primeiro estrangeiro que chegar. O belo dançarino teria aparecido em vários municípios do Rio Grande do Sul, durante bailes de carnaval e reuniões dançantes. Ele teria aparecido, por exemplo, em Encantado, em 1930. A jovem em questão ficou conhecida como a noiva do diabo. Igualmente sua aparição teria ocorrido em Uruguaiana, durante o carnaval de 1942, e em Osório (data não precisa), durante uma festa, numa quarta-feira à noite.[12]

O diabo aparece aí com traços de um jovem mestiço, estranho na cidade, muito bonito, sorridente e simpático. Rapidamente, ele corteja a jovem da casa ou a mais bela do baile e começa a dançar com ela. Por volta da meia-noite, a irmã da jovem, que suspeita de alguma coisa, começa de repente a gritar: "O pé redondo!", "O casco!". Logo a mãe da jovem se lança contra o diabo e lhe retira sua filha. Assim descoberto, o belo dançarino desaparece em uma nuvem de pó, deixando atrás de si o cheiro característico de enxofre.

> Todos viram. Os músicos e bailarinos também foram parando. E logo foram avançando para a dupla, que tinha parado no meio do salão, fechando um círculo, em silêncio.
> Só o rapaz do "pé redondo" sorria sempre. Quando não era

---

11. *Ibid.*, p. 16-17.
12. *Ibid.*, p. 19-20.

mais possível escapar, ele deu um estrondo muito forte e desapareceu numa nuvem de enxofre para cima, furando o pesado teto do primeiro piso e o teto do próprio casarão no segundo andar, destruindo tudo. E desapareceu.[13]

O diabo vem também punir o pecado do orgulho, como nos é dito no conto da rica e orgulhosa senhora que recusou dar a mão de sua filha a um jovem rapaz pobre, mas honesto e trabalhador, dizendo que preferia casá-la com o diabo em vez de um pobre. Logo um jovem rico se apresenta, dizendo-se proprietário de vários bens e pede a jovem em casamento. Eles se casam e após um mês o marido desaparece sem deixar vestígio. A jovem grávida dá à luz a uma criança estranha: ela tinha um rabo, dentes e falava. Viveu apenas algumas horas... A parteira conta que se tratava realmente do diabo em pessoa e que ele tinha vindo para punir a mãe do seu orgulho.[14]

O diabo aparece e vem punir os jogadores de cartas e dados, os bêbados inveterados e as jovens levianas. Às vezes, ele aceita desafios: disputa de canto, briga de soco propriamente dito, na qual o ferrabrás do lugar pode se medir com um adversário à altura. Essas narrativas representam um homem bem comum, que desafia o diabo unicamente com sua força física, reforçando, assim, a superioridade do bem sobre o mal, dentro da ordem estabelecida.

O lobisomem

Em todas as cidades, vilarejos e povoados do Brasil, o lobisomem tem sua crônica. Ninguém o ignora e são raros os que não têm um depoimento curioso sobre a abantesma.[15]

---

13. *Ibid.*, p. 20.
14. Terezinha Bertol Borghetti, *O diabo na região de colonização italiana.*
15. Luís da Câmara Cascudo, *Geografia dos mitos brasileiros*, p. 183.

A constelação romântica: período formativo

De um ponto de vista genérico, o lobisomem é um homem que, em vida, se transforma em lobo ou em animal nas noites de lua cheia. Ser híbrido, mistura de humano e animal, ele é colocado à margem da humanidade. O lobisomem se caracteriza por um comportamento bestial, uma força brutal e uma falta de escrúpulos. Assim como a bruxa, ele tem a reputação de atacar crianças, mulheres e pessoas em posição de fraqueza. Vagabundo noturno e solitário, ele jamais ataca um grupo de pessoas, mas de preferência o viajante perdido na noite. A metamorfose na mentalidade popular é frequentemente o resultado de uma herança ou de um contágio, ou ainda de uma punição divina. O lobisomem é associado ao pecado, aos cultos pagãos e à selvageria da natureza. É simbolicamente o estrangeiro em meio à figura familiar; o Outro que está em nós.

De um modo geral, são pessoas de comportamento estranho à sociedade. Elas vivem isoladas, nunca as vemos comer durante o dia e desaparecem completamente durante a noite. É possível reconhecer um lobisomem sob a forma humana, visto que ele conserva durante o dia os estigmas (feridas, arranhões) de suas caças noturnas.

Os gaúchos acreditam que o sétimo homem de uma família deve ser batizado pelo primogênito da mesma; se não, essa criança será condenada a se transformar em animal, cachorro ou porco, raramente em lobo, certas noites, principalmente às terças e às sextas-feiras. A metamorfose pode ser também o resultado de uma punição divina após relações sexuais condenáveis, principalmente incestuosas, ou após uma excomunhão, o que retira a proteção divina do sujeito e o torna, por consequência, uma presa fácil para o diabo.

O lobisomem, geralmente, é um homem branco, de pele grossa, magro, de olhos fundos, dentes salientes e de aparência bastante alaranjada e pálida. Ele mora sozinho ou com uma

265

velha estranha, que, por vezes, é sua mãe. Ele também pode ser casado com uma mulher que ignora o fato.

Quando um velho lobisomem pressente a morte, a crença pede que ele transmita o fado a uma pessoa mais jovem; do contrário, sofrerá atrozmente. Ele espera que uma criança passe por perto para simplesmente lhe perguntar: "Tu queres?" Como a criança pensa que ele quer lhe oferecer um presente, ela responde "sim" de forma espontânea. O velho pode então morrer contente.

A crença popular gaúcha vê o lobisomem mais como vítima que deve cumprir seu destino (fado) ou sua punição, que é o de se transformar em animal e de correr durante noites inteiras. Por vezes, ele tem um itinerário complexo a ser cumprido: visitar sete cemitérios de igrejas, sete vilarejos, sete encruzilhadas e voltar ao seu ponto de partida. Conforme a tradição europeia, pode-se libertar um lobisomem, jogando-lhe algum objeto metálico, ou com a ajuda de uma bala mergulhada na cera de uma vela que serviu a três missas consecutivas.

Em fevereiro de 1996, o jornal *Zero Hora* relatou uma história de lobisomem que tinha causado pânico no bairro de Campestre Menino Deus, em Santa Maria.[16] O bicho aparecia apenas à noite, rosnando, os olhos como brasas, atacando cães e outros animais de estimação. O proprietário de uma loja de bairro teria até mesmo feito uma lista de possíveis suspeitos, sem revelá-la é claro, pois muitas pessoas conhecidas estariam envolvidas.

No sul do Brasil, as mulheres não são isentas da metamorfose e da punição divina após relações sexuais tabus. Quase idêntica ao lobisomem por seu comportamento, a mula sem cabeça é uma mulher punida por ter mantido relações sexuais com um padre. Ela se vê condenada a se transformar em mula e a correr à noite, geralmente de terça a sexta, galopando freneticamente e lançando fogo pelas narinas. Para libertá-la, é preciso retirar seu freio ou,

---

16. "O causo do lobisomem", *Zero Hora*, 3 fev. 1996, p. 52.

como no caso do lobisomem, extrair-lhe um pouco de sangue. É interessante notar que essa metamorfose em mula, que pune a mulher adúltera e o sacrilégio, não é totalmente gratuita, visto que, simbolicamente, esse animal híbrido representa a esterilidade e é reconhecido por sua hipocrisia, seu caráter imprevisível e obstinado, distribuindo patadas quando menos se espera.

As feiticeiras

As feiticeiras são vistas como pessoas más que fazem o mal pelo mal. A crença em feiticeiras, bem viva no Rio Grande do Sul, prevê um conjunto de precauções para proteger-se da má-sorte. O nascimento de uma feiticeira é semelhante ao de um lobisomem: a sétima filha de um casal vira bruxa, a menos que seja batizada pelo mais velho da família. As feiticeiras atacam principalmente as crianças, os animais pequenos, e qualquer planta ou semente em crescimento, porque elas não têm, segundo dizem, a força necessária para enfrentar os seres adultos. A principal arma da feiticeira é o olho grande que ela põe em quem ela quer fazer mal. Os pintinhos ou leitões que têm a infelicidade de vê-la morrem no local. As crianças enfeitiçadas ficam amarelas e enfraquecem a olhos vistos.

As feiticeiras são acusadas de chupar os umbigos de recém--nascidos, o que tem o efeito de enfraquecer os bebês. A melhor maneira de afastá-las é fazer um amuleto, ou ainda usar um chifre de boi e um ramo de arruda, que são colocados próximo ao berço. Assim, o primeiro presente que um recém-nascido recebe é um pequeno amuleto de ouro ou madeira na forma de um punho fechado, que deve estar sempre colocado perto do corpo do bebê. Da mesma forma, na porta principal da casa, recomenda-se pendurar um chifre de boi e alguns galhos de arruda. Também é aconselhável plantar no jardim um pé de arruda porque as feiticeiras odeiam o cheiro.

Como eliminar uma feiticeira? É preciso remover todos os móveis na peça principal e colocar-se no centro dela; a dona da casa deve repetir três vezes, em voz alta, o nome da mulher suspeita de ser uma feiticeira. Momentos depois, a feiticeira deve aparecer no quarto, dizendo "A senhora me chamou, vizinha?", e o encanto é, então, quebrado. Para libertar uma criança amaldiçoada, basta pegar um pedaço de suas roupas, várias agulhas e espetar tudo. A feiticeira aparecerá muito rapidamente, gritando de dor.

Assombrações e devoção popular

Na mentalidade popular, um fantasma é uma criatura sobre-natural, uma visão que interpretamos como manifestação do espírito de um morto, prisioneiro na terra, pois não teria achado o descanso ou teria voltado do além para realizar uma vingança; para ajudar o próximo; para pedir algo, muitas vezes orações; para realizar uma promessa ou errar na terra como punição de suas más ações passadas. O retorno do espírito do morto é intimamente ligado ao cerimonial da morte, último rito de passagem. Os defuntos são considerados vivos de um jeito particular. Eles não são imortais, mas em transição entre a vida e a morte durante um certo tempo. A morte, a passagem da vida até o falecimento, é considerada como progressiva, e é do dever dos vivos assegurar ao morto o ritual de sua última passagem em direção à sua nova vida. A última separação estava ligada à ideia da morte ideal, da boa morte, da morte lenta e consciente e esperada, em companhia do padre e dos próximos.

O Brasil herdou de vários ritos fúnebres cristãos europeus, traços culturais dos grupos que contribuíram em sua formação. Segundo Câmara Cascudo, a crença queria que a alma abandonasse o corpo no último suspiro, mas se mantivesse no local e somente seguindo seu destino depois que o corpo fosse sepultado, ou após a missa de sétimo dia ou até o momento no

A constelação romântica: período formativo

qual a família vestisse as roupas do luto. Qualquer promessa feita pelo morto deve ser cumprida, senão a alma não descansará. A boa morte era igualmente ligada à vida do bom cristão e se opunha à morte trágica ou à morte desonrada. Os acidentes e os afogamentos que implicavam uma morte sem padre, sem sacramento e sem sepultura eram temidos. Assassinos, crianças mortas sem batismo, pessoas de má reputação (excomungados, heréticos, bêbados, prostitutas) ou pessoas que teriam morrido em circunstâncias violentas e não habituais, como os suicidas ou os assassinados, arriscavam ser excluídos do cemitério e enterrados na margem, numa seção dita não benta. Privados dos sacramentos da igreja no momento da morte, às vezes excluídos do cemitério, esses defuntos eram os mais suscetíveis a voltar a assombrar o mundo dos vivos.

Damas de brancos e santas prostitutas

A Dama de Branco é uma expressão genérica do folclore universal para designar as diversas aparições de mulheres vestidas de branco: moças, noivas, santas, prostitutas. Vítimas em vida e após a morte, as Damas de Branco são fantasmas de jovens assassinadas ou que se suicidaram, ou que morreram de maneira trágica em acidentes. No sul do Brasil, encontramos a história da moça do cemitério, da morte do baile ou da moça que dançou depois de morta, da mulher de branco da Lagoa dos Barros e da prostituta Maria Degolada.

Essas histórias fazem geralmente menção à aparição de uma bela jovem, vestida de branco, com um vestido, porém, muitas vezes ultrapassado, de outra época. Ela aparece sempre à noite na beira dos lagos ou das estradas, ao final de um baile. Os motoristas que oferecem carona terão a surpresa no meio do caminho, qual seja, a de constatar a desaparição da bela passageira. Outras vezes, ela dará o seu endereço para o motorista, que acaba por ser o mesmo do cemitério local.

A lenda da moça que dançou depois de morta é, segundo Fagundes, muito popular em Porto Alegre:

> Diz que um moço foi a um baile, no bairro da Glória, numa noite de sábado. Lá, viu uma moça muito bonita e triste. E sozinha, o que era uma coisa incomum, à época. Dançou com ela o que deu, até que à meia-noite ela disse que precisava ir para casa.
>
> Encantado com sua beleza e comportamento, o moço quis acompanhá-la, ainda mais porque ela estava sozinha. Ao saírem à rua, a moça estremeceu de frio e se abraçou, arrepiada. Então o rapaz, muito educado, ofereceu-lhe a capa, na qual ela se enrolou, agradecida.
>
> Os dois atravessaram o morro da Glória — onde fica o cemitério — e desceram um pouco a lomba, como quem vem para o centro. Diante de uma casa a moça parou e disse: "Eu moro aqui". Quis devolver a capa, mas o rapaz não aceitou, pensando numa desculpa para ver a moça ao meio-dia de domingo... Ela sorriu e nada disse, entrando na casa.
>
> No domingo, perto do meio-dia, o moço voltou à casa, teoricamente para rever a capa, mas na realidade esperando um convite para almoçar e, quem sabe, começar um namoro. Foi recebido por um homem maduro e muito triste. O rapaz só então se deu conta de que não tinha perguntado o nome da moça, na noite anterior. Vai daí, disse ao velho:
>
> — O senhor é o pai da moça que mora aqui?
>
> — Aqui não mora moça nenhuma. – Disse o homem triste.
>
> — Mora, sim. Eu vim com ela ontem de um baile e ela entrou aqui. Emprestei a minha capa para ela, porque estava frio e fiquei de vir buscar hoje...

A constelação romântica: período formativo

— É engano seu, deve ter sido noutra casa. — Contestou o velho.

E, ao abrir um pouco mais a porta, o rapaz espiou para dentro e viu o retrato da moça na parede. Alegrou-se, apontando:

— Olhe, lá está ela, é aquela do retrato!

Para surpresa dele, o velho olhou e disse:

— Aquela é minha filha, que morreu faz um ano.

O rapaz ficou abobado. Não queria acreditar. Era tão sincera sua surpresa que o velho se ofereceu para levá-lo ao túmulo da filha, no cemitério ali em cima. Foram. E lá estava o túmulo da moça, com seu retrato na cruz, e em cima do túmulo, a capa do rapaz.[17]

A seguir, outra história de aparição da Dama de Branco e a lenda da Lagoa dos Barros, que lembra a morte trágica de uma noiva:

Mas, entre todas as lendas envolvendo a Lagoa dos Barros, com certeza a mais difundida e também macabra nasceu de um fato verídico. O famoso assassinato que movimentou Porto Alegre em 1940, quando o noivo da jovem Maria Luiza matou-a e jogou seu corpo na lagoa, amarrado a uma pedra. Moradores dizem que já encontraram uma mulher de branco à noite, perto da lagoa. Quando foram em sua direção, um vento fortíssimo começou a sacudir as árvores chegando a arrancar pedaços do solo. De repente, a figura sumiu sem deixar vestígio. Outra história sobre a mulher de branco surgiu em 1958, quando dois caminhoneiros a viram andando na beira da estrada que margeava a Lagoa dos Barros, à noite. Estranhando encontrar uma mulher sozinha àquela hora eles pararam para investigar, mas a figura desapareceu. As histórias sobre visões da mulher

---

17. Fagundes, p. 164-165.

> de branco que perambula pela lagoa à procura do seu
> noivo-assassino continuam se repetindo até hoje, às vezes
> assustando muitas pessoas.[18]

No conjunto do Brasil, existem diversas santas que são o objeto de um culto popular chamado "as santas prostitutas", devido a sua ocupação durante sua vida terrestre. Todas eram jovens e belas mulheres, charmosas, reconhecidas como caridosas em relação aos mais desprovidos, mas de vida ruim. Putas de profissão, moças fáceis ou proprietárias do bordel local, resumindo, jovens mulheres vulgares para a época, maquiadas, vestindo vestidos de noite escandalosos, tendo joias e acessórios de luxo, que fumavam cigarro e tomavam cachaça em companhia de homens, "uma baita puta!", "uma verdadeira puta", contam os informantes, referindo-se à Maria Isabel, de São Gabriel, mas que adorava as crianças e os pobres, distribuindo bombons, chocolates, dinheiro, remédios e presentes a quem precisava. Todas essas jovens mulheres conheceram um fim trágico. Geralmente elas foram assassinadas por um amante ciumento, mais frequentemente um policial ou militar, e houve casos em que elas se suicidaram, como o de Jandira de Campinas, que, abandonada por seu amante e desesperada, ateou fogo às suas roupas e morreu queimada. Embora sua marginalidade evidente, elas parecem toleradas e integradas à vida social, sobretudo nas camadas populares, em virtude de sua compaixão em relação aos pobres e desprovidos, conforme testemunha uma informante de Antônio Augusto Fagundes: perto da capela de Maria do Carmo "diz que era uma mulher da vida, mas era uma das nossas".[19]

Imediatamente após suas mortes trágicas, elas se tornam mártires e, pouco a pouco, santas populares. Conforme nota

---

18. Disponível em: http://rsemfoco.blogspot.com/2008/10/lendas-e-mitos-da-lagoa-dos--barros.html. Acesso em: 15 mar. 2019.

19. Antônio Augusto Fagundes, *As santas prostitutas, um estudo de devoção popular no Rio Grande do Sul*, p. 67.

A constelação romântica: período formativo

Fagundes, elas reúnem os elementos instigadores necessários para uma futura canonização popular: a prostituição, a bondade, a morte trágica pelas mãos de uma agente da paz e da ordem e os milagres.[20] Enfim liberadas do peso de sua vida terrestre, elas continuam após a morte a praticar, por meio do milagre, a caridade em relação aos indigentes. Geralmente, a população ergue uma pequena capela no lugar do drama, onde os fiéis vêm rezar, pedir graças e oferecer presentes em agradecimento aos favores obtidos. As oferendas variam de acordo com a santa, mas, como elas eram prostitutas de profissão, frequentemente os devotos oferecem cachaça, charutos e cigarros, velas e flores.

O primeiro caso é o de Maria do Carmo, de São Borja, cidade fronteira com a Argentina, que conheceu um fim particularmente cruel. Prostituta que gostava um pouco demais da cachaça, ela foi assassinada e depois esquartejada por um militar ciumento, na saída de um baile, por volta de 1890. Seus restos foram encontrados espalhados por um pequeno bosque. Foi construída uma pequena capela em sua memória, no suposto local do crime. Os fiéis oferecem-lhe cachaça, charutos e flores e se ocupam de pintar periodicamente a capela.

A segunda santa chama-se Maria Isabel, originária de São Gabriel, dita a "Guapa". Segundo a lenda, ela era uma bela cigana, proprietária de um bordel e amante de um homem casado, rico proprietário da região. Ela gostava de dinheiro, joias e de longas saias muito coloridas. As crianças e os pobres a adoravam-na, devido a sua bondade em relação a eles: ela tinha bom coração, e teria sido assassinada a pedido da esposa traída. O crime foi abafado pelas autoridades locais em função da notoriedade das pessoas envolvidas, mas chocou a população, que considerava Maria Isabel uma espécie de protetora dos pobres. Pouco depois de sua morte, ela foi espontaneamente canonizada

---

20. *Ibid.*

pelo povo, foram-lhe atribuídos milagres e lhe construíram uma capela perto de sua sepultura, no cemitério da cidade.

Enfim, da vida de Maria Degolada algo se sabe. Segundo Antônio Augusto Fagundes, existem várias versões da lenda da Maria Degolada, também chamada de Maria da Conceição ou, mais raramente, de Maria Francelina. A versão mais frequente apresenta Maria Degolada como uma jovem prostituta ou uma moça frívola, nos seus vinte e poucos anos, amante de um militar. A lenda conservou mais os detalhes dos *fait divers* do que o que precede o evento. Conta a lenda de Maria Degolada:

> [...] no dia 12 de novembro de 1899, [...] Bruno Soares Bicudo, um soldado conhecido como Brum, do 1º Regimento de Cavalaria da Brigada Militar gaúcha, combinou um piquenique com sua namorada Maria Francelina Trenes, de 21 anos, e mais os seus amigos e também soldados Felisbino Antero de Medina, Manoel Alves Nunes e Manoel Antônio Vargas, que deveriam comparecer acompanhados de suas respectivas esposas. O local escolhido foi um morro situado no atual bairro Partenon, defronte ao terreno onde funciona o Hospital Psiquiátrico São Pedro, na avenida Bento Gonçalves e que, na época, ainda se encontrava coberto pelo mato e algumas árvores. Foi ali que a excursão dos jovens se prolongou por algumas horas de alegria descontraída, e quando o churrasco acabou, Bruno e Maria Francelina afastaram-se do grupo porque haviam iniciado uma pequena discussão. Depois disso a tarde avançou sem novidades até o momento em que os demais participantes do passeio se deram conta de que a ausência dos dois se prolongava por tempo além do razoável. Então eles começaram a procurá-los pelas redondezas, encontrando o soldado ao lado de uma figueira, com uma faca na mão, e a moça estirada no solo, toda ensanguentada. Ela havia sido degolada pelo rapaz que a acompanhava. Desorientados com aquela tragédia que não conseguiam entender,

A constelação romântica: período formativo

os três militares trataram de comunicar o ocorrido aos seus superiores hierárquicos no regimento, e de lá foi enviada imediatamente uma guarnição que desarmou o assassino e o levou preso para o quartel (Fernando Kitzinger Dannemann).[21]

Em seguida de seu assassinato, Maria Francelina, agora chamada pela população local de Maria Degolada, começou a aparecer perto da figueira sob forma de uma luz ou de uma dama de branco, gemendo e chorando. Pouco a pouco as populações na periferia de Porto Alegre começaram a considerar Maria Degolada como uma santa que acolhia as demandas e as preces dos mal-afortunados. Depois de uma sessão de espiritismo realizada nas proximidades do local do crime, o boato correu, divulgando que a jovem mulher não queria que se lembrassem dela como Maria Degolada, mas como Maria Francelina ou Maria da Conceição. Nessa época, um pequeno vilarejo começava a nascer sobre a colina, e o povo do vilarejo, na ocasião de uma reunião, ergueu uma pequena capela em memória da jovem assassinada, que ainda hoje é visitada por muitas pessoas que vêm pedir favores, principalmente relacionados a amores perdidos ou contrariados e a mágoas do amor. A crença quer que Maria Degolada receba demandas de todos, exceto de policiais.

O lendário, um álbum de família

Forma de autobiografia coletiva, a lenda é a história dos pais, contada pelo povo. Cada narrativa contribui para esse álbum de família: ele é um traço da pequena e da grande história coletiva. A narrativa lendária apela para uma cultura comum ligada tanto ao cotidiano quanto à história do grupo, os lugares são familiares, os personagens são conhecidos. O evento sócio-histórico de onde

---

21. Disponível em: http://www.efecade.com.br/maria-degolada-porto-alegre-rs/. Acesso em: 15 mar. 2019.

parte a narrativa fica a cargo do grupo, que o preenche com seus valores e padrões de comportamento. Mais do que uma simples narrativa visando a divertir, a lenda explora os valores morais do grupo, acentuando, por vezes, um exemplo a seguir, um modelo de indivíduo e, em outras, um contraexemplo, um comportamento errado, a evitar. Baseado na crença alimentada pelo medo, nascido da necessidade de delimitar as fronteiras do moral e do imoral, do permitido e do proibido, a lenda é uma narrativa de prevenção e de advertência. O conhecimento que ela nos oferece do passado se enraíza no interior do grupo restrito e visa transmitir os valores desse grupo. Assim, cada lenda é o espaço de uma reinterpretação dos fatos. Todo esse universo de exemplos, regras e modelos, contribui para estruturar a relação que estabelecem os indivíduos com a maneira como eles se comportam e a maneira com seus ancestrais viviam e se comportavam. Para uma coletividade, a lenda representa a valorização de seu passado, de suas tradições, de seus valores. Ela deseja ser uma apropriação popular da história, dizendo-nos como os membros de uma comunidade perceberam os grandes ou pequenos acontecimentos históricos. [22]

Referências

BERGERON, Bertrand. No reino da lenda. *Cadernos do Programa de Pós-Graduação em Letras da FURG – Série Traduções*, Rio Grande, n. 6, set. 2010.

BORGHETTI, Terezinha Bertol. *O diabo na região de colonização italiana*. Porto Alegre: Faculdade de Música Palestrina, 1982.

CASCUDO, Luís da Câmara. *Geografia dos mitos brasileiros*. São Paulo: Global, 2002.

CASCUDO, Luís da Câmara. *Anthologia do folklore brasileiro*. São Paulo: Martins, 1954.

---

22. Gostaria de agradecer a Danieli Barroco de Quadros pela tradução da primeira versão deste trabalho e a Fabiane Resende pela revisão textual de língua portuguesa.

A constelação romântica: período formativo

CASCUDO, Luís da Câmara. *Dicionário do folklore brasileiro*. Rio de Janeiro: Instituto Nacional do Livro, 1954.

CASCUDO, Luís da Câmara. *Literatura oral no Brasil*. Rio de Janeiro: José Olímpio; MEC, 1978.

CASCUDO, Luís da Câmara. *Lendas brasileiras*. São Paulo: Global, 2002.

CORSO, Mário. *Monstruário*: inventário de entidades imaginárias e mitos brasileiros. Porto Alegre, Tomo, 2004.

DION, Sylvie. A metamorfose: O lobisomem na lenda quebequense e brasileira. In: BERND, Zilá (Org.). *Escrituras hibridas, estudos em literatura comparada interamericana*. Porto Alegre: Ed. da UFRGS, 1998.

DION, Sylvie. Transmissão, transgressão e identidade cultural, estudo comparativo do lendário do Quebec e do Rio Grande do Sul. Rio Grande. *Cadernos Literários*, v. 10, p. 71-78, 2005.

DION, Sylvie. Fantasmas femininos e imaginários coletivos, os casos de Marie-Josephte Corriveau e Maria Degolada. In: BERND, Zilá (Org.). *Imaginários coletivos e mobilidades (trans)culturais*. Porto Alegre: Nova Prova, 2008.

FAGUNDES, Antônio Augusto. *Mitos e lendas do Rio Grande do Sul*. Porto Alegre: Martins Livreiro, 1992.

FAGUNDES, Antônio Augusto. *As santas prostitutas, um estudo de devoção popular no Rio Grande do Sul*. Porto Alegre: Martins Livreiro, 2003.

HAASE FILHO, Pedro. *Lendas gaúchas*. Porto Alegre: RBS Publicações, 2007.

LAYTANO, Dante de. *Folclore do Rio Grande do Sul*. Porto Alegre: EST; EDUCS, 1987.

LOPES NETO, João Simões. *Lendas do Sul*. Porto Alegre: Martins Livreiro, 1991.

MARQUES, Lilian Argentina; RIBEIRO, Paula Simon; SANCHO-TENE, Rogério F.; CAMPOS, Sonia S. *Rio Grande do Sul, aspectos do folclore*. Porto Alegre: Martins Livreiro, 1992.

RIBEIRO, Paula Simon. *Folclore*: similaridades nos países do Mercosul, lendas, mitos, religiosidade, medicina e crenças do povo. Porto Alegre: Martins Livreiro, 2002.

Donaldo Schüler

1.11.1
Sua Majestade, o Tatu

Tatu? Por iniciativa própria não retornaria a ele. Pensando bem, não escrevi nada que não tivesse sido solicitado. Nunca me ocorreu ser tradutor. Lacanianos me levaram a traduzir *Finnegans Wake*. Uma das minhas editoras me encomendou traduções de Homero e de Sófocles. A docência me conduziu à literatura grega, à teoria literária, ao ensaio, ao teatro, ao romance, à poesia. Agora vem a solicitação de um inquieto, indagativo, produtivo, antigo aluno meu, Luís Augusto Fischer, para eu voltar ao Tatu. Como recusar? Já não é meu pai que me chama ao Tatu, é um investigador. Sou guiado pelo afeto dos que me precedem e dos que me seguem.

Onde procurar o Tatu? Como Fausto invoco espíritos. O Tatu vive dentro de mim. Desço em busca dele. Encontro o pai que já me deixou há... Quantos anos? Muitos! Recebi dos lábios dele, tropeiro, os primeiros versos que falavam do Tatu. Volto a ouvir a voz que me fascinou nos meus verdes anos. Converso com o homem a quem devo a vida e a cultura campeira. Aproximo-me com reverência. Penumbra e as sombras indicam que estou no Reino dos mortos, paragens frequentadas por Ulisses em busca de quem pudesse ajudá-lo a encontrar a rota que leva a Ítaca. Reconheço imagens que já não vejo há muito. De Homero aprendi que os corpos que navegam nos ares anoitecidos se desfazem nos braços de quem tenta aconchegá-los. Recorro à

A constelação romântica: período formativo

metempsicose praticada por Joyce. O irlandês invocou Ulisses, apareceu Leopold Bloom, um Ulisses renovado. Os tempos são outros, a história escreve, transfere, transforma. Vejo meu pai. Parece o mesmo, embora seja outro. De cuia na mão, convida-me a tomar lugar junto ao fogão. Aceito porque a madrugada é fria. Agora, quem fala sou eu.

O que mudou? O espaço se alargou, pai. Disse um mineiro que o sertão é o mundo, e do Pampa não falamos outra coisa. Há muitos e muitos séculos vivia em Mileto um velho chamado Tales. Via mal, as pernas não lhe obedeciam. Investigando o céu estrelado, caiu num buraco. Assim nasceu a filosofia. Filósofos? É gente que não sabe, embora teime. Platão disse que nascemos e vivemos numa caverna. Confundimos com corpos vivos as sombras projetadas sobre paredes rochosas. Perseguimos sombras em busca de pessoas em carne e osso. Somos todos Tatus. Muitos cavam buracos para outros caírem. Prendê-los, julgá-los, matá-los, não adianta. Eles se multiplicam. Escondem-se em bibliotecas, conversam em bares, em cafés. Atravessam a noite rabiscando enigmas. Admirados e temidos, abalam sistemas políticos, derrubam certezas.

Labirintos? Não! Labirinto é com Borges. Falo do argentino. Ele fugia de monstros, homens com cabeça de touro, minotauros. Na época de Borges, labirintos eram cidades do tamanho de Buenos Aires. Cidades não existem mais. A cidade se arredondou, vivemos numa cidade só, o mundo; nossa nacionalidade, nossa situação é essa. Já não aparece folha sem furo. A verdade não está na página que se lê, ela escorre pelos buracos. Quem entra não encontra nada, a terra absorve tudo. Teimosos que aprofundam buracos quebram as unhas em rochas. Melancólicos? Melancolia é doença de Tatu. Você se lembra do quadro de Albrecht Dürer? A *Melancolia* do pintor renascentista encara fixamente o vazio, tem olhos de Tatu. Não lhe interessam instrumentos, paisagem, escada. Fascinada por nada, a mulher de asas só mexe com a mão. Move esquadro, pena de ganso, lápis, caneta, esferográfica, máquina de escrever, computador, *tablet*... Os instrumentos se aperfeiçoam. Aparelhos que mandamos ao espaço ultrapassam os limites do sistema solar. Tatus já trouxeram areia da Lua, abrem buracos no solo de Marte. O espaço é cada vez mais vazio, cada vez mais escuro, infinito. O universo gira em torno de um buraco negro que devora galáxias. A verdade é do Tatu, o buraco.

O Tatu é a herança que você me deixou, meu pai. Escrevo mal, mas escrevo. Se não faço buracos, deixo pegadas que levam a nada, buraco negro. As sombras que nos cercam são vultos de gente que escrevia bem. Só publicavam quando tinham certeza de saber tudo. Vivemos cercados de máquinas sedentas de textos, mandam escrever quando já estamos cansados. Não nos deixam dormir. Fechamos os olhos para inventar palavras que cubram superfícies vazias. Mal despertamos, estamos dobrados sobre teclados que exigem o cumprimento de metas medidas pela quantidade de caracteres digitados. Como sou Tatu, meus textos nascem esburacados. Não adianta tapar. É como nas rodovias brasileiras, teríamos que arrancar o asfalto e começar pelas bases. Para isso não há tempo, nem dinheiro. Estamos na maior incerteza econômica da história da humanidade, hoje a crise é global. A certeza que me resta é que sou Tatu, bicho dos buracos.

Melancolia não é ameaça, é condição de ser. O buraco nos leva às raízes. Saímos do buraco para expor o que inventamos. Nossas invenções não são de pedra como as dos inventores da Renascença. Aliás, onde estão os inventores? Abaixo de todo texto se estende outro texto. Não inventamos, reciclamos. Nossas produções, lixo reciclado, não duram nada. As bienais, centenas, terminam em montanhas de lixo. Somos triturados pela engrenagem da produção veloz. Inventamos máquinas que não podem parar. Somos arrastados. Para onde? Pouco importa. O movimento é o nosso único valor, o movimento é nossa vida e nossa morte, o movimento, sem passado nem futuro, nos faz

A constelação romântica: período formativo

felizes. Nossa literatura virou lixeratura. Meu geriatra manda que eu me mexa. Para quê? Para não morrer! E o homem? Não existe mais. O homem foi fantasia platônica. A verdade é o simulacro, é a sombra. Nietzsche dizia, já faz mais de um século, que a era do homem tinha acabado. O que vem depois? O além-homem (*Übermensch*). Quem é o além-homem? O Tatu. Orfeu já anunciava o advento do Tatu. O poeta citarista, protótipo do seresteiro, foi ao mundo dos mortos para desencantar Eurídice, uma sombra. Quando quis captá-la com os olhos, não viu mais que uma sombra fugidia. Orfeu voltou à superfície da terra enlouquecido. As Mênades estraçalharam o desvairado. Transformaram-no em sobra. Orfeu é o padroeiro dos poetas, lunáticos, sombras enamoradas de sombras.

Caçadores de certezas procuram psicanalistas. Em lugar do saber, encontram o suposto saber. O psicanalista, sacerdote do suposto saber, manda falar para que o saber apareça. Em procura do saber, a análise quebra o discurso bem organizado, orgulho dos tempos em que sábios entronavam o Saber. Todo analista é Tatu, escavador. Só lhe interessam buracos, real é o sem sentido, o não dito, o furo. Os psicanalistas dão alta a pessoas que procuravam sentido e encontraram buracos.

Acabou a era do ser-aí heideggeriano. O ser-aí lidava com o Ser, revelava o Ser. O Ser, invenção de Parmênides, não existe mais. A palavra já não é a casa do Ser porque o Ser se perdeu no escuro como Eurídice. A palavra é hoje uma casa vazia. Já foi assim nos tempos de Mallarmé, modelo daquilo que se produziu de melhor. Em lugar do Ser, o buraco; em lugar do homem, Sua Majestade, o Tatu.

Ana Lúcia Liberato Tettamanzy
Eliana Inge Pritsch

1.12

Criações indígenas ao sul do Brasil

O duplo apagamento

Tratar de literatura indígena ou dos povos originários na literatura, tomando por ponto geográfico o sul do Brasil, é tema que remete à intersecção de paradigmas excludentes: nem o Rio Grande aparece, na sua origem, incluído no sistema literário brasileiro, *stricto sensu*, nem a história, examinada por um viés que integre o Sul, pode dar certeza desses limites. À margem da história e do sistema literário no cânone de "brasilidade", não se evoca o indígena quando se trata genericamente do Sul — muitos textos da historiografia oficial sulina principiam pela ação do homem europeu nos limites da expansão ibérica no continente —, tampouco o indígena está referido no início de nossa literatura se levarmos em conta as publicações sobre a história literária. Ou seja, o indígena não parece fazer parte nem da história, nem da literatura do Rio Grande do Sul. Sua participação, nos textos literários, circunscreve-se à generalização do "bugre", do "índio velho", figuras vagas e escondidas que remetem, respectivamente, aos fantasmas e aos tatus que se escondem no substrato, no solo.

Historicamente, é relevante pensar nas nações indígenas que se localizavam nesse espaço, pois, no conjunto de povos autóctones, o destaque dado aos maias, astecas e incas parece ter obliterado a existência de povos na América austral. Sua

A constelação romântica: período formativo

permanência nas sociedades contemporâneas poderá ser justamente a chave para, recuperando seus mitos, encontrar formas narrativas e literárias que permitam não só atestar a presença física, notadamente guarani e kaingang, nesse espaço, mas também compreender sua contribuição cultural e literária.

> *Muchísimo menos conocidos que los anteriores* [maias, astecas, incas], *los testimonios literarios que nos han dejado las tribos llamadas guarani-tupí demuestran que, sin haber alcanzado um desarollo y organización comparables a los de esas culturas*, sus mitos, canciones y otras formas pueden ser tan valiosos y cautivantes.[1]

A necessidade de superar a margem para a inclusão na nacionalidade — decorrente também da incorporação tardia do espaço geográfico sulino aos limites territoriais brasileiros — reiterava a profunda lusitanidade aqui reinante. Em consequência disso, o ponto de partida para pensar a história do Rio Grande do Sul levava em conta a intervenção portuguesa[2], enquanto, para a literatura gaúcha, ou no Rio Grande do Sul[3], levava-se em conta ou o primeiro livro publicado, por Delfina Benigna da Cunha, em 1834, ou o cancioneiro popular, de clara inclinação ibérica, ou ainda a construção mítico-identitária do gaúcho, notadamente após a Revolução Farroupilha (1835–1845). Obviamente, essas balizas formais funcionam como apagamento da cultura e das criações indígenas anteriores à colonização ibérica desse espaço geográfico.[4]

---

1. José Miguel Oviedo, *Historia de la literatura hispano-americana*, p. 66, grifos nossos.
2. Os marcos históricos levavam em conta diferentes episódios, mas centrados nessa intervenção portuguesa-brasileira: a construção do Forte Jesus-Maria-José em 1737 na cidade de Rio Grande, dentro de um projeto colonial de dar suporte à Colônia de Sacramento; a chegada de colonos paulistas ou açorianos; a configuração definitiva das fronteiras do estado em 1828, resultante das Guerras Cisplatinas.
3. Ainda que seja muito relevante estabelecer os limites entre literatura gaúcha e literatura sul-rio-grandense, literatura do/no Rio Grande do Sul, os termos são utilizados aqui de forma genérica, sem a delimitação temática (gauchesca) ou ainda territorial (Rio Grande do Sul, exclusivamente).
4. Veja-se material do IPHAN que atesta a ocupação do espaço missioneiro pelos povos guaranis antes da intervenção jesuítica, de longo tempo e marcante vinculação entre a

287

O primeiro dado a ser superado é o histórico. Obviamente o Rio Grande não figurava no mapa geográfico e literário do Brasil, porque a região foi tardiamente incorporada a esse universo. Nem por isso a região não existia, ou estava despovoada. Se o espaço estava ligado, a partir de 1516, à Coroa de Espanha, é preciso olhar também para essa colonização. Cabe aqui a delimitação do que se poderia chamar de espaço geográfico gaúcho, não necessariamente ligado só ao Pampa, mas, sobretudo, formando, com Argentina e Uruguai, um território diferenciado da região ligada ao Paraguai, onde se inclui necessariamente a Bacia do Prata, o litoral, a Bacia do Rio Paraná. Se olharmos por esse prisma geográfico mais amplo, estaremos falando de uma América austral, que tem certamente características compartilhadas. Não interessa apenas dizer que o *gaucho* pode ser um elemento de união entre Brasil-Argentina-Uruguai. Os diferentes povos indígenas podem ser outro fator de inclusão e pertencimento a uma América mais ampla.

Se pensarmos no período colonial propriamente dito, o espaço rio-grandense não estava contemplado no mapa literário brasileiro, e as diversas histórias da literatura brasileira retrocedem aos cronistas do descobrimento no sentido de captar as primeiras impressões quer sobre o Brasil, quer sobre seus habitantes originários. Há que se encontrar uma produção similar à de Caminha, Gandavo, Soares de Sousa e outros, que leve em conta os relatos ambientados não só na América hispânica, mas principalmente no sul da América, uma vez que também a grande maioria de relatos documentais em espanhol recobre os territórios mais centrais do altiplano (Peru, México).

Um "sistema literário rio-grandense", se tiver que buscar suas raízes históricas (escritas), terá que retroceder aos relatos jesuíticos, aos dos viajantes, aos textos que tratam dessa produção, notadamente em língua espanhola. O elemento lusitano, porque

---

territorialidade e a visão cosmo-ontológica.

A constelação romântica: período formativo

tardio, não é suficiente para o problema da nossa literatura. Nesse sentido, merece destaque a obra *La Argentina*, de Martín del Barco Centenera, que trata do episódio da conquista da bacia do Prata, em 1580, escrita próximo ao episódio (1601). Nela, as referências aos guaranis são frequentes. O poema retrata, no primeiro canto, o habitante local: *"Por donde los Tupis descomunales, / Irian facilmente à aquellas partes, / Buscando para ello maña y artes"*.[5] Também destaca a origem comum tupi-guarani, apontando, a partir da disputa entre dois irmãos, que o elemento tupi permanece no Brasil enquanto o guarani desloca-se à Bacia do Prata: *"Aquel que queda ya Tupí se llama, / Estotro Guaranì de grande fama. [...] Pues estos dos hermanos divididos, / La lengua guaranì han conservado"*.[6]

O texto faz referência a outras etnias — como os *"malditos charruaes"*, e adjetiva os guaranis como *"nuestros guaranís"*. Interessa justamente nessa descrição tanto o entendimento do movimento migratório que marca a cultura guarani, em constante mobilidade, como também suas atividades ligadas à guerra e à agricultura. Além disso, serve de hipotexto a outros em voga principalmente no Romantismo argentino e uruguaio do século XIX. O canto XIV do poema, por exemplo, trata do combate aos charruas e da lenda-história do indígena charrua Tabaré. Esse episódio é o motivo de *Tabaré* (1886), obra do poeta uruguaio Juan Zorrilla de San Martín.[7] Ou seja, a obra não destaca apenas os guaranis, mas também os charruas (Tabaré) e, por meio da lenda dos amores deste com uma espanhola, a poetização do encontro cultural entre os povos originários e os europeus na Bacia do Prata — tal qual as figuras de Moema e Paraguaçu em

---

5. Martín del Barco Centenera, *La Argentina o La conquista del Río de la Plata*, s.p.
6. *Ibid.*
7. Entre outras obras, destaca-se o poema-romance *Yandubayú y Liropeya* (1840), do poeta uruguaio Adolfo Berro.

Caramuru (1781), de Santa Rita Durão, ou de Iracema e Peri de José de Alencar.

Assim, se quiséssemos traçar um paralelo com a literatura brasileira desde seu princípio, a origem da literatura sulina estaria melhor representada em escritores como Antonio Ruiz de Montoya[8] e poetas como Centenera, porque dão indícios das populações indígenas que aqui habitavam.

É importante superar tanto a historiografia oficial como também uma história literária que não leve em conta o elemento indígena na sua formação. A título de exemplo, João Pinto da Silva, em sua historiografia literária, reforça a inexistência de qualquer civilização pré-colombiana aqui e, além disso, aponta os laços lusitanos nas trovas encontradas, ou seja,

> O primeiro ensaio de civilização, que em seu seio se realizou, foi o das Missões. De tal experiência, porém, dispersados, a ferro e fogo, os padres e os indígenas, nada ficou, ou quase nada, além de ruínas de templos e o relatório de Roque Gonzales.[9]

Mesmo quando buscamos aporte na tradição oral gaúcha, o que encontramos é, como afirma Guilhermino Cesar[10], um cancioneiro de raiz fortemente ibérica e pouca originalidade. Por isso, a nossa história da literatura recalca sempre esses aspectos, alijando outras formas literárias e culturais que não estejam em consonância com uma formação de cânone segundo um modelo europeu.[11] Nem nossas trovas e cancioneiros incorporam

---

8. Interessariam principalmente o dicionário *Tesoro de lengua Guarany* (1640), *Arte de la lengua guarany* (1724), além da *Conquista espiritual* (1639).

9. João Pinto da Silva, *História literária do Rio Grande do Sul*, p. 27-28.

10. Guilhermino Cesar, *História da literatura do Rio Grande do Sul*, p. 43.

11. Aliás, na macrorregião a que nos referimos também ocorre fato similar, e o cânone literário uruguaio, por exemplo, mostra sua formação a partir das ideias da independência americana e da escrita e do Romantismo. Maria Josele Coelho, em sua tese *Mobilidades culturais na contística rio-platense de escrita feminina* (2015) demonstra como fenômeno semelhante pode ser verificado no caso da literatura paraguaia, tratada como "incógnita" em livros de história dessa literatura, ou ainda como "literatura ausente", revelando o

A constelação romântica: período formativo

o indígena sulino e sua presença é bastante rarefeita. Por exemplo, o *Cancioneiro guasca* (1910), de Simões Lopes Neto, e o *Cancioneiro gaúcho* (1952), de Augusto Meyer, sequer registram vocábulos como "índio" ou "indígena", e pouquíssimas palavras — e de uso comum — são oriundas de idiomas originários. Sintomático é, por exemplo, não haver nenhuma referência aos guaranis no *Cancioneiro guasca*.

É por isso que buscamos no tatu[12] a primeira imagem para a (não) representação do indígena na cultura sul-rio-grandense. Donaldo Schüler, em *A poesia no Rio Grande do Sul*, faz uma fronteira interessante entre texto arcaico e monárquico. No que diz respeito ao primeiro, o autor encontra aí uma forma de texto que não seja alinhado ideologicamente às elites, ligado ao ciclo do monarca das coxilhas. Por isso, "O Tatu", como música e poema, pode representar não só o gaúcho pobre, desprovido de toda a "monarquia", mas, para nós, também aquilo que está por debaixo, que não é visto: as origens indígenas do Rio Grande do Sul. Mais do que em qualquer outro espaço brasileiro, ainda que se louve a tríade indígena-branco-negro na sua formação, no Sul o apagamento do indígena é muito mais significativo. Assim, o indígena como motivo poético, ou personagem ficcional, foi pouco aproveitado em nossa literatura, ainda que haja, entre outros, Sepé Tiaraju — poetizado por Simões Lopes Neto em "O lunar de Sepé" — e Pedro Missioneiro — personagem de *O Continente* de Erico Verissimo — ambos ligados às Missões e,

---

paradoxo, apontado por Roa Bastos, de uma literatura escrita plena de carências ao lado de uma exuberante literatura de tradição oral, fruto de uma forte presença indígena.
12. "Ao princípio o tatu, entre nós, era considerado realmente um ser de talentos extraordinários em consequência das lendas tupi-guaraníticas que tinham passado para nosso pecúlio tradicional. O ciclo lendário ou mítico das lendas do Jaboti, que Couto de Magalhães recolheu no Amazonas e no Norte do Brasil, na língua original do aborígene, também era no Sul do patrimônio popular. Mas, em vez de ser o Jaboti, não sabemos por que motivo, era o tatu o principal figura das narrativas...". Apolinário Porto Alegre, *Popularium sul-rio-grandense*, Caderno 17, inédito *apud* Augusto Meyer, *Cancioneiro gaúcho*, p. 195.

portanto, ao projeto civilizacional jesuítico. Coube a Barbosa Lessa, depois de Simões Lopes Neto, o trabalho de recuperar um repertório lendário — *Estórias e lendas do Rio Grande do Sul* (1960) — em que se incluem não só narrativas gauchescas, mas também lendas primordiais, como "Aré e o dilúvio". Nessa seleção, incluem-se as lendas sobre Mboitatá, a cobra de fogo; sobre os alimentos e bebidas indígenas como o milho, a mandioca e a erva-mate; sobre os indígenas do Pampa e as Missões Jesuíticas. Num segundo trabalho mais recente, *Era de Aré* (1993), Lessa amplia o *corpus*, incluindo de forma genérica o Cone Sul. Assim, muitas lendas e histórias guarani repetem-se nas diversas regiões, evidenciando uma espacialidade que não se restringe às fronteiras. No entanto, vale lembrar a obra de Roberto Bittencourt Martins, *Ibiamoré, o trem fantasma* (1981), que aponta o indígena Teretê como "cadáver insepulto e nunca visto [...] só lembrado vagamente no medo das crianças e dos escravos, nas assombrações de uma noite de sustos".[13] Em suma, o indígena é o tatu, o cadáver, o fantasma.

Não é nossa intenção inventariar todas as obras poéticas ou narrativas que tematizam o indígena, mas apontar a precariedade dessas representações e problematizar a produção literária dos kaingangs e guaranis, porquanto são os dois povos com maior representatividade no Sul: só aqui os indígenas não teriam produzido literatura no sentido que modernamente se entende, ou, dito de outra forma, seus mitos, contos e lendas não contam como repertório literário e cultural de sua autoria?

Pode um fantasma escrever?

Posto que na história e na literatura sul-rio-grandenses, conforme constatamos, o indígena é obscurecido ou mitificado, o esforço crítico a empreender se dirige para o exame e o

---

13. Roberto Bittencourt Martins, *Ibiamoré, o trem fantasma*, p. 91.

A constelação romântica: período formativo

compartilhamento de multifacetados espaços e formas de representação que vêm sendo produzidos pelos originários. Isso exige que se enfrente as consequências epistemológicas do processo de dominação colonial iniciado pelos europeus no século XV. A validação de apenas um tipo de saber (ocidental, mas nomeado como universal) em detrimento de saberes subalternizados ("particulares" ou locais, entre eles, os dos povos autóctones) tem um antecedente longínquo na América Latina. Conforme Martin Lienhard, não obstante a obsessiva destruição pelos espanhóis dos universos culturais e da autonomia discursiva dos nativos, esse arquivo segue vivo na memória das comunidades, seja nos rastros de seu sistema semiótico de oralidade multimedial (palavra, gesto, música, coreografia), seja nas interações culturais das "escrituras alternativas"[14], marcadas pelos processos de negociação e conflito. Os sujeitos locais se apropriam, então, de elementos de fora para defender sua autonomia na diglossia (uso alternado de línguas e códigos ancestrais e europeus) ou na narrativa bicultural (entre uma instância depositária da memória oral e uma outra, do dono da escritura).

No caso do Brasil, cabe inicialmente examinar algumas das condições em que esses grupos optaram por escrever. Tendo passado por reiterados processos de assimilação e violência simbólica, desde a catequese até as políticas modernas de escolarização, é natural que a escrita (sobretudo na língua portuguesa) esteja inserida num contexto traumático.[15] Nas recentes

---

14. Martin Lienhard. *La voz y su huella*, p. 143.

15. Para o caso do povo kaingang, o relato de Andila Inácio Belfort é contundente. Convidada a fazer parte da primeira experiência de formação de monitores indígenas bilíngues nos anos 1970, detalha como os participantes foram forçados, durante o período de internato, a abandonar suas práticas culturais e sua língua (a língua kaingang, contrariando as restrições dos formadores, vai ser escrita pela primeira vez pelos participantes). Ao término do curso, seguiram as dificuldades em implementar projetos político-pedagógicos para as escolas que levassem a uma valorização dos saberes próprios, num processo que a autora identifica como sendo de incremento do desaparecimento étnico: "a criação do projeto de formação de professores indígenas tinha o objetivo de abreviar a alfabetização bem como o período de transição da língua Kaingáng para o

definições de políticas linguísticas por professores indígenas, o ensino da língua portuguesa como língua adicional é com frequência visto com menosprezo em suas escolas, mas em determinadas situações é considerado aliado importante nos projetos de fortalecimento das línguas tradicionais.[16] Isso explica por que vários povos indígenas no Brasil têm optado por utilizar a língua portuguesa em certos contextos de contato para construir e revelar não apenas suas identidades étnicas, mas também seu pertencimento a um grupo que, multiétnico, compartilha um projeto político comum.[17]

Esse histórico remete ao teor político das escritas indígenas, nascidas da necessidade de resistência às longevas investidas do estado em prol da sua integração, como sujeito "em transição" ou tutelado, à nação brasileira. No que diz respeito aos processos de letramento, o linguista Lynn Mário T. Menezes de Souza aponta na "escrita multimodal" dos kaxinawás a desnaturalização do modelo grafocêntrico ocidental pela produção de textos visuais que, "longe de serem meros enfeites ou paráfrases dos textos alfabéticos, estão profundamente enraizados em valores caros a esse povo".[18] Se a maior parte dos processos de letramento e

---

português das crianças indígenas, com isso a FUNAI apressaria a integração e a IECLB [Igreja Evangélica de Confissão Luterana no Brasil], a evangelização do povo Kaingáng". Andila Inácio Belfort, *A formação dos professores indígenas no sul do Brasil*, p. 18. No caso dos guaranis, há estudos sobre o uso seletivo que esses fizeram da língua escrita: "nas reduções jesuíticas espanholas aprendia-se a ler e escrever em Guarani, e a partir do século XVIII, imprimia-se textos em Guarani nas próprias missões". Wilmar da Rocha D'Angelis, *Como nasce e por onde se desenvolve uma tradição escrita em sociedades de tradição oral?*, p. 11. Como explica o linguista, os usos da letra se concentraram nos fatos administrativos e na comunicação entre as reduções, com a ressalva de casos raros em que indígenas usaram da escrita de forma clandestina para comunicações entre si, mas esses usos desaparecem com o fim das reduções, visto que não era uma necessidade dessas sociedades.

16. Terezinha Machado Maher, "De língua vilã, à língua emprestada, à língua aliada: representações acerca da língua portuguesa em discursos sobre políticas linguísticas no Acre indígena".

17. Terezinha Machado Maher, "'Índio' para estrangeiro ver: panetnicidade em contexto multicultural indígena".

18. Lynn Mario T. Menezes de Souza, "Para uma ecologia da escrita indígena", p. 178.

A constelação romântica: período formativo

mesmo de editoração junto a populações indígenas, baseados num modelo utilitário, não tem observado com cuidado suficiente os riscos de gerar danos, o percurso etnográfico do linguista permite-lhe valorizar como a escrita é transformada pela "dialética de alteridade" dos kaxinawás, que se mantêm os mesmos se tornando diferentes, ou seja, "apropriando-se de e transformando elementos que lhes eram culturalmente estranhos".[19]

No caso das escritas literárias, nascem majoritariamente em paralelo à criação das "escolas da floresta" em meados dos anos 1980, quando professores e pesquisadores das cidades acompanharam a produção de materiais didáticos, sobretudo no norte do país. Esse patrimônio, constituído quase que exclusivamente na tradição oral, apresenta no "universo da comunicação verbal indígena, duas grandes séries de práticas discursivas que, manifestando e gerando sentidos e efeitos conjugadamente sociais e estéticos, que podem ser consideradas formadoras de um patrimônio literário: as narrativas e os cantos, recobrindo o principal de sua arte verbal em prosa e verso"[20]. Maria Inês de Almeida destaca a deliberação pragmática dessa escrita, que reordena a coletividade e se serve da territorialidade. A seu ver, a literatura nacional está permeada de vozes indígenas que com a escrita estão "no processo de se desgarrarem de seus traumas e renascerem por suas próprias consciências"[21]. Janice Thiél levanta traços dessa literatura e destaca o seu hibridismo pelo cruzamento de culturas (local e global, vocalidade e escrita) e de formas ou gêneros (cerimonial, popular, ensaístico, memorialístico, multimodal), do que resulta seu caráter de contranarrativa destinada a preencher os vazios da "verdade" histórica que relegou o indígena a um lugar estereotipado e passivo. Descendente

19. *Ibid.*, p. 188.
20. Cláudia Neiva de Matos, "Textualidades indígenas no Brasil", p. 447.
21. Maria Inês de Almeida; Sônia Queiroz, *Na captura da voz*: as edições da narrativa oral no Brasil, p. 211.

295

da etnia potiguara, Graça Graúna traça um panorama da luta política e cultural de resistência dos ameríndios a fim de situar o fenômeno recente dessa literatura no Brasil em relação ao que ocorre no restante das Américas no campo das literaturas periféricas e dos estudos culturais, com diferentes possibilidades de diálogo multiétnico. Numa perspectiva transnacional, Lúcia Sá procede a uma espécie de arqueologia do impacto estético ou literário de "textos indígenas na literatura produzida nos últimos 150 anos no Brasil e em países vizinhos".[22] Com viés semelhante, a pesquisa de Rita Olivieri-Godet percorre as representações literárias contemporâneas do ameríndio no Brasil, na Argentina e no Quebec (representações essas por autores não indígenas). Da vertente dos estudos de cunho etnográfico destacamos o trabalho do antropólogo e poeta Pedro de Niemeyer Cesarino, que consiste "no cruzamento entre modos de pensar cujo resultado é uma tradução criativa, que parte de um registro original de significação (o dos cantadores marubo), e atinge um registro outro, mediado pela escrita e pela reinvenção poética de cantos no papel"[23], possível a ele pela convivência de oito anos e pelo conhecimento da língua, o que viabilizou publicações bilíngues e de autoria compartilhada.

Os aspectos sumarizados acima, se obviamente não esgotam o tema, permitem ter ideia das características particulares dessas escritas não ocidentais, comunitárias ou individuais, em contextos de afirmação étnica e resultantes de complexa tessitura semiótica e discursiva. Além disso, tornam evidente a tendência a ampliar o exame dessa produção para além do recorte nacional, visto que alguns críticos efetivam recortes geográficos transfronteiriços (pensemos na aproximação com produções de outros países ou regiões do continente ou ainda com outros grupos

---

22. Lúcia Sá, *Literaturas da floresta*: textos amazônicos e cultura latino-americana, p. 20.
23. Pedro de Niemeyer Cesarino, *Quando a Terra deixou de falar*: cantos da mitologia marubo, p. 20.

A constelação romântica: período formativo

étnicos ou sociais). Pensando nos propósitos de sua inserção no cânone literário brasileiro, tomemos como referência a noção de sistema de Antonio Candido:

> [...] um sistema de obras ligadas por denominadores comuns, que permitem reconhecer as notas dominantes duma fase. Estes denominadores são além das características internas (língua, temas, imagens), certos elementos de natureza social e psíquica, embora literariamente organizados, que se manifestam historicamente e fazem da literatura aspecto orgânico da civilização. Entre eles se distinguem: a existência de um conjunto de produtores literários, mais ou menos conscientes do seu papel; um conjunto de receptores, formando os diferentes tipos de público, sem os quais a obra não vive; um mecanismo transmissor (de modo geral, uma linguagem, traduzida em estilos), que liga uns a outros. O conjunto dos três elementos dá lugar a um tipo de comunicação inter-humana, a literatura, que aparece sob este ângulo como um sistema simbólico, por meio do qual as veleidades mais profundas do indivíduo se transformam em elemento de contacto entre os homens, e de interpretação das diferentes esferas da realidade.[24]

A diversidade de línguas e etnias pressupõe diferenças substantivas nos elementos de "natureza social e psíquica", o que torna, no mínimo, problemático o seu enquadramento num padrão que se pretende universal de "civilização" (pode-se pensar, a título de exemplo, nas diferentes concepções de "pessoa" e sociedade que emergem desses repertórios). O termo civilização, aliás, revela-se particularmente complicado, uma vez que existem até hoje discursos autorizados (leia-se dos campos cultos do saber) que insistem na condição selvagem desses indivíduos e povos, repercutindo teorias de que seriam desprovidos de história, de capacidades morais ou de pensamento simbólico (no

---

24. Antonio Candido, *Formação da literatura brasileira*: momentos decisivos, p. 23-24.

limite, até mesmo a sua condição humana é posta em causa). Tomando a questão da autoria, esta adquire contornos étnicos com a opção, em muitos casos, por escritas coletivas a partir de relatos orais dos mais velhos nas línguas originárias, posteriormente traduzidos para o português por jovens escribas. Sendo assim, as "verdades mais profundas do indivíduo" raramente podem ser dissociadas das dimensões de contraponto assumidas como uma resposta a silenciamentos e mitificações de longa data. Na outra ponta do tripé, são igualmente imprecisos os contornos dos destinatários, pois não há público leitor uniforme: as primeiras produções, bilíngues ou na língua materna, visavam a leitores em formação das escolas indígenas; posteriormente, projetos editoriais demandavam escritas em português para um público amplo, não indígena; finalmente, publicações em português, bilíngues ou nas línguas indígenas dirigem-se para um público especializado, seja não indígena, seja de um cada vez mais proativo grupo de escritores e intelectuais nativos.[25] Essas vozes e autorias extraocidentais talvez estejam dando início a um sistema simultaneamente em paralelo e em contato com o nacional, posto que nem todos os "temas e imagens" ou mesmo os "estilos" podem ser plenamente compartilhados, menos ainda os "sistemas simbólicos". Algo que, longe de constituir um sinal de menoridade ou irrelevância, pode garantir apropriações criativas de parte a parte e a renovação poética.[26]

---

25. Graça Graúna faz referência a inúmeros atos e mecanismos de defesa dos indígenas pelos seus direitos linguísticos, literários e humanos, um deles é o Instituto Indígena Brasileiro de Propriedade Intelectual – INBRAPI, uma ONG "criada em maio de 2002 e dirigida por indígenas de diferentes etnias. Sua proposta principal é a defesa do conhecimento tradicional e o combate à biopirataria". Graça Graúna, *Contrapontos da literatura indígena contemporânea no Brasil*, p. 77.

26. Pode-se considerar que os saraus e encontros de escritores, professores, estudantes universitários, criadores audiovisuais e produtores culturais indígenas, cada vez mais numerosos e atuantes, junto a outros grupos (como o das Literaturas Periféricas ou das poéticas dos grupos negros, muitas delas performáticas e conectadas a territórios e religiosidade), tem alargado os limites sobre os espaços, os modelos, os formatos, as edições, os suportes e os públicos da literatura. O blog Yaguarê Yamã emprega o termo

Lugares da autoria indígena "ao Sul"

EM ESCRITAS E PRODUÇÕES EM PARCERIA

Essa modalidade tem se revelado cada vez mais constante no cenário local e nacional por meio de publicações em formatos variados e da produção de materiais em parcerias entre os autores kaingangs e guaranis e agentes do campo literário, artístico e científico. Não realizamos um levantamento exaustivo desse *corpus*; procuramos, outrossim, sinalizar as bifurcações interculturais inerentes a tais práticas e compartilhar alguns dos espaços de divulgação e produção de conteúdos que confrontam a já mencionada violência epistêmica sobre os povos originários. O discurso é construído na base de uma relação em que as narrativas, as vozes, os mitos e os testemunhos dos indígenas aparecem entremeados na textualidade e na escrita de um outro não indígena. As produções resultam de contextos de liminaridade de sistemas culturais e simbólicos conectados na produção de um terceiro formato, em que se evidenciam também silêncios e elipses.

Um primeiro exemplo encontra-se no texto produzido em coautoria pelo antropólogo José Otávio Catafesto de Souza e pelo cacique José Cirilo Pires Morinico, a partir da sempre urgente situação territorial e da correlata sobrevivência do patrimônio material e imaterial. É empregada a expressão "fantasmas das brenhas" (proveniente de relato de viajante alemão de 1858 sobre aldeia guarani) para dar conta da situação dos indígenas atuais no estado: a quase totalidade do discurso historiográfico descreve os guaranis como grupo cultural extinto após as

---

Literatura Indígena Brasileira (LINBRA) e apresenta o movimento "Nova Literatura Indígena" como parte do Núcleo de Escritores e Artistas Indígenas do Brasil (NEARIN), entidade artístico-literária que já realizou quase uma dezena de encontros nos últimos anos. Disponível em: http://yaguareh.blogspot.com.br/p/lista-de-escritores-indigenas.html. Acesso em: 22 jul. 2024.

Missões Jesuíticas; porém, a partir de 1970, retornam às ruínas e reivindicam o reconhecimento oficial de sua ligação com São Miguel e a participação na gestão de políticas federais, estaduais e municipais do patrimônio jesuítico-guarani ali existente. Os depoimentos foram registrados a partir de cuidadosa negociação com os mediadores dessa etnia, condição necessária para que surgissem as falas inspiradas que confirmam a antiguidade no território: "as ruínas foram moradas de deuses no passado e os antigos guaranis que as construíram compartilhavam a qualidade divina de *Nhanderu Miri*".[27] Tal fundamento mítico orienta a ocupação no presente, conforme o sábio Augustinho:

> Vários guaranis morreram porque não queriam entregar não somente a tava, mas todo o seu território, a mata, animais, rios, medicina tradicional. Havia muitos canaviais e ervais. Cadê tudo isso, onde ficou? Sepé lutava para não entregar tudo isso. Pensam que ele morreu, mas para nós ele não morreu, para deixar história. Nós temos que valorizar as palavras de Sepé: "Essa terra tem dono!" E não entregar. Os deuses não deixaram escrito, com assinatura, que os brancos poderiam ficar como donos da terra.[28]

A produção compartilhada entre o acadêmico e a liderança guarani assenta suas bases na cosmopolítica implícita nas narrativas orais dos velhos, que "sintetizam partículas de sentido histórico com significantes míticos para apresentá-los num encadeamento cosmológico".[29]

Outro exemplo é o livro/CD *Yvý Poty, Yva'á/Flores e frutos da Terra*, organizado por professoras da Universidade Federal do Rio Grande do Sul e apoiado pelo Instituto do Patrimônio

---

27. José Otávio Catafesto de Souza; José Cirilo Pires Morinico, "Fantasmas das brenhas ressurgem nas ruínas: Mbyá-Guaranis relatam sua versão sobre as Missões e depois delas", p. 324.

28. *Ibid.*, p. 326.

29. *Ibid.*, p. 328.

A constelação romântica: período formativo

Histórico e Artístico Nacional, tendo os direitos autorais coletivos reservados em nome de três grupos de cantos e danças tradicionais de comunidades da Grande Porto Alegre. Nos termos das professoras, trata-se de um "encontro acadêmico-político-cultural interétnico construído em prol de sua cultura imaterial, expressão de valores e ações".[30] Após os textos introdutórios dos acadêmicos e dos coordenadores indígenas, segue um pequeno estudo apresentando os significados dos sons e da estética dos cantos e danças no modo de pensar e viver mbyá. Por fim, são apresentados os cantos, na língua original e traduzidos para o português, acompanhados da fala da *Kunhã Karaí* (sábia anciã) Florentina Pará: "os cantos são o fundamento da educação, que ao invés de ser só falada, é cantada, é melodia que traduz os sentidos dos conselhos entrando diretamente nos corações daqueles que os ouvem".[31] Esse repertório textual e sonoro amplia, assim, os limites do literário, introduzindo espécies poético-narrativas performáticas, atualizadas na convivência e no cotidiano e indissociadas de suas funções na sobrevivência cultural e espiritual.

Outros registros sonoros pelos guaranis e kaingangs no sul do país mostram um perfil semelhante: resultam de parcerias entre os grupos musicais das comunidades e agentes do poder público e acadêmicos; apresentam em sua maioria canções que articulam os conhecimentos dos tempos de antigamente com as urgências do tempo presente, fundamentadas nas cosmo-ontologias próprias; os encartes costumam apresentar textos bilíngues (que possibilitam, portanto, um aproveitamento bicultural) e fotos que ilustram tanto cenas cotidianas como os momentos de execução dos cantos e danças. Essas criações pretendem a compreensão mais efetiva pelos não indígenas tanto da vida material como da dimensão simbólica dos eventos por meio das

---

30. Maria Elizabeth Lucas; Marília Stein (Org.), *Yvý Poty, Yva'á/Flores e frutos da Terra*: cantos e danças tradicionais Mbyá-Guarani, p. 9.
31. *Ibid.*, p. 78.

performances, intrinsecamente relacionadas às esferas espiritual e cosmológica.[32]

Da mesma forma, dissertações e teses fornecem modelos de relação dialógicas e simétricas. Assim como a experiência de pesquisa passa pela narrativa dos diários de campo, em que subjetividades e formalizações convivem — não sem conflito —, as conversas, as narrativas, os poemas e cantos são com frequência base dos argumentos. Nos termos da dissertação *Mobilidade Mbyá: história e significação*, de Ivory José Garlet, "dar a conhecer é uma forma de comprometer a quem conhece".[33] Essa assertiva é particularmente importante por destacar a relação de confiança que explica a revelação a este pesquisador de conhecimentos antes restritos ao grupo étnico e a esferas do sagrado. Garlet inicialmente recupera as interpretações que seguem a leitura fundadora de Curt Nimuendaju sobre a busca da "terra sem males" como justificativa mítico-religiosa para os movimentos dessa sociedade, chegando até as que apontam razões histórico-espaciais resultantes do conflituoso contato interétnico e da "guerra de conquista"[34] que perdura até os dias atuais. As quatro narrativas surgidas (reproduzidas nos anexos

---

32. Com propostas e execução semelhantes, podemos referir os seguintes CDs: *Nhanderú jepoverá*: Cantos Guarani Canta Galo (com encarte com letras em guarani e em português, apoio UFRGS e UNISC e financiamento FMP); *Mbae'pú Ñendu'í*: Grupo Teko-Guarani (de 2004, com encarte com letras de canções em guarani e em português, apoio EMATER/RS-ASCAR e IGTF e acompanhamento da Procuradoria da República/ Ministério Público Federal/RS); *Yvy Ju Caminho da Terra Sem Males*: Grupo de Canto e Dança Nhãmandu Mirim (de 2002, da aldeia Estiva, encarte com letras de canções em guarani e em português, apoio FAPERGS, CEPI e realização UNISINOS, MARS e Governo do Estado do Rio Grande do Sul); *Viver Guarani*: Tekoa Koenju – Aldeia Alvorecer (encarte com letras de canções em guarani e em português, CD multimídia com fotos e textos, apoio Colégio Anchieta, SEBRAE, Rota das Missões, Prefeitura de São Miguel das Missões e Centro de Vivências Integradas São Francisco de Assis); *Kanhgág Jykre – Pensamento Kaingang* (de 2002, encarte em português com comentários explicativos sobre os cantos, rezas, rituais e diálogos proferidos em kaingang por sábios das comunidades de Nonoai, Votouro e Chapecozinho, promoção Governo do Estado do Rio Grande do Sul e NIT/UFRGS).

33. Ivori José Garlet, *Mobilidade Mbyá*: história e significação, p. 11.

34. *Ibid.*, p. 19.

A constelação romântica: período formativo

da dissertação) permitem interpretar a mobilidade a partir de suas premissas culturais.

O texto 1, nomeado "Canto-Discurso de Perumi", bilíngue, apresenta-se em forma enversada, entremeado de diálogos em que a voz do Criador se manifesta aos Mbyá. Num tom de lamento, explica por que os "filhos de Nhanderu" caminham — "é nosso costume, faz parte do nosso modo de ser antigo"[35] e por que os brancos devem respeitar sua caminhada. O texto 2, também bilíngue e do mesmo Perumi, traz novamente a narração de Nhanderu condenando a desobediência dos brancos, que desde a criação do mundo avançaram além de sua parte (os campos) e se apossaram das matas dos Mbyá. O texto 3, de Roque Timóteo (Vera), em português, reitera o direito dos originários a suas terras e à sua caminhada em busca de um lugar melhor. Por fim, o texto 4, de Kandino Oliveira, "Mito dos caminhantes", conforme o pesquisador, embora transcrito em português, preserva a lógica e a estrutura narrativa originais. Como convém ao discurso do mito, narra a trajetória de dois irmãos peregrinos que passam por percalços até encontrar Nhanderu em sua morada no Céu. Diferentemente dos anteriores, como um aconselhamento ancestral, atenta para o cuidado com a ordem divina e a verdade dos sonhos, guias necessários nos momentos de escolher caminhos e tomar decisões. A partir dos relatos e de sua etnografia, Garlet conclui que com os deslocamentos os Mbyá tanto repetem as ações divinas de dar origem a uma nova terra ou de buscar atingir a forma perfeita e plena de ser, como escapam às tentativas assimilacionistas, pois a disseminação contribui para que mantenham sua invisibilidade.

A tese de Rogério Reus da Rosa resulta, igualmente, de uma respeitosa e longa convivência com grupos kaingangs e de investigação compartilhada com outros pesquisadores que se dedicaram à etnologia desse grupo pouco abordado por essa

---

35. *Ibid.*, p. 209.

área do saber até os anos 1990. Narrativas mitológicas, rituais, práticas de cura e extenso trabalho de campo conduzem o autor na investigação das influências de Igrejas e do Estado sobre o complexo xamânico kaingang da Terra Indígena Votouro. No escopo desse capítulo, examinamos as narrativas disponibilizadas pelo pesquisador no capítulo 2, sobretudo as do velho Jorge *Kagnãg* Garcia. De sua memória provêm relatos como o da menina que, mordida por uma cobra, é curada pelo xamã (*kujá*) e pelo gavião, o espírito auxiliar (*jagre*) que acompanhava o rezador e que lhe transmitia em sonhos e visões o conhecimento sobre as plantas e curas. Seguem relatos de outras fontes dos modos como se dá a iniciação dos *kujá*. Esse repertório permite a Rosa examinar tanto relações cosmológicas como sociológicas implicadas nas hierarquias dos planos humano e não humano.

As memórias de Jorge Garcia e de outros velhos revelam mudanças que, para além da dimensão religiosa e mítica, repercutiram na esfera do poder político. Esse tempo Garcia recorda como "lindo mesmo", simples, em que não havia "a perseguição de ninguém"[36] e a coexistência de cultos caboclos e práticas do sistema *kujá* gerou uma nova ideologia xamânica apresentada por sua própria sociedade. Contudo, Jorge Garcia relata que "*os caciques deixaram de obedecer ao kujá*"[37], rompendo a ligação do plano cósmico-xamânico com o político-sociológico, um enfraquecimento da tradição que a entrada da escola — e da escrita — nas terras indígenas potencializou. As narrativas orais do ancião em suas distintas formas de transmissão, seja para o pesquisador aliado, seja para os mais jovens que herdarão seus saberes e práticas, de alguma maneira apontam para a continuidade dessa memória.

---

36. Rogério Reus da Rosa, "*Os kujá são diferentes*": um estudo etnológico do complexo xamânico dos Kaingang da terra indígena Votouro, p. 243.

37. *Ibid.*, p. 282, grifos do autor.

A constelação romântica: período formativo

"Nascendo a partir de suas próprias consciências"[38]

A escrita literária de autoria indígena no Brasil possui um cânone incipiente e em processo de afirmação, como apontamos anteriormente, em que se destacam nomes como Daniel Munduruku, Kaká Wera Jecupé. O autor guarani mais próximo ao estado do Rio Grande do Sul com obra individualizada de que temos notícia é Adão Karai Tataendy Antunes (*Palavras do Xeramõi*), de Santa Catarina. De escrita kaingang, destacamos *Joty, o tamanduá*, de Luciana Vãngri Kaingang, nascida no Rio Grande do Sul e atualmente residente fora do estado.

Num diálogo atemporal e em uma territorialidade extensa, poderíamos indicar como marco inaugural de uma híbrida escrita indígena a carta de Andila Nivygsãnh Inácio datada de 1975. Em plena ditadura militar, a educadora e liderança kaingang encaminha para divulgação na imprensa gaúcha (mais precisamente no jornal *Folha da Manhã* do dia 3 de agosto) cópia do documento de sua autoria enviado ao Presidente do país na época, com a interpelação pelo reconhecimento da existência e do direito à terra de seu povo. As cartas constituem um ato de comunicação que pressupõe a existência de uma relação entre quem emite e quem recebe a mensagem. Portadoras de urgências e demandas, almejam um diálogo, mesmo que imaginário, razão pela qual sua proximidade com a oralidade é marcante. Sendo assim, não parece ser coincidência a opção da educadora kaingang pela forma que mais se assemelhava à tradição que lhe é mais familiar. O caráter de intervenção política de seu discurso aparece no clamor pelo atendimento da lei que obrigava os invasores a desocuparem a terra oficialmente reconhecida como tradicional:

> — Senhor Presidente, V. Excelência há de convir que o sangue do meu povo não pode mais ser contido nas veias, vendo que as pequenas reservas restantes das, ou melhor, comparadas

---

38. Tomamos essa expressão de Maria Inês de Almeida, em obra citada anteriormente.

aos 8.000.000 de quilômetros quadrados da qual todo o povo índio desse querido Brasil tinha pleno domínio e posse, estão sendo usurpadas por brancos anarquistas e destruidores, fantasiados de agricultores mas de espírito de vândalos.[39]

Dicção semelhante continua sendo usada nos dias atuais, tendo em vista que a necessidade de interpelar publicamente as instituições do poder permanece para esses grupos. Um exemplo tem sido as cartas-denúncia nas redes sociais e veículos de mídia alternativos, como a divulgada pelos guaranis-kaiowá de Mato Grosso do Sul em 11 de outubro de 2012, em resposta a uma decisão da Justiça Federal:

> Assim, fica evidente para nós, que a própria ação da Justiça Federal gera e aumenta as violências contra as nossas vidas, ignorando os nossos direitos de sobreviver à margem do rio Hovy e próximo de nosso território tradicional Pyelito Kue/Mbarakay. Entendemos claramente que esta decisão da Justiça Federal de Navirai-MS é parte da ação de genocídio e extermínio histórico ao povo indígena, nativo e autóctone do Mato Grosso do Sul, isto é, a própria ação da Justiça Federal está violentando e exterminando as nossas vidas.
>
> [...] Cientes desse fato histórico, nós já vamos e queremos ser mortos e enterrados junto aos nossos antepassados aqui mesmo onde estamos hoje, por isso, pedimos ao Governo e Justiça Federal para não decretar a ordem de despejo/expulsão, mas solicitamos para decretar a nossa morte coletiva e para enterrar nós todos aqui.[40]

A carta cumpriu seus propósitos, no sentido de que foi revogada a decisão da justiça de expulsar essa comunidade, possivelmente

---

39. A ÍNDIA caingangue escreveu ao presidente pedindo socorro, p. 19.

40. Publicada em inúmeros espaços das redes sociais e por diversos veículos das mídias alternativas, a carta encontra-se no blog da Associação Brasileira de Povos Indígenas: http://blogapib.blogspot.com.br/2012/10/carta-da-comunidade-guarani-kaiowa-de.html. Acesso em: 5 jan. 2016.

A constelação romântica: período formativo

pelo assombro que gerou a intenção de suicídio coletivo dos cerca de 170 indígenas (entre crianças, adultos e idosos). Assim, a pragmática das cartas, exemplificada no Rio Grande do Sul com a precursora mensagem de Andila Inácio, segue funcionando como um dispositivo de resistência na escrita desses povos.

Uma outra vertente de autoria são os textos produzidos em contextos acadêmicos. Destacamos dois trabalhos de conclusão de Especialização de intelectuais kaingangs que se ocuparam de aspectos concernentes à sacralidade e às funções sociais da palavra nos cantos, nas narrativas orais, nos rituais e no cotidiano. A hoje doutoranda em Linguística na UNICAMP Márcia Gojtẽn Nascimento elenca gêneros do discurso a partir da complexidade da oralidade e do conhecimento da gramática. Propõe o fortalecimento da língua materna (que já esteve em risco de extinção) por meio da revitalização de espaços da cultura em que as narrativas acontecem, como as visitas noturnas de famílias. Relata, com esse intuito, a experiência da "Noite Cultural" promovida por educadores em 2007 na Terra Indígena Nonoai. Crianças receberam ensinamentos do *kujá* ao participarem de aconselhamento, cantos, ritual do banho, momento das narrativas e jantar que integraram outro calendário e espacialidade na rotina escolar. Na classificação proposta evidencia-se a perspectiva êmica subjacente a uma intelectual formada em dois mundos — como pessoa kaingang, vivencia desde o nascimento as práticas e saberes de seu povo; como estudante na "cidade", faz as espécies narrativas e linguísticas originárias — artes da palavra — dialogarem com outras poéticas e discursos.

Zaqueu Key Claudino foca seu estudo na contextualização das condições de existência dos saberes tradicionais, transmitidos pelos mais velhos nas práticas de convivência, nos cantos, nas narrativas históricas e até mesmo na confecção do artesanato. O autor destaca ainda aspectos espirituais e cosmológicos da educação tradicional, em que "atividades corporais ou rituais, com características lúdicas, por onde permeiam os mitos, os valores culturais, congregam em si o mundo material e imaterial".[41] A ligação cósmica com a terra, para o educador, explica o costume de escutar histórias à noite, ao redor da fogueira e com o ouvido no chão, ou ainda em espaços na casa, na mata e na casa dos *Pa'i* (rezadores).

No meio audiovisual também surgem produções de autoria indígena desde a concepção até a circulação. O vídeo *A mata é que mostra nossa comida & Os seres da mata e sua vida como pessoas* (2010) apresenta dois documentários, um kaingang e o outro guarani. O primeiro mostra os mais velhos transmitindo seus conhecimentos sobre os significados e os modos de confecção dos alimentos, da cestaria e da cerâmica, como no caso da explicação sobre a trama das fibras artesanais aprendida a partir da observação dos desenhos formados pelas teias de aranha. A narrativa fortalece os vínculos do fazer prático com o saber ancestral, ensinamento que o vídeo atualiza para as novas gerações. O segundo é construído pela metalinguagem do jovem cineasta, que explica ser a câmera o olho e o ouvido dos que escutam a fala de seus avós. A intimidade criada na conversa que se dá enquanto compartilham o mate, um poderoso estimulante para o diálogo, quer interpessoal, quer com as divindades. Os relatos cosmogônicos e metafóricos explicam com as "belas palavras" os tempos de antigamente, quando os animais falavam e eram comuns as metamorfoses de humanos e não humanos, processos transfigurados na produção de cerâmica, cestaria e adornos e até mesmo nos sonhos com que significam a vida dita real.

Outra produção de autoria dos originários origina-se da parceria entre a equipe do *Vídeo nas aldeias* e os jovens cineastas e realizadores mbyá-guarani formados nas suas oficinas. O DVD contém três filmes: *Bicicletas de Nhanderú* (2008), cujo fluxo narrativo acompanha os movimentos da espiritualidade de um

---

41. Zaqueu Key Claudino, "Educação escolar indígena: um sonho possível?", p. 39.

A constelação romântica: período formativo

de seus rezadores; *Desterro Guarani* (2008), filme histórico que reflete sobre o contato com os colonizadores e a perda dos territórios; e, por fim, *Duas aldeias, uma caminhada* (2011), registro autorreflexivo de duas comunidades, uma na Lomba do Pinheiro, periferia de Porto Alegre, e outra na vizinhança das ruínas de São Miguel das Missões. Nessas duas narrativas encontra-se a apropriação criativa dos recursos audiovisuais, prática tradutória e intercultural inspirada na sabedoria dos ancestrais. A produzida na região missioneira mostra a aldeia pensando a si mesma no contraponto eficiente entre a memória e os mitos mbyá (como o relato da cobra que derrubou o sino da Missão ao ser atingida por um raio de Tupã) e a perspectiva permeada de estereótipos negativos dos não indígenas (como a menção infeliz de um visitante das ruínas à "sujeira" dos indígenas vendendo o artesanato ou o discurso complacente da professora explicando a seus alunos que portugueses e espanhóis chegaram a estas terras para "civilizar" e proteger as populações nativas).

O recente documentário *Kanhgág Kanhró Sabedoria Kaingang* (2015), dirigido por Karine Emerich e Rogério Rosa, acompanha o percurso dos nonagenários kaingangs Kasu e Seu Jorge por aldeias em Porto Alegre, São Leopoldo e Nonoai. As memórias, os rituais de cura e o histórico de lutas políticas servem como fio condutor do relato despojado e bem-humorado desses heroicos sobreviventes do desterro na própria terra.

Por fim, cabe registrar algumas publicações resultantes de interações entre professores e autores indígenas e entidades ligadas principalmente à educação. O intitulado "I Livro da Etnia Guarani", *Ayvu Anhetenguá* (2005), escrito na língua autóctone, resultou do trabalho conjunto entre a Universidade Federal do Rio Grande do Sul (UFRGS), a Secretaria de Estado da Educação (SEC) e líderes e professores guaranis de seis *tekoá* (aldeias) próximas à cidade de Porto Alegre. Os textos escritos e ilustrados pelos autores, conforme é expresso na apresentação da obra, materializam o esforço das comunidades em levar sua cultura para o futuro, numa língua que começa a ser escrita de modos diversos e para uma escola que se pretende diferenciada a partir da perspectiva sociocultural própria. Em *Mbya Reko Regua*, publicação referente à Semana dos Povos Indígenas de 2009, o Conselho de Missão entre Indígenas (COMIN) disponibiliza textos curtos e desenhos de autoria indígena com informações sobre o modo de ser deste povo. Neste caderno está registrado um *Kaxo* em guarani e em português — no caso, uma história sobre o graxaim e a larva branca, conforme narrativa oral de um idoso da aldeia Flor da Mata, de Estrela Velha/RS.

Os kaingangs apresentam um *corpus* mais expressivo de publicações, possivelmente por terem sido submetidos a processos de escolarização mais agressivos e mais longevos que os demais povos originários do sul do país. Na Semana dos Povos Indígenas de 2003 foi publicado *Parentes e amigos unidos pela reconstrução da vida*, material colaborativo entre membros do COMIN e professores kaingangs de escolas indígenas. Destacam-se variados gêneros textuais, como carta (de uma professora e de uma criança), depoimentos (de um professor e de um aluno de escolas kaingangs) e narrativas (a origem do povo e sua divisão em duas metades, o mito da criação do sol e da lua). Na Semana dos Povos Indígenas de 2012 foi publicado *Povo Kaingang: vida e sabedoria*, em que novamente aparece o mito de origem, bem como relatos sobre alimentos, animais e práticas tradicionais. *Ẽg jamẽn kỹ mũ – textos Kanhgág* (1997) resulta de Curso de Formação de Professores Indígenas bilíngues e destina-se a suprir as escolas com material didático e de leitura produzido por docentes, que durante o curso tornam-se pesquisadores de sua cultura a partir de entrevistas junto aos conhecedores da tradição oral, em geral os *kujã*, sobre conteúdos como a "língua Kaingang e a abordagem de temas julgados relevantes tais

A constelação romântica: período formativo

como organização social tradicional, etno-história, mitologia e cosmologia Kaingang".[42]

O material foi organizado em três partes: na primeira, trabalhos sobre o *kujã*, sobre como veem a morte e sobre rituais e festas; a segunda se compõe de uma série de narrativas curtas, em língua kaingang, sobre o cotidiano das comunidades; e a terceira agrupa trabalhos sobre história do contato desde meados do século XIX e sobre a tradição guerreira do povo. Vale destacar a pragmática envolvida nos textos. Por um lado, registram com certo pessimismo o abandono dos costumes dos antigos pela interferência agressiva dos agentes que expropriaram territórios e impuseram a assimilação ao "progresso" e à nação brasileira, e, mais recentemente, a violência com que certas religiões combatem a cultura e a tradição originais. Por outro, defende-se que o "sistema de crenças e rituais tradicionais dos kaingangs pode ser considerado como uma autêntica religião"[43] e, junto a essa afirmação do saber próprio, valoriza-se a figura do *kujã* nos inúmeros relatos sobre suas revelações e curas, sobre os rituais como o *kiki* e sobre as festas em sua homenagem.

Não obstante essa resistência étnica, os autores destacam a capacidade do grupo em misturar concepções diferentes e tolerar a diversidade religiosa, "criando uma 'nova' tradição".[44] *Kamẽ-Gufã – Histórias contadas pelos velhos, criadas e vividas pelos alunos* (2011) define-se como "cartilha" que, com fartas ilustrações e fotografias dos autores, registra depoimentos, conselhos e narrativas surgidos em trabalho educativo desenvolvido na Terra Indígena Guarita (norte do Rio Grande do Sul) a partir de demanda da comunidade.

No mesmo local foram produzidas mais três obras quase totalmente na língua materna (diferentemente, portanto, das

---

42. Adão Sales Vyjkág et al., *Ẽg jamẽn kỹ mũ - textos Kanhgág*, p. 10.
43. *Ibid.*, p. 17.
44. *Ibid.*, p. 21.

311

até aqui referidas): a primeira é a cartilha *Venhkajró tu fy – Material didático para Educação Escolar Kaingang* (2014). Os outros dois textos, *Gufã ag kajró – Ti eg kajrãn-já kãjatun ge tu eg ni* (2008) e *Kanhig nhir, tyg-tynh mré nén u kãme – Muny kinhrãg ky hynhan jé* (2012), empregam desenhos, fotografias e grafismos nas páginas que contemplam, no caso do primeiro, uso de ervas na saúde e na alimentação, e, no caso do segundo, o registro de brincadeiras, jogos, cantos e histórias. Vale dizer que tais produções resultam, em geral, de entrevistas e conversas com os mais velhos, constituindo novos arquivos que suplementam as memórias, os saberes e os fazeres danificados pelos séculos de colonialismo. Mais uma vez recriam na letra o repertório mítico e poético da voz.

De tatus e fantasmas a criadores multimodais

As palavras dos *xapiri* [espíritos] são tão incontáveis quanto eles mesmos, e nós as transmitimos entre nós desde que *Omama* criou os habitantes das florestas. Antigamente, eram meus pais e avós que as possuíam. Eu as escutei durante toda a infância e hoje, tendo me tornado xamã, é a minha vez de fazê-las crescer em mim. [...] Os *xapiri* se esforçam para defender os brancos tanto quanto a nós. Se o sol escurecer e a terra ficar toda alagada, eles não vão poder mais ficar empoleirados em seus prédios nem correr no peito do céu em seus aviões! Se *Omoari*, o ser do tempo seco, se instalar de vez perto deles, eles só terão fios de água para beber e assim vão morrer de sede. É bem possível que isso aconteça mesmo! No entanto, os *xapiri* continuam lutando com valentia para nos defender a todos, por mais numerosos que sejamos. Fazem isso porque os humanos lhes parecem sós e desamparados. Nós

A constelação romântica: período formativo

somos mortais e essa fraqueza lhes causa pesar. Eles já nos veem como fantasmas enquanto ainda estamos vivos.[45]

A descrição de Davi Kopenawa a respeito dos brancos nos séculos XX e XXI devolve a negatividade que reconhecemos em incontáveis páginas de livros, cenas de filmes ou manchetes nas mídias sobre a selvageria e a ameaça representada pelos indígenas (do passado e do presente). Na obra publicada em coautoria com o antropólogo Bruce Albert, ele etnografa nossa desamparada humanidade com reflexões agudas sobre a crise que ameaça a sobrevivência planetária causada, a seu ver, pelo enfraquecimento dos espíritos protetores. Essa é a razão dramática de ter tornado público o diálogo interétnico e a escrita que subjetiva o legado oral do xamanismo.

De certa forma, a imposição da letra e sua ressignificação pelos indígenas contemporâneos conectam-se a esse empreendimento tradutório que afirma a disponibilidade intercultural do yanomami em compartilhar seus parâmetros cosmo-ontológicos com o que ele nomeia de "povo das mercadorias" — nós, os ocidentalizados brasileiros. O que propusemos nesse texto é um exercício de reflexão e abertura para outros modelos de textualidade e autoria passíveis de ampliar o sentido do que entendemos por literatura. Iniciamos com a constatação do duplo apagamento — o do espaço geográfico do Sul dos contornos iniciais da nação brasileira e o da contribuição étnica e cultural dos originários na formação histórico-cultural e artístico-literária sul-rio-grandense. Prosseguimos com a indicação da particularidade das escritas indígenas, biculturais e multimodais, um amálgama de formatos, suportes e linguagens que vão além do signo verbal numa criação amparada na coletividade e na sacralidade da palavra, bem como na intencionalidade política e educativa. Foi nesse sentido que ampliamos o *corpus* instituinte

---

45. Davi Kopenawa, A *queda do céu*: palavras de um xamã yanomami.

313

desse sistema intersemiótico, exemplificado nas cartas, cartilhas, produções acadêmicas em coautoria, narrativas audiovisuais, cantos, mitos, exercícios autoetnográficos. Poderíamos, indo mais além, ter abordado as narrativas e o repertório mítico-poético encontrado nos grafismos da cestaria e da cerâmica, nos adornos e incisões corporais, tudo isso, enfim, num entendimento de que aquilo que depois tomou a forma da literatura era antes nomeado de poesia, "arte da linguagem humana, independente de seus modos de concretização e fundamentada nas estruturas antropológicas mais profundas".[46] Tal compreensão do literário extrapola, evidentemente, o que a historiografia literária vem assumindo desde o seu princípio como objeto de reflexão e análise, haja vista a pouca incidência nos manuais de obras verbais com interfaces com o sonoro, o audiovisual e o performático. No registro letrado desaparece, ou pelo menos fica enfraquecida, a existência multimodal antes experimentada como um evento, até mesmo como um ritual, com repercussões na comunicação humana e na vida social.

Eis o desafio lançado por esses novos escribas e suas criações: disputar um lugar de fala no campo literário a partir — e não apesar — de sua diferença, possibilitando aos cânones revisar suas dobras, suas rasuras e seus domínios, porque antes das teorias há os fatos. Os kaingangs e guaranis ao sul do Brasil, nossos contemporâneos, já faz algum tempo não cabem mais nas imagens exóticas de tatus escondidos na terra ou de fantasmas a vagar pela solidão dos pampas.

Referências

A ÍNDIA caingangue escreveu ao presidente pedindo socorro. *Folha da Manhã*. Porto Alegre, 3 ago. 1975, p. 19.

---

46. Paul Zumthor, *Performance, recepção, leitura*, p. 15.

A constelação romântica: período formativo

ALMEIDA, Maria Inês de; QUEIROZ, Sônia. *Na captura da voz*: as edições da narrativa oral no Brasil. Belo Horizonte: Autêntica; FALE/UFMG, 2004.

BELFORT, Andila Inácio. A formação dos primeiros professores indígenas no sul do Brasil. *Cadernos de Educação Escolar Indígena* – 3º *grau indígena*. Barra do Bugres: UNEMAT, v. 4, n. 1, 2005.

BENTO, Derli; SALES, Elaine Minká Daniel; FALCADE, Noeli Teresinha; LUCKMANN, Sandro (Org.). *Vẽnhkajró tu fy* – Material didático para Educação Escolar Kaingang. São Leopoldo: Oikos, 2014.

CANDIDO, Antonio. *Formação da literatura brasileira*: momentos decisivos. 6. ed. Belo Horizonte: Itatiaia, 1981.

CENTENERA, Martín del Barco. *La Argentina o La conquista del Río de la Plata*: poema histórico. Lisboa: [s. n.], 1602. Disponível em: http://www.biblioteca.org.ar/libros/300725.pdf. Acesso em: 24 ago. 2015.

CESAR, Guilhermino. *História da literatura do Rio Grande do Sul*. 2. ed. Porto Alegre: Globo, 1971.

CESARINO, Pedro de Niemeyer. *Quando a Terra deixou de falar*: cantos da mitologia marubo. São Paulo: Ed. 34, 2013.

CINEASTAS INDÍGENAS MBYÁ-GUARANI: Mokoĩ Tekoá, Peteĩ Jeguatá Duas aldeias, uma caminhada – Bicicletas de Nhanderú. Real. Vídeo nas Aldeias/Programa Cultura Viva-MINC. Prod. Fábio Menezes/Vincent Carelli. 2011. Brasil. 1 DVD (146 min), son., color.

CLAUDINO, Zaqueu Key. Educação escolar indígena: um sonho possível? *In*: BENVENUTTI, Juçara; SANTOS, Simone Valdete dos; MARQUES, Tania Beatriz Iwasko (Org.). *Educação indígena em diálogo*. Pelotas: Ed. da UFPel, 2010.

COELHO, Maria Josele. *Mobilidades culturais na contística rio-platense de escrita feminina*. 2015. Tese. (Doutorado em Letras) – Universidade Federal do Rio Grande do Sul, Porto Alegre, 2015.

CRESPO, Benjamim Perokag; CRESPO, Claciane Rĩnẽnh; CRESPO, Natalino Góg; FALCADE, Noeli Teresinha; LUCKMANN, Sandro (Org.). *Kanhig nhir, tyg-tỹnh mré nén ũ kãme* – Mũnỹ kinhrãg kỹ hynhan jé. São Leopoldo: Oikos, 2012.

D'ANGELIS, Wilmar da Rocha. *Como nasce e por onde se desenvolve uma tradição escrita em sociedades de tradição oral?* Campinas: Curt Nimuendajú, 2007.

DORNELES, Malvina do Amaral; BERGAMASCHI, Maria Aparecida; GARCEZ, Pedro M.; SILVA, Sergio Baptista da (Org.). *Ayvu anhetenguá.* Porto Alegre: UFRGS/SEC, 2005.

GARLET, Ivori José. *Mobilidade Mbyá:* história e significação. 1997. Dissertação (Mestrado em História) – Pontifícia Universidade Católica do Rio Grande do Sul, Porto Alegre, 1997.

GODET, Rita Olivieri. *A alteridade ameríndia na ficção contemporânea das Américas:* Brasil, Argentina, Quebec. Belo Horizonte: Fino Traço, 2013.

GRAÚNA, Graça. *Contrapontos da literatura indígena contemporânea no Brasil.* Belo Horizonte: Mazza, 2013.

KANHGÁG KANHRÓ – Sabedoria kaingang. Dir. Karine Emerich, Rogério Rosa. Prod. Hopi Chapman, Karine Emerich. Brasil, documentário. 2015, 1 DVD (26 min), son., color.

KOPENAWA, Davi; ALBERT, Bruce. *A queda do céu:* palavras de um xamã yanomami. Trad. Beatriz Perrone Moisés. Prefácio de Eduardo Viveiros de Castro. São Paulo: Companhia das Letras, 2015.

LESSA, Barbosa. *Era de Aré.* São Paulo: Globo, 1993.

LESSA, Barbosa. *Estórias e lendas do Rio Grande do Sul.* 2. ed. São Paulo: Edigraf, 1963.

LIENHARD, Martin. *La voz y su huella.* México: Ediciones Casa Juan Pablos, 2003.

LOPES NETO, João Simões. *Lendas do Sul.* Porto Alegre: Artes e Ofícios, 2002.

LOPES NETO, João Simões. *Cancioneiro guasca.* Porto Alegre: Globo, 1954.

LUCAS, Maria Elizabeth; STEIN, Marília (Org.). *Yvý Poty, Yva'á/Flores e frutos da Terra*: cantos e danças tradicionais Mbyá-Guarani. Porto Alegre: IPHAN; Grupo de Estudos Musicais; PPGMUS/UFRGS, 2012.

LUCKMANN, Sandro; FALCADE, Noeli Teresinha (Org.). *Gufã ag kajró* – Ti ẽg kajrãn-já kãjatun ge tu ẽg nĩ. São Leopoldo: Oikos, 2008.

MARCUS, Cledes (Org.). *Semana dos Povos Indígenas 2009*: Modo de Ser Guarani/Mbya reko regua. São Leopoldo: Oikos, 2009.

MARCUS, Cledes (Org.). *Semana dos povos indígenas 2012* – Povo Kaingang: vida e sabedoria. São Leopoldo: Oikos, 2012.

MAHER, Terezinha Machado. "Índio" para estrangeiro ver: panetnicidade em contexto multicultural indígena. *Revista Língua & Literatura*. Frederico Westphalen. v. 14, n. 23, p. 97-122, dez. 2012.

MAHER, Terezinha Machado. De língua vilã, à língua emprestada, à língua aliada: representações acerca da língua portuguesa em discursos sobre políticas linguísticas no Acre indígena. *In*: CONGRESSO LUSO AFROBRASILEIRO DE CIÊNCIAS SOCIAIS (CONLAB), XI, 2011, Salvador. *Anais* [...]. Salvador: CONLAB, 2011. Disponível em: http://www.xiconlab.eventos. dype.com.br. Acesso em: 15 set. 2014.

MATOS, Cláudia Neiva de. Textualidades indígenas no Brasil. *In*: FIGUEIREDO, Eurídice (Org.). *Conceitos de literatura e cultura*. 2. ed. Niterói: EdUFF; Juiz de Fora: EdUFJF, 2010.

MARTINS, Roberto Bittencourt. *Ibiamoré, o trem fantasma*. Porto Alegre: L&PM, 1981.

MEYER, Augusto. *Cancioneiro gaúcho*. Porto Alegre: Globo, 1952.

NASCIMENTO, Márcia Gojtën. Ẽg vĩ kãmén sĩñvĩ han – as artes da palavra no kaingang. *In*: BERGAMASCHI, Maria Aparecida; VENZON, Rodrigo Allegretti (Org.). *Pensando a educação kaingang*. Pelotas: Ed. Universitária/UFPel, 2010.

NẼN Ã TỸ ẽg vẽjẽn nĩm tĩ: A mata é que mostra nossa comida – Nhandé va'e kue memeî: Os seres da mata e sua vida como pessoas. Dir. Rafael Devos. Prod. Anelise Guterres. Porto Alegre. 2010. 1 DVD (57 min), son., color.

NEUBERGER, Bruna; RIBEIRO, Levino Amaral; FALCADE, Noeli Teresinha; LUCKMANN, Sandro (Org.). *Kamẽ-Gufã* – Histórias contadas pelos velhos, criadas e vividas pelos alunos. São Leopoldo: Oikos, 2012.

OVIEDO, José Miguel. *Historia de la literatura hispanoamericana*. Madrid: Alianza Editorial, 2012.

PORTO ALEGRE, Apolinário. *Popularium sul-rio-grandense*. 2. ed. ampl. Porto Alegre: Ed. da UFRGS; IEL, 2004.

RAMÍREZ, Hugo (Org.). *Iconografia poética do índio do Rio Grande do Sul*. Porto Alegre: Governo do Estado do Rio Grande do Sul/ Comissão Executiva de Homenagem ao Índio (CEHI), 1976.

ROSA, Rogério Reus da. *"Os kujã são diferentes"*: um estudo etnológico do complexo xamânico dos Kaingang da terra indígena Votouro. 2005. Tese (Doutorado em Antropologia Social) – Universidade Federal do Rio Grande do Sul, Porto Alegre, 2005.

SÁ, Lúcia. *Literaturas da floresta*: textos amazônicos e cultura latino--americana. Rio de Janeiro: EdUERJ, 2012.

SCHÜLER, Donaldo. *A poesia no Rio Grande do Sul*. Porto Alegre: Mercado Aberto, 1987.

SILVA, João Pinto da. *História literária do Rio Grande do Sul*. Porto Alegre: CORAG; IEL, 2013.

SILVA, Marta Nömberg da *et al*. (Org.). *Semana dos Povos Indígenas 2003*: o desafio é sermos parentes e amigos unidos pela recons-trução da vida. São Leopoldo: Con-Texto; COMIN, 2003.

SOUZA, José Otávio Catafesto de; MORINICO, José Cirilo Pires. Fantasmas das brenhas ressurgem nas ruínas: Mbyá-Guaranis relatam sua versão sobre as Missões e depois delas. *In*: KERN, Arno; SANTOS, M. Cristina dos; GOLIN, Tau (Dir.). *Povos indígenas*. Passo Fundo: Méritos, 2009. v. 5. (Coleção História Geral do Rio Grande do Sul).

SOUZA, Lynn Mario T. Menezes de. Para uma ecologia da escrita indígena: a escrita multimodal Kaxinawá. *In*: SIGNORINI, Inês (Org.). *Investigando a relação oral-escrito*. Campinas: Mercado de Letras, 2001, p. 167-192.

TAVA MIRI São Miguel Arcanjo, Aldeia Sagrada de Pedra: os Mbyá--Guarani nas Missões. Porto Alegre: IPHAN/RS, 2007.

THIÉL, Janice. *Pele silenciosa, pele sonora*: a literatura indígena em destaque. Belo Horizonte: Autêntica, 2012.

VYJKÁG, Adão Sales *et al*. Ẽg jamẽn kỹ mũ – textos Kanhgág. Brasília: APBKG/Dka Áustria/MEC/PNUD, 1997.

ZUMTHOR, Paul. *Performance, recepção, leitura*. Trad. Jerusa Pires Ferreira, Suely Fenerich. São Paulo: EDUC, 2010.

Eliana Inge Pritsch

1.13

As vidas de Sepé

As vidas de Sepé multiplicam-se nas diferentes abordagens — históricas, antropológicas, culturais, literárias — mas, sobretudo, mostram a vitalidade de um tema que está longe de estar encerrado. Os diferentes enfoques pelos marcos temporais e históricos que transpassam sua individualidade — a história, as Missões jesuíticas, a Guerra Guaranítica, o gauchismo, o herói, a lenda, as polêmicas e as homenagens oficiais, as questões antropológicas — funcionam, por um eixo literário central, como satélites dessa persona/personagem.[1]

Sepé vive

Duzentos e sessenta anos depois da Guerra Guaranítica, a atualidade do tema surpreende. Muitas das questões ideológicas continuam permeando as diversas posições sobre o assunto. A guerra foi a consequência direta do Tratado de Madri — firmado entre as Coroas portuguesa e espanhola em 1750 — e da recusa dos indígenas guaranis missioneiros em migrarem para o outro lado do Rio Uruguai, a atual Argentina. Como se sabe, o Tratado previa a permuta de territórios: a lusa cidade de Colônia do

---

1. Nesse sentido, cada um dos tópicos mereceria e justificaria um estudo específico, restritos aqui a uma inter-relação com a construção de um Sepé literário. Além disso, boa parte das informações são oriundas e sintetizadas da tese de doutorado *As vidas de Sepé* (2004), com as devidas atualizações.

A constelação romântica: período formativo

Santíssimo Sacramento, localizada na região do atual Uruguai, passaria a pertencer à Espanha, que, na contrapartida, entregava a Portugal os Sete Povos das Missões, localizados na metade oeste do estado do Rio Grande do Sul. A questão, no entanto, é bem mais abrangente: o tema muitas vezes não se restringe à atuação de Sepé Tiaraju, nos episódios bélicos travados entre 1752 e 1756, nem se reduz à sua morte em fevereiro de 1756, três dias antes da Batalha de Caiboaté — eufemismo para a maior chacina ocorrida com o aval oficial das Coroas ibéricas, da qual resultaram mortos mais de 1500 indígenas em apenas 1h10min, massacrados pela superioridade dos armamentos bélicos dos aliados em oposição à precariedade e desorganização do exército guarani.

Se o espaço missioneiro, se a história das Missões teve tratamento desigual ao longo dos anos, também Sepé é incluído nessa oscilação, criando grupos opostos, que ora os incluem, ora não.[2] Por exemplo, Teschauer, na década de 1920, em sua *História do Rio Grande do Sul dos dois primeiros séculos*, principia a história de nosso estado nos séculos XVII e XVIII, quando as Missões Jesuíticas eram ainda espanholas. Por outro lado, pensadores ligados a uma compreensão lusitanista para a formação do Rio Grande do Sul fizeram oposição ferrenha às Missões como parte de nossa história, destacando-se Moysés Vellinho e Othelo Rosa.

Espaço de disputa entre as Coroas portuguesa e espanhola, a apropriação da região transfere-se hoje para o legado histórico e cultural das Missões, e a apropriação desse legado é atestada em diversos campos: o literário, o histórico, o antropológico, o econômico-político, o turístico.

O embate ideológico, de décadas anteriores, arrefeceu e possibilitou uma mudança, principalmente nos currículos escolares, passando a história das Missões a integrar os currículos e a ser

---

2. Segundo Ieda Gutfreind, A *historiografia rio-grandense*, a historiografia gaúcha desenvolve um movimento pendular em que ora inclui, ora não, o espaço e a história missioneiros na formação do Rio Grande do Sul.

contínuo objeto de investigação acadêmica. Com isso, surgem materiais didáticos e paradidáticos — livros, vídeos, histórias em quadrinhos — passíveis de serem usados na rede escolar. Também documentários[3] feitos para a televisão ressaltam a importância dos guaranis e dos espanhóis na formação étnica e cultural do gaúcho. Além disso, já virou tradição, talvez dos últimos vinte e cinco anos, as escolas — privadas e públicas — programarem excursões de seus alunos para as Missões, com o papel educativo de mostrar às novas gerações a importância da Guerra Guaranítica, dos indígenas guaranis e das Missões Jesuíticas na formação do estado do Rio Grande do Sul. Com a inclusão das ruínas de São Miguel como Patrimônio Histórico da Humanidade, da UNESCO, em 1983, houve o desenvolvimento desse polo turístico e comercial, fonte de renda inclusive para a comunidade mbyá-guarani.[4] Nesse contexto, destacam-se o *show* Som e Luz de São Miguel e a peregrinação anual Caminho das Missões, em que Sepé Tiaraju é um guia dos peregrinos. Também a região missioneira se converte, no imaginário sul-rio-grandense, na representação do lugar de origem do gaúcho autêntico, destacando-se, na música, Jayme Caetano Braun, Noel Guarani, Cenair Maicá, entre outros.

Assim, os novos ingredientes apontam para uma apropriação do espaço missioneiro, de sua história e de Sepé por novos olhares, amparados na própria arqueologia, na antropologia[5], nas narrativas orais — principalmente pelo olhar dos indígenas sobre a sua

---

3. Na série O *Continente de São Pedro* (2001–2002), da RBS, o quinto episódio referia a influência guarani (por meio das Missões Jesuíticas) e dos espanhóis na formação do estado.

4. José Otávio Catafesto de Souza e José Cirilo Pires Morinico, em "Fantasmas das brenhas ressurgem nas ruínas", chamam a atenção, por um viés patrimonialista, para as reivindicações dos mbyá-guarani no sentido de ter acesso ao espaço das ruínas das Missões, espaço de múltiplas significações para esses grupos.

5. Destacam-se, por exemplo, os estudos de Ceres Karam Brum, em especial o livro "*Esta terra tem dono*": representações do passado missioneiro no Rio Grande do Sul.

A constelação romântica: período formativo

história e seu passado[6] —, no gauchismo, no Movimento dos Trabalhadores Sem-Terra (MST) e na igreja católica. Provavelmente, o incremento da lenda de Sepé é fruto da identificação dos valores gaúchos "autênticos" à região missioneira, além da disputa por terras. Nesse sentido, MST e fazendeiros locais da região de São Gabriel invocam Sepé, e sua antológica frase — "Esta terra tem dono" — para justificar seus argumentos na posse territorial[7] é ironicamente utilizada pelos dois lados da disputa.

O MST, parte da Igreja católica e o Conselho Indigenista Missionário (CIMI) aderem a essas disputas a partir de questões sociais ligadas às edições da Romaria da Terra, de proposições legais para homenagear Sepé e do processo de santificação de Sepé Tiaraju. Em 2005, criou-se um Comitê do Ano de Sepé Tiaraju[8], sob a coordenação do irmão marista Antonio Cecchin[9]. Nessa perspectiva, Sepé é herói e mártir, evocado na luta pela defesa da terra.

---

6. Destacam-se as apropriações que os próprios indígenas fazem da figura de Sepé. Por um lado, as manifestações de Mauricio da Silva Gonçalves, liderança mbya-guarani, sobre a importância de Sepé; por outro, a contestação, inclusive, de que Sepé fosse guarani. Na realidade, as apropriações guaranis ressignificam o mito, atualizando-o. Essa diversidade pode ser observada nos relatos de diversos narradores do filme *Tava*: a casa de pedra (2011). Ceres Karam Brum; Suzana Cavalheiro de Jesus, "Mito, diversidade cultural e educação: notas sobre a invisibilidade guarani no Rio Grande do Sul e algumas estratégias nativas de superação".

7. Em julho-agosto de 2003, com a desapropriação de 13 mil hectares de terra para fins de reforma agrária, no município de São Gabriel, fazendeiros locais comandaram uma caminhada defensiva e a interdição da passagem da marcha dos sem-terra, liderada pelo MST, pelo município.

8. Na ocasião foram produzidos CD e DVD com músicas e poemas alusivos às Missões e a Sepé, bem como a publicação do livro *Sepé Tiaraju 250 anos depois*, com diversos textos. Sobre os eventos e comemorações de fevereiro de 2006, o texto de Ceres Karam Brum, "O mito de Sepé Tiaraju: etnografia de uma comemoração", faz um bom relato e análise.

9. Falecido em novembro de 2016, Cecchin é responsável também pelos encaminhamentos dos processos de santificação de Sepé Tiaraju, que, na gestão de Bento XVI, não foi adiante, e foi reencaminhado em 2015, já sob a gestão de Papa Francisco. Com a morte de Cecchin, frei Luiz Carlos Susin segue as tratativas. Ironicamente o IHGRS que, em décadas anteriores, negara qualquer homenagem a Sepé, em 2017, na figura de seu presidente Miguel do Espírito Santo, pediu à Assembleia Legislativa do Estado apoio para o prosseguimento desse processo de canonização.

Ainda na fronteira do ensino de história, cultura e lendas brasileiras, é interessante notar a inclusão de Sepé Tiaraju em *sites* oficiais do governo brasileiro, principalmente depois da "legitimação" legal. Também incrementam-se as produções audiovisuais[10] e textos veiculados em meio digital. Nesse sentido, há muitos vídeos de animação disponíveis, bem como um jogo digital[11] que reproduz as batalhas da Guerra Guaranítica. Certamente, novos enfoques se tornarão mais evidentes a partir das variadas apropriações de Sepé pelas narrativas orais dos indígenas, narrativas que contrapõem essas visões já consagradas da multifacetada figura de Sepé.

Sepé histórico

Para além da lenda, a história das Missões é assunto muito vasto e controverso, que se desdobrou, ao longo dos tempos, em visões antagônicas. Há inúmeras pesquisas históricas que tornam mais amplo e constante o reexame do período histórico das Missões, da Guerra Guaranítica e do legado histórico. Decorrente disso, há uma trajetória de pesquisa no estado[12] que resulta em inúmeras

---

10. Da década de 1980, destacando-se *The Mission* (1986), dir. de Rolland Joffe e *República Guarani* (1982), de Sylvio Back. Recentemente, vídeos disponíveis no YouTube sobre Sepé: "O Brasil por Eduardo Bueno – Sepé Tiaraju" (https://www.youtube.com/watch?v=_jtaFMEIPng&t=33s); "Sepé Tiaraju – Herói Nacional, com texto e Luís Rubira e narração de Daniel Munduruku" (https://www.youtube.com/watch?v=ztaS0Hze8Tc&t=546s); "Revista da História de Sepé Tiaraju", com imagens do livro publicado pela Câmara Federal, (https://www.youtube.com/watch?v=1L0yAqF1oBw); "Quem foi Sepé Tiaraju?" – Linha Campeira #27 (https://www.youtube.com/watch?v=OoKBT-eAAvY); "260 anos do assassinato de Sepé Tiaraju – e da luta Guarani pela terra (https://www.youtube.com/watch?v=1XPxRj-EFPA), filmado em São Gabriel, em 2016, com cantos em guarani e entrevistas a lideranças como Maurício da Silva Gonçalves.

11. Segundo o *trailer* do game "Sepé Tiaraju, ESSA TERRA TEM DONO!", disponível no YouTube — https://www.youtube.com/watch?v=-hzm_QXkIno — o jogo refaz aspectos bélicos, como, por exemplo, construir torres de defesa, identificação dos inimigos.

12. Se se fizer um levantamento por títulos de dissertações de mestrado e teses de doutorado nos principais Programas de Pós-Graduação em História, é possível, também, atestar-se a importância e atualidade do tema.

A constelação romântica: período formativo

publicações sobre o assunto, destacando-se historiadores como Arno Kern[13], Júlio Quevedo, Tau Golin[14], entre outros. Também é evidente a preocupação com a (re)publicação de fontes primárias sobre o assunto, como ilustra o livro de Tau Golin, incluindo o texto de Custódio de Sá e Faria. Essas fontes — diários, registros, correspondências[15] — reservam um espaço diminuto a Sepé Tiaraju, pois o foco central desses relatos são as operações de guerra, as tratativas e outras considerações genéricas. Esses textos setecentistas são importantes na medida em que foram aproveitados — ou não — na construção das versões literárias, que evidenciam um descompasso entre o espaço histórico e o espaço literário reservados ao capitão guarani. Basicamente, quatro episódios são relevantes: a oposição dos indígenas ao avanço dos demarcadores, em Santa Tecla, em fevereiro de 1753; os ataques ao Forte de Rio Pardo ocorridos em fevereiro e abril de 1754; o encontro oficial entre indígenas e o general português Gomes Freire de Andrade, em novembro de 1754; e as escaramuças do dia 7 de fevereiro de 1756, quando Sepé morreu, três dias antes da famosa Batalha de Caiboaté, no município hoje de São Gabriel/RS.

Do período da Guerra Guaranítica, destacam-se os diários do capitão Jacinto Rodrigues da Cunha[16] e de José Custódio de Sá e Faria[17], pelo lado da expedição portuguesa. O primeiro é, possivelmente, a fonte mais direta que José Basílio da Gama deve ter consultado para compor *O Uraguai* (1769), primeiro texto

---

13. Arno Kern, *Missões*: uma utopia política.

14. Tau Golin, *Sepé Tiaraju e A Guerra Guaranítica*.

15. Além desses diários, há uma volumosa correspondência das cortes entre si, das cortes com os representantes da Companhia de Jesus, bem como entre os próprios missionários e outros religiosos.

16. Jacinto Rodrigues da Cunha, "Diário da expedição de Gomes Freire de Andrada às Missões do Uruguai pelo Capitão Jacinto Rodrigues da Cunha".

17. José Custódio de Sá e Faria *apud* Tau Golin, *A Guerra Guaranítica*: como os exércitos de Portugal e Espanha destruíram os Sete Povos dos jesuítas e índios guaranis no Rio Grande do Sul.

literário no que diz respeito à figura de Sepé, transcrevendo as duas cartas encontradas, supostamente, junto ao corpo de Sepé, além de apontar a autoria compartilhada da morte de Sepé por um "peão português [que] quebrou uma lança no corpo, e o governador de Montevidéu acabou de matar, com um tiro de pistola".[18]

Ligados à administração espanhola e ao exército espanhol, registram-se os relatos de José de Andonaegui (capitão-general, governador das províncias do Prata e comandante dos Exércitos Unidos pelo lado espanhol), José Joaquim Viana (governador de Montevidéu) e Francisco Graell (espanhol, capitão de dragões).

Pelo lado dos jesuítas, compõem esse conjunto os relatos do superior das Missões do Paraguai, Bernardo Nusdorffer[19], do padre Tadeu Enis[20] e do secretário e substituto do provincial Juán de Escandón[21]. Os relatos dos jesuítas, além de representarem diferentes esferas hierárquicas da própria Companhia de Jesus e os comprometimentos de cada uma delas na divulgação dos fatos, destacam-se por trazer elementos, narrar episódios também recuperados nas versões literárias.

No início do século XX, houve um incremento considerável nos estudos sobre a Guerra Guaranítica e as Missões Jesuíticas. Destacam-se os trabalhos de Aurélio Porto e de Carlos Teschauer, entre outros. Em todos eles, os dados referem-se, de maneira genérica, à figura de Sepé, reproduzindo, em maior ou menor grau, as informações dos documentos anteriores.

Por último, há ainda uma influência bastante evidente das realizações literárias sobre Sepé Tiaraju no próprio campo dos estudos históricos, confirmando que a influência literária do

---

18. *Ibid.*, p. 417.

19. Bernardo Nusdorffer, "Relatório da transmigração e guerra dos Sete Povos do Rio Grande do Sul". Nascido na Baviera, exerceu, na América do Sul, os cargos de superior da Redução La Cruz, no Paraguai, de reitor do Colégio de Santa Fé e foi, por duas vezes, Superior das 30 Missões guaraníticas.

20. Tadeu Henis, "Efemerides de la Guerra de los Guaranies desde el año de 1754".

21. Juan de Escandón, *História da transmigração dos Sete Povos Orientais.*

A constelação romântica: período formativo

tema não se mantém apenas pelas obras literárias em si, mas também pelas diversas referências indiretas, principalmente, à épica basiliana e ao poema de Simões Lopes Neto, nos livros didáticos e paradidáticos de história do Rio Grande do Sul. Assim, por exemplo, o livro indicado para o ensino fundamental, *Guerra Guaranítica*, de Júlio Quevedo, inclui fragmentos das obras de Basílio da Gama, Simões Lopes Neto e Erico Verissimo.

Polêmicas e homenagens

No debate histórico-ideológico, a figura de Sepé foi objeto de muitas polêmicas. Na década de 1950, por ocasião do bicentenário da morte do indígena, o Instituto Histórico e Geográfico do Rio Grande do Sul (IHGRS) recebeu a incumbência, por parte do governador do estado, de se posicionar sobre a construção de um monumento a Sepé, em São Gabriel, local da morte do guarani, fazendo uma homenagem ao herói desaparecido "em holocausto à pátria". No entendimento do proponente, por meio da figura de Sepé louvar-se-ia "o passado de lutas, glórias e sacrifícios de todo o povo gaúcho".[22] A função do Instituto era, mais ou menos, esta: um órgão consultor que emite sua opinião sobre a pertinência da nomenclatura oficial de novas escolas, logradouros e outros. No caso da homenagem a Sepé, o IHGRS foi contrário[23], o que fez com que as duas correntes da historiografia, que já vinham polemizando sobre a origem platina ou lusitana do estado, mobilizassem-se, agora mais ainda, sobre a possibilidade de Sepé ser considerado um herói gaúcho.

Basicamente, o argumento da Comissão diz respeito ao *sentido de pátria* representado por Sepé, que não era da pátria portuguesa, não podendo, portanto, ser associado ao patriotismo

---

22. Proposição do Major João Carlos Nobre da Veiga ao governo do estado.
23. Em reunião em 18 de outubro de 1955, o Comitê de História redigiu um Parecer contrário, assinado por Othelo Rosa (relator), Afonso Guerreiro Lima e Moysés Vellinho e divulgado no *Correio do Povo*, no dia 26 de novembro de 1955.

do gaúcho brasileiro. Era improcedente a homenagem, uma vez que Sepé, sendo súdito de Espanha, só podia ser inimigo do lado lusitano e, futuramente, brasileiro.

O parecer foi divulgado na imprensa, e a polêmica instaurada entre os próprios membros do IHGRS se alastrou[24] à comunidade cultural e a outros historiadores ligados aos setores nativistas sobre a legitimidade de se erguer um monumento em homenagem a Sepé. Para um primeiro grupo, anti-Sepé, a história deve-se ater aos documentos, aos fatos, e não à lenda; pátria (Brasil) circunscreve-se à raiz lusitana, à inserção do Rio Grande no império português e, assim, herói nacional só pode ser aquele que desempenha papel de destaque para expansão ou afirmação desse império. Para o segundo grupo, pró-Sepé, a lenda, o folclore podem ser documentos históricos válidos: a história do Rio Grande começa muito antes da sua anexação ao império lusitano. Os indígenas nativos e, depois, as Missões espanholas devem, também, fazer parte dessa história e, em virtude disso, Sepé pode representar um caráter heroico porque telúrico, uma suposta primeira manifestação de amor à terra, mote tão ao gosto do nosso regionalismo.

Essa polêmica também se avivava em outros momentos em que algum tipo de homenagem a Sepé era proposta. Foi assim, em 1977, quando da proposta de alteração do nome do aeroporto de Santo Ângelo pelo Congresso Nacional e, mais recentemente, em 2006, quando da comemoração dos 250 anos da morte de Sepé.

Independentemente das polêmicas, nos anos seguintes, Sepé passou a nomear escolas, ruas, bairros e Centros de Tradições Gaúchas (CTG). Todo o esforço do IHGRS foi em vão e, aos

---

24. Generaliza-se, principalmente, em dois jornais — *Correio do Povo* e *Jornal do Dia* — ao longo de 1956 e 1957, alternando-se opiniões pró ou contra Tiaraju. O debate, porém, acabou por residir em interpretações sobre nossa origem lusitana ou espanhola, sobre a mitificação de um espaço que não devia ser e não era considerado província do Brasil e, sobretudo, a respeito da possibilidade de Sepé ser considerado um herói gaúcho e, por extensão, brasileiro.

poucos, mais de 26 escolas — municipais, estaduais, inclusive uma escola estadual indígena em Mariana Pimentel/RS, e uma federal — passaram a levar o nome de Sepé. A maioria delas está localizada na região Central e nas Missões.[25] No que diz respeito aos logradouros de cidades gaúchas, é possível constatar a presença crescente do nome de Sepé Tiaraju. Há mais de cinquenta[26] ruas no Rio Grande do Sul com seu nome — incluindo as variantes Sepé, Tiaraju e São Sepé — além de ser nome de bairro, distrito ou assentamento.[27] No campo do Tradicionalismo, Sepé passa a designar quinze CTGs no Rio Grande do Sul e dois no oeste paranaense.[28]

Por ocasião das comemorações dos 250 anos da morte de Sepé, houve diversos movimentos, no sentido de organizar os eventos. Foi criado um Comitê do Ano de Sepé Tiaraju que fomentou, entre outras atividades e comemorações, a proposição de lei estadual[29] e federal[30], legitimando Sepé Tiaraju como gaúcho e brasileiro.

Vitalidade literária

Como sempre acontece, os mortos da vida estavam disponíveis, então, para a história e a literatura. Do massacre das Missões, brotaram muitas interpretações historiográficas, e também nasceram duas vertentes

---

25. Curiosamente, o município de Quevedos/RS tem duas escolas municipais: uma Sepé Tiaraju e outra, Othelo Rosa, ferrenho crítico a Sepé, ambas fundadas pelo mesmo Decreto Municipal 16, de 7 de outubro de 1977.

26. Dados atualizados em março de 2019.

27. Interessante o fato de existir rua São Sepé em Guarulhos/SP, São Paulo/SP, Campo Grande/MS e Rio de Janeiro/RJ.

28. Relação Oficial dos CTGs do Rio Grande do Sul, MTG, e páginas dos CTGs.

29. Lei n° 12.366, D.O.E. de 3 de novembro de 2005, que institui o dia 7 de fevereiro como data oficial e declara Sepé Tiaraju "Herói Guarani Missioneiro Rio-Grandense".

30. Projeto de Lei de proposição de Marcos Maia (PT), em 2005, e a consequente Lei n° 12.032, D.O.U., de 21 de setembro de 2009, que inscreve o nome de Sepé no "Livro dos Heróis da Pátria".

de literatura: uma erudita, de pouca vigência, e outra popular, de tardia, mas longa frutificação.[31]

As "vidas" de Sepé Tiaraju põem em relevo as diferentes acepções a que essa figura esteve sujeita quando priorizada pela História, pela Literatura ou pela Antropologia. Cada uma dessas "vidas" reveste-se de suas respectivas vinculações ideológicas que transformam Sepé em uma figura controversa, mítica e polêmica. Na verdade, a pessoa histórica dispersa-se na criação da personagem. Se é verdade que ambos os discursos narrativos — literatura e história — se constroem com os mesmos ingredientes — tempo, espaço, personagens, acontecimentos —, não é menos importante a distinção que se estabelece no aproveitamento desses elementos em cada uma das formas narrativas, a ponto de constituir, no conjunto, a especificidade de cada uma delas. Por exemplo, o tempo, na narração histórica, é pontual — dia, mês, ano —, ao passo que, na narrativa literária, pode converter-se em "era uma vez".

A consagração e mitificação de Sepé também ocorreram pelo viés literário, pelo texto escrito. Literatura e cultura popular mesclam-se, reforçando-se mutuamente a ponto de confundirem-se seus papéis, isto é, muitas vezes é a literatura que serve de testemunho da heroicização de Sepé. Por outro lado, não parece correto imaginar que coube à literatura o poder de criação de uma lenda, como se fosse uma "invenção" descolada de qualquer dado de realidade. Por isso, a maioria das obras traz nos seus títulos dados referenciais à região, à Guerra Guaranítica e a Sepé Tiaraju. Mas Sepé, como personagem literária, como criação que do campo lendário e mítico ganha autonomia e vida própria pela literatura, é capaz de associar e apontar inúmeras questões: heroicidade, misticismo e santidade, cultura gaúcha (erva-mate), protótipo do gauchismo — habilidade com o cavalo e amor à terra.

---

31. Luís Augusto Fischer, *"Lendas do Sul*: um roteiro de leitura", p. 20.

A constelação romântica: período formativo

Além disso, os diferentes textos que tratam de Sepé exemplificam, também, gêneros narrativos diversos: poema épico, romance, novela, histórias em quadrinhos, afora músicas e poemas em geral, pois o guarani vive, igualmente, no cancioneiro popular gaúcho. Cada um dos textos literários contribui para uma soma de caracteres, às vezes antagônicos e contraditórios, mas que permitem desenhar sempre um novo perfil de Sepé: *altivo* na obra de Basílio da Gama, com o seu *lendário lunar* em Simões Lopes Neto, como *cristão valente* em Manoelito de Ornellas, como *fonte telúrica* em Erico Verissimo e como *símbolo da luta pela terra* em Alcy Cheuiche.

Como tal, aponta para diversas interfaces: a articulação entre popular X erudito, entendida como possibilidade de resgatar representações literárias limítrofes como canções e variantes lendárias em contraposição com textos literários publicados. A segunda articulação são as referências históricas e de outras fontes na criação da persona literária e, por fim, a análise dos elementos mais estruturais — gênero literário, categorias da narrativa — personagem (secundária ou principal), narrador — articulados à circulação do texto e ao pressuposto público-alvo.

O Uraguai (1769), de Basílio da Gama (1741–1795)

Foi a primeira obra literária a dar lugar a Sepé[32] e à história da Guerra Guaranítica. Publicado apenas treze anos após o término da guerra, apresenta algumas características peculiares ao neoclassicismo da época bem como um caráter encomiástico, de adesão aos pressupostos ideológicos do Marquês de Pombal. No entanto, o que interessa é o destaque dado às personagens indígenas e suas ações, principalmente no encontro entre o

---

32. Em O *Uraguai*, o nome aparece grafado como Cepé. Outras grafias — Sepée, Çapé, Zepe, Sapé — também são recorrentes, além dos nomes de Joseph Tyarayu ou Tiararu.

comandante português Gomes Freire de Andrade, o bem articulado e ficcional indígena Cacambo e o "altivo Sepé".

Por sua longa trajetória, pelo assunto polarizado, pela recepção diversa[33], é obra que despertou, ao longo dos anos, uma profícua fortuna crítica, bastante polarizada entre aqueles que são francamente favoráveis e elogiosos ao poema e outros que questionam a qualidade da obra basiliana. Contudo, historicamente chama a atenção como a crítica, querendo relativizar a importância do poema, tenta diminuir a importância histórica da Guerra Guaranítica. Assim, para José Veríssimo, "Tal tema, ainda exagerado por uma imaginação épica, daria apenas um episódio em um poema de mais vulto"[34]; para Antonio Candido, "Basílio hipertrofia um acontecimento militar de pouco relevo".[35] Essas questões colocam em contraste história do Brasil e história do Rio Grande do Sul, sistema literário brasileiro e literatura gaúcha.

Nesse sentido, a ideia de Ivan Teixeira sintetiza um modo importante de ver o poema, ao recuperar um eixo histórico pouco abordado pela crítica em geral, quando diz: "Resulta daí o choque central da fábula de *O Uraguai*, cuja maior característica épica consiste na reprodução metonímica desse choque, que caracteriza a colonização europeia no Brasil".[36] Em sentido contrário, Donaldo Schüler destaca que "*O Uraguai* anuncia o despertar de sonhos [...] para a realidade crua da América ferida, em que o troar da artilharia escavou lagos de sangue"[37], podendo, assim, justamente, alcançar um sentido mais amplo.

---

33. Vania Pinheiro Chaves, em *O Uraguai e a fundação da literatura brasileira*, faz uma extensa revisão bibliográfica da fortuna crítica da obra.

34. José Veríssimo, *História da literatura brasileira*: de Bento Teixeira (1601) a Machado de Assis (1908), p. 115.

35. Antonio Candido, "A dois séculos de *O Uraguai*", p. 190.

36. Ivan Teixeira, "Epopeia e modernidade em Basílio da Gama", p. 51.

37. Donaldo Schüler, *Na conquista do Brasil*, p. 136.

A constelação romântica: período formativo

A ideia de liberdade transforma-se, na fala de Sepé, na defesa das terras indígenas: "e todos sabem / que estas terras que pisas o Céu livres / Deu aos nossos avós; nós também livres / As recebemos dos antepassados. / Livres as hão de herdar os nossos filhos".[38]

Se a literatura é tomada como fonte ou sugestão histórica, o poema de Basílio da Gama inaugura uma tradição polêmica na história e no imaginário sul-rio-grandense. Em certa medida, é na figura de Sepé que reside (e resiste) um valor épico centrado na guerra, na inalterabilidade de ânimo do herói, o que acaba por dar-lhe condição heroica. O mérito de Basílio da Gama está em ter antecipado uma ideia que viria a se solidificar somente no século XX. Por isso, a personagem Sepé, em *O Uraguai*, mesmo sendo secundária, usurpa o lugar de destaque das demais personagens (Freire e Cacambo) para se tornar o herói.

"O lunar de Sepé", de Simões Lopes Neto (1865-1916)

Do livro *Lendas do Sul* (1913)[39], "O lunar de Sepé" é o segundo texto literário a referir Sepé, o que demonstra mais ainda sua importância porque não se tem conhecimento de obra literária publicada sobre o assunto durante o século XIX[40]. Segundo nota explicativa do autor, foi recolhido da récita de Maria Genória Alves, uma "velhíssima mestiça moradora na picada que atravessa o rio Camaquã, entre os municípios de Canguçu e Encruzilhada".[41]

---

38. Basílio da Gama, *O Uraguai*, Canto Segundo, versos 177-181.

39. *Lendas do Sul* conta com três histórias bem desenvolvidas — "A Mboitatá", "A Salamanca do Jarau" e "O Negrinho do Pastoreio" — e outras lendas que se configuram como "Argumentos de outras lendas missioneiras e do Centro e Norte do Brasil", em que se inclui "São Sepé", texto que procura localizar a origem do nome, ligando-o ao Arroio São Sepé, no município de Caçapava. Na sequência, o texto registra a inscrição em uma cruz, na presumível sepultura do indígena, e a popular santificação do guerreiro.

40. Talvez isso explique os caminhos apartados dos dois textos inaugurais. Só recentemente Bosi (2002) incluiu o texto simoniano em uma análise do poema de Basílio, evidenciando, justamente, o caráter de mito/lenda que a figura de Sepé alcança na literatura posterior.

41. Simões Lopes Neto, *Lendas do Sul*, p. 144.

A forma em versos, lembrando os romanceiros e as cantigas lusitanas, introduz uma nova perspectiva para a figura de Sepé Tiaraju, além de abrir uma vertente mais popular, uma "outra vertente [...] que vai desaguar em Simões Lopes Neto, e a partir dele em toda a atual experiência do que, no Rio Grande do Sul, se chama Tradicionalismo".[42]

É também o primeiro texto em que Sepé é o foco dos acontecimentos, é personagem central e protagonista. Composto de conjuntos de estrofes emolduradas por um refrão, que formam subgrupos temáticos, a narração retrocede aos tempos primordiais e idílicos das Missões ainda não ameaçadas pelos exércitos das coroas ibéricas. Essa quebra ocorre pelo interesse dos governos ibéricos em acabar com a paz, pois os "Reis Vizinhos queriam / Acabar com as Missões".[43] As últimas estrofes do poema são as que eternizam Sepé. Essas passagens dão ao guerreiro um verdadeiro estigma de herói, atribuindo-lhe uma importância mais do que fundamental para a Guerra Guaranítica:

> Sepé foi erguido
> Pela mão do Deus-Senhor, [...]
> E, subindo para as nuvens,
> Mandou aos povos benção! [...]
> Sepé-Tiaraiú ficou santo
> Amém! Amém! Amém!...[44]

É nítida a ideia de intercessor atribuída ao herói. Para o catolicismo, os santos são seres que realizaram grandes obras em vida ou que simplesmente defenderam a justiça e, dessa forma, após a morte, são recompensados podendo interceder em favor dos vivos, enviando à terra bênçãos dos céus. Segundo Antônio Cecchin, "além de herói, para quem tem fé cristã, ele é também

---

42. Fischer, *op. cit.*, p. 20.
43. Lopes Neto, p. 144-145.
44. *Ibid.*, p. 154.

A constelação romântica: período formativo

santo. Jesus Cristo disse que 'não há maior prova de amor do que dar a vida por aqueles a quem se ama!'".[45]

A importância de "O lunar" para a revitalização do mito de Sepé reside tanto no nível temático quanto na forma poética, recuperada em inúmeros poemas e canções.

Tiaraju (1945), de Manoelito de Ornellas (1903-1969)

Gênero literário novo na apreensão da figura de Sepé, o romance[46] introduz elementos da vida ordinária na narrativa conferindo-lhe um aspecto desmitificado, um herói que se afasta do modelo épico, imutável. Sepé vê-se transformado em uma personagem dilemática que tem obrigações com o seu povo, mas que também é caracterizado por relacionamentos pessoais, representados, por exemplo, no envolvimento amoroso com uma noiva[47], Jussara, e a possibilidade de uma descendência física do herói.

Composto de vinte capítulos, em que se percebem nitidamente três momentos – a paz missioneira, a figura de Sepé e a derrota dos indígenas. Além da intenção de manter a fidelidade histórica — "Sepé não é uma criação da fantasia. É um herói de carne e osso"[48] — ainda que acrescente vários elementos puramente ficcionais, a publicação de *Tiaraju* se inscreve nesse movimento de retomada de valores tradicionais ligados à cultura gaúcha, movimento de reafirmação identitária incentivado pela criação do Movimento Tradicionalista Gaúcho (MTG), com os diversos CTGs.[49]

---

45. Entrevista, via *e-mail*.

46. *Tiaraju* foi publicado em 1945, teve uma segunda edição em 1960 e uma terceira em 1966.

47. Tau Golin, em *Sepé Tiaraju*, p. 32, ironiza tal fato: "Deram-lhe uma aflitiva noiva, que, cheia de paixão, ficava babando as contas do rosário enquanto ele andava envolvido com o invasor. Transformaram-no num europeizado personagem do romantismo".

48. Manoelito de Ornellas, *Tiaraju*, p. 17.

49. Essa vinculação pode ser vista em *O primeiro caudilho rio-grandense*, de Mansueto Bernardi, bem como na nomeação de CTGs e, principalmente, em canções e poemas,

Tiaraju é obra em que Sepé aparece mais bem descrito, mais burilado, se comparado às obras anteriores, não se atendo à descrição física. Sepé é analisado, também, pelos dotes que o tornam um grande guerreiro, bem de acordo com os jogos e disputadas tradicionais gaúchas. Atreladas a essa caracterização de guerreiro, surgem marcas do caráter de Sepé, das suas atitudes, da autonomia de pensamento do herói por meio da sua capacidade de contestação.

Mesmo na Batalha de Caiboaté, ocorrida três dias depois da morte do herói, sua atuação é destacada: *"Sepé combate de novo para morrer de novo!* E o nome do índio é o brado de guerra, a ordem de avançar, a palavra de conforto ao cair no campo da peleja, naquele último palmo das Missões".[50] Os guaranis necessitavam de um motivo maior para continuar lutando por uma causa que já sabiam perdida. E esse motivo encontraram no momento em que recorreram ao sobrenatural, no momento em que, inspirando-se na "santidade" de Sepé, que imaginavam estar lutando com eles, imbuíram-se de uma nova esperança de vitória. A santidade de Sepé pode ter origem no imaginário dos guaranis e nas apropriações populares; e as façanhas do herói foram passando, de boca em boca, de geração em geração, sedimentando-se no imaginário popular gaúcho.

"A fonte", de Erico Verissimo (1905–1975)

Erico Verissimo insere Sepé em *O tempo e o vento*, no episódio "A fonte", de *O Continente* (1949), iniciando sua trilogia no período das Missões Jesuíticas, aludindo a um período da paz e prosperidade anterior ao Tratado de Madri (1750). Dividida em nove subcapítulos, "A fonte" inicia em 1745 com as divagações do Padre Alonzo, o narrador, que, nos três subcapítulos iniciais,

---

como "Sepé Tiaraju", de Barbosa Lessa.

50. Ornellas, *op. cit.*, p. 104, grifo nosso.

A constelação romântica: período formativo

apresenta, sob o ponto de vista do jesuíta, as condições de vida nas Missões, a rotina de trabalho, as celebrações religiosas. Apenas no quarto subcapítulo surge um elemento puramente ficcional, com a chegada de uma indígena grávida, que dá à luz um menino, Pedro. É esse personagem — fundador do clã dos Terra, junto com Ana Terra — que estabelece as relações com Sepé. Nos dois últimos subcapítulos — que contam a história de Sepé — são narrados acontecimentos como a morte de Sepé, figura com a qual a sua vida se cruza, pois o menino "imaginava-se um guerreiro como o corregedor, o alferes real Tiaraju, que era o homem que ele mais admirava na redução".[51] Sepé aparece largamente caracterizado sem que se privilegie uma ação correlata à exegese, permitindo a descrição das habilidades do Corregedor — "Sabia ler e escrever com fluência [...] Ninguém melhor que ele domava um potro ou manejava o laço; poucos podiam ombrear com ele no conhecimento e trato da terra; e aquela guerra mostrava que ninguém o suplantava como chefe militar e guerrilheiro".[52] Também o encontro com o comandante Gomes Freire de Andrade e a recusa ao beija-mão[53] são descritos.

A importância de Sepé no capítulo "A fonte" não reside na sua caracterização intrínseca, mas nas relações que a personagem pode estabelecer com outras questões importantes, principalmente nas relações internas dentro da obra em si — a vinculação de Sepé com o pai de Pedro, com São Miguel, com o próprio Pedro, protagonista e admirador do líder guarani. Essa admiração, adicionada ao misticismo de Pedro, resultou num "movimento de canonização" a Sepé. É Pedro quem nota o lunar na testa de Sepé — "Olhem... Deus botou um lunar na testa de

---

51. Erico Verissimo, *O Continente*, p. 67.

52. *Ibid.*, p. 76.

53. *Ibid.*, p. 57: "Apeie e beije a mão do general – intimidou-o o intérprete. O índio baixou para ele um olhar de desdém e respondeu: Beijar a mão do teu general? A troco de quê? Pensas acaso que estou na terra dele e não na minha?". Cena idêntica é descrita por Escandón, em 1760; por Ornellas, em 1945; e Cheuiche, em 1975.

Sepé"[54] — e "A alma de Sepé subiu ao céu e virou estrela. [...] Deus botou também na testa da noite um lunar como o de São Sepé".[55] O elemento místico transforma-se aqui na hagiologia católica: São Sepé.

Sepé não fica restrito ao episódio de "A fonte", pois, mais adiante, em outros episódios da obra, a morte de Sepé pode ser associada ao personagem de Ricardo Amaral, que se vangloria de ter participado da Batalha de Caiboaté — "Contava-se até que fora Ricardo Amaral quem numa escaramuça derrubara com um pontaço de lança o famoso alferes real Sepé Tiaraju, a respeito do qual corriam tantas lendas".[56]

Sepé Tiaraju: romance dos Sete Povos das Missões, de Alcy Cheuiche

Publicado pela primeira vez em 1975 e contando com inúmeras edições[57], o Sepé forjado por Cheuiche é aquele que melhor se adapta às pretensões dos movimentos populares atuais: não é o herói épico que busca a guerra, mas o guerreiro que defende sua oprimida nação indígena.

Além desse sentido ideológico, alia-se a ele um jogo de oposições: de um lado, a civilização missioneira está associada ao progresso, à cultura, ao desenvolvimento; de outro, as civilizações coloniais ibéricas representam o retrocesso.

A vinculação de Sepé com os sem-terra é explicitada por Luís Pilla Vares, na contracapa do romance de Cheuiche:

> Este é um livro de compromisso radicalmente ético com todos os deserdados da terra; com Sepé, seus guaranis

---

54. *Ibid.*, p. 56.

55. *Ibid.*, p. 60.

56. *Ibid.*, p. 165.

57. A obra foi traduzida para o espanhol e para o alemão, adaptada e editada em quadrinhos e em braile. A mais recente edição, de 2015, é uma edição ilustrada, bilíngue português-alemão.

A constelação romântica: período formativo

> e, através deles, com Zumbi e seus quilombolas, com os favelados, com os meninos de rua, com todos os que trabalham a terra e não a possuem ou dela são expulsos na velha história que o capitalismo repete desde que surgiu no mundo expelindo sangue por todos os seus poros. Este livro é um grito.[58]

A obra adquire, dessa forma, um caráter de compromisso social que não se revelava nas demais obras analisadas. Por isso, esse Sepé de Cheuiche interessa à Igreja — às Comunidades Eclesiais de Base — e ao MST, pois esse herói problematiza a questão agrária no estado e surge como o herói que lutou pela terra, lutou contra as injustiças impostas pelos representantes do poder colonial.

Sepé revela-se um líder nato, congregando qualidades essenciais a um guarani — representadas pela habilidade bélica — bem como a um cristão — representadas por valores como a defesa dos fracos e oprimidos.

A morte de Sepé é apresentada como decorrência de uma guerra cruel e não como fatalidade, e a cena da batalha é minuciosamente descrita. Sem elementos místicos, é possível explicar que Sepé, embora tenha sido um guerreiro incomparável, morreu em combate, o que é uma consequência natural da guerra. Todavia é nesse momento crucial dos acontecimentos que o lunar de Sepé se destaca como um sinal enviado por Deus de que aquele indígena "era o símbolo vivo da vitória".[59] Com a morte do guerreiro, entretanto, acabou a fé na vitória. Os guaranis tornaram-se presa fácil para os exércitos ibéricos e tiveram seus povos dizimados: "Com ele morria também a grande nação guarani".[60]

É interessante notar que a narrativa acaba com a morte de Sepé e o episódio, três dias depois, da Batalha de Caiboaté aparece em um Posfácio, mostrando a intenção do autor em

---

58. Alcy Cheuiche, *Sepé Tiaraju*: romance dos Sete Povos das Missões, contracapa.
59. *Ibid.*, p. 168-169.
60. *Ibid.*, p. 181.

centrar seu foco na personagem e não no episódio, que terá desdobramentos posteriores. Mesmo assim, a qualidade mística de continuar intervindo nas ações se percebe na medida em que Sepé "aparece" na Batalha de Caiboaté: "Na mente dos índios sobreviventes, começava a nascer a lenda que o iria santificar".[61] No entanto, a atuação *post-mortem* do herói é relativizada pelo narrador, que não adere à ideia de intervenção e atribui as aparições de Sepé ao imaginário indígena.

A obra de Cheuiche encaminha-se para uma outra corrente interpretativa: a razão de contar a história de Sepé não está só presa ao passado histórico da civilização missioneira guarani e seu elogio, mas atualiza-se, em uma visão engajada, em favor dos desfavorecidos. Cheuiche insere a célebre figura do herói guarani num debate atual e amplo:

> Sepé Tiaraju, mais de duzentos anos depois de sua morte, é reconhecido pela História Universal como símbolo da resistência guarani, não menos importante que Cuautemoc, o índio que comandou a resistência dos astecas. Incorporado também à lenda e ao folclore do sul do Brasil, Sepé Tiaraju é constantemente lembrado como exemplo de amor à terra em que nasceu.[62]

Outras e novas versões

Além das versões literárias mais conhecidas e já referidas, há novas publicações e adaptações. O viés histórico permanece, por exemplo, na publicação de Osório Santana Figueiredo. Nesse sentido, Luís Rubira publica, em 2012, *Sepé Tiaraju e a Guerra Guaranítica*, que narra os acontecimentos centrados nos aspectos históricos. Destaca-se, em primeiro lugar, a coleção "A luta de cada um" da editora, que "mostra brasileiros notáveis que

---

61. *Ibid.*, p. 179.
62. *Ibid.*, p. 182.

A constelação romântica: período formativo

corajosamente, enfrentaram inúmeros desafios em busca de um mundo melhor".[63] Focada num público infantojuvenil, a obra se vale da intercalação de textos e documentos setecentistas, notadamente os diários, cartas e o próprio Tratado de Madri — marcados com letras de outra cor — e com a narrativa dos acontecimentos de 1753 a 1756.

Com enredo e roteiro de Luiz Gatto e desenhos de Plínio Quartim, *Sepé Tiaraju: o índio, o homem, o herói* é publicado, em meio digital, 2010. O texto, além de agregar as imagens, mapas e quadrinhos, inova por contrapor dois tempos: o passado e a atualidade. A obra começa com os guaranis no Brique da Redenção, em Porto Alegre, vendendo artesanato. Diante da indiferença da população, o pai dá ao jovem filho um colar, dizendo que não se trata de um colar qualquer, pois foi de um grande herói. A partir daí, em cortes temporais não lineares, conta a história das Missões e seu funcionamento, a história de Sepé (ressaltando a cicatriz pela escarlatina[64], a noiva Juçara, o casamento e a gravidez dela) e os desdobramentos da Guerra Guaranítica (o Tratado de Madri, ataques ao Forte de Rio Pardo, a atuação de padre Balda, a morte de Sepé). No tempo presente, ao final, o pai diz ao filho que "hoje, no dia de seu aniversário, Sepé foi reconhecido como herói nacional. [...] E em vez de sussurrar aos guaranis, Sepé vai bradar, só que agora ao ouvido de todos os brasileiros".[65]

Ainda que as versões escritas continuem somando-se a esse inventário de obras literárias, há que se destacar, principalmente, as narrativas dos próprios guaranis, narrativas orais compiladas por pesquisadores, veiculadas na imprensa ou em vídeos. Catafesto e Morinico, num trabalho etnográfico sobre a territorialidade das Missões, apontam que o espaço da Missão de São

---

63. Luís Rubira, *Sepé Tiaraju e a Guerra Guaranítica*, contracapa.

64. A explicação lógica para a cicatriz é claramente apropriada da obra de Cheuiche, p. 80: "Seu rosto ainda mostrava a passagem da doença, principalmente na testa, onde a descamação lhe deixara uma cicatriz em forma de meia-lua".

65. Luiz Gatto; Plínio Quartim, *Sepé Tiaraju: o índio, o homem, o herói*, p. 51.

Miguel não reside numa idade de ouro perdida, nem numa visão ingênua dos guaranis. Nos depoimentos dos mbyá-guarani, além de se perceber a vitalidade do mito, que se recria, se multiplica, também Sepé surge múltiplo e ressignificado entre os indígenas. Por exemplo, na fala do *karaí* Augusto Duarte (Augustinho): "Havia muitos canaviais e ervais. Cadê isso tudo, onde ficou? Sepé lutava para não entregar isso tudo. Pensam [os brancos] que ele morreu, mas para nós ele não morreu, parta deixar história. Nós temos que valorizar as palavras de Sepé 'Essa terra tem dono!' e não entregar".[66]

A vitalidade literária passa agora pelas narrativas orais[67], pelas revitalizações do mito, por outras "formas", como as HQ, o meio digital e os audiovisuais. Brum e Jesus registram, a partir os vídeos *Tava: a casa de pedra* (2011) e *Desterro guarani* (2011), a fala:

> O Sr. Adolfo [...] diz que a morte de Sepé foi comemorada pelos brancos como se nenhum Guarani mais restasse. O que não sabiam era que o karaí e a kunhã karaí que viviam ali conseguiram entrar por debaixo da terra, indo até o Paraguai, onde construíram uma tava. Augusto e Florentina, que vivem na aldeia Cantagalo, também dizem que ouviam contar que Sepé não morreu, apenas fingiu.[68]

Considerações finais

As múltiplas e facetadas representações de Sepé permitem não só recuperar aquelas que já se efetivaram, como também prever que elas ainda seguirão diversos caminhos. Do herói guerreiro, de caráter épico; do "primeiro caudilho rio-grandense", na expressão

---

66. José Otávio Catafesto de Souza; José Cirilo Pires Morinico, "Fantasmas das brenhas ressurgem nas ruínas: Mbyá-Guaranis relatam sua versão sobre as Missões e depois delas", p. 326-327.

67. A discussão de literatura como escrita e oral merece um debate mais amplo, que não se fará aqui.

68. Brum; Jesus, *op. cit.*, p. 218.

A constelação romântica: período formativo

de Mansueto Bernardi, símbolo autêntico da mitificação do gaúcho; da luta pela terra e pela resistência guarani; do santo popular, ligado assim à Igreja e canonizado pelo povo, Sepé atualiza-se nas diferentes versões literárias, a que se poderiam acrescentar as versões orais e musicais. Para além das homenagens, quer na penetração antroponômica de Sepé em instituições públicas e privadas, quer nas leis e no projeto de canonização, a última "metamorfose" de Sepé em um sem-terra, em um pobre-diabo (na nomenclatura de Erico aos gaúchos que não têm cavalos, nem terras, nem nada), já fora intuída pela literatura.

Para além disso, é uma voz americana que permite que Sepé seja um herói que transcenda os limites territoriais e simbólicos tão circunscritos às Missões. Ao contrário, ele pode representar, exatamente, esse debate sobre particular e geral, sobre regionalidade e brasilidade ou mesmo americanidade. A história do Rio Grande pode ser, paralelamente, comparada à de Sepé. Fora do centro do país, estado e herói problematizam outro aspecto importante da construção do ser brasileiro: a exclusão, ou não, do periférico na formação do regional (ou nacional). O indígena, na cultura brasileira, foi absorvido como raça e não mais é nomeado como traço cultural e menos ainda como ancestralidade — possivelmente porque ancestralidade invisibilizada e recalcada, algo da ordem do trauma. Reside aí o problema de Sepé, porque nomeia a civilização guarani, adjetiva-a na sua predisposição às lidas campeiras e em diversos traços culturais típicos do homem do Pampa, para além das fronteiras dos Estados-nação. Aceitar essa influência implica reforçar a diversidade das regiões e confrontar o projeto de construção de uma nação una e homogênea, o que, de forma irônica, materializa-se nas duas leis – herói gaúcho e missioneiro e herói da pátria. Entre apropriações ideológicas distintas e a cosmopolítica guarani, Sepé segue mais vivo que nunca, e pode ser o que queiramos, ou o que os guaranis queiram.

Referências

AMARAL, Anselmo F. *Sepé Tiaraju*. Porto Alegre: Assembleia Legislativa do Estado, 1976.

BARBOSA, Fernandes. *Sepé, o morubixaba rebelde*: poema. Prefácios de Manoelito de Ornellas e Walter Spalding. [Porto Alegre], edição do autor, s.d.

BERNARDI, Mansueto. *O primeiro caudilho rio-grandense*: fisionomia do herói missioneiro Sepé Tiaraju. Porto Alegre: Globo, 1957.

BIBLIOTECA DIGITAL da Câmara Federal. *Sepé Tiaraju*: o índio, o homem, o herói. Enredo e roteiro de Luiz Gatto. Direção de arte e desenhos de Plínio Quartim. Brasília: Câmara dos Deputados, Edições Câmara, 2010. Disponível em: http://bd.camara.gov.br/bd/handle/bdcamara/4384. Acesso em: 22 jul. 2024.

BOND, Rosana. Guaranis desmentem livros e revelam nova história. *A Nova Democracia*, v. 6, n. 4, fev. 2008. Disponível em: https://anovademocracia.com.br/no-40/1515-guaranis-desmentem-livros-e-revelam-nova-historia. Acesso em: 22 jul. 2024.

BRUM, Ceres Karam. *"Esta terra tem dono"*: representações do passado missioneiro no Rio Grande do Sul. Santa Maria: Ed. da UFSM, 2006.

BRUM, Ceres Karam. O mito de Sepé Tiaraju: etnografia de uma comemoração. *Redes*, Santa Cruz do Sul, v. 12, n. 3, p. 5-20, set./dez. 2007.

BRUM, Ceres Karam; JESUS, Suzana Cavalheiro de. Mito, diversidade cultural e educação: notas sobre a invisibilidade guarani no Rio Grande do Sul e algumas estratégias nativas de superação. *Horizonte Antropológico*, Porto Alegre, v. 21, n. 44, p. 201-227, dez. 2015.

CANDIDO, Antonio. A dois séculos de O Uraguai. *In*: CANDIDO, Antonio. *Vários escritos*. São Paulo: Duas Cidades, 1995, p. 181-209.

CHAVES, Vania Pinheiro. *O Uraguai e a fundação da literatura brasileira*. Campinas: Ed. da UNICAMP, 1997.

CHEUICHE, Alcy. *Sepé Tiaraju*: romance dos Sete Povos das Missões. 6. ed. Porto Alegre: AGE, 2004.

A constelação romântica: período formativo

CUNHA, Jacinto Rodrigues da. Diário da expedição de Gomes Freire de Andrada às Missões do Uruguai pelo Capitão Jacinto Rodrigues da Cunha, testemunha presencial. *Revista do Instituto Histórico e Geográfico do Brasil*, Rio de Janeiro, 3ª série, n. 10, 2° trimestre, 1853, p. 18-321.

ESCANDÓN, Juan de. *História da transmigração dos Sete Povos Orientais*. São Leopoldo: Instituto Anchietano de Pesquisas, 1983.

FIGUEIREDO, Osório Santana. *Vida e morte de Sepé Tiaraju*. São Gabriel: Ed. do Autor, 2005.

FISCHER, Luís Augusto. Lendas do Sul: um roteiro de leitura. *In*: LOPES NETO, Simões. *Lendas do Sul*. Porto Alegre: Artes e Ofícios, 2002, p. 7-35.

GAMA, José Basílio da. *Obras poéticas de Basílio da Gama*. Ensaio introdutório e edição crítica de Ivan Teixeira. São Paulo: EDUSP, 1996.

GATTO, Luiz (roteiro); QUARTIM, Plínio (ilustrações). *Sepé Tiaraju*: o índio, o homem, o herói. Brasília: Câmara dos Deputados; Edições Câmara, 2010.

GOLIN, Tau. A *Guerra Guaranítica*: como os exércitos de Portugal e Espanha destruíram os Sete Povos dos jesuítas e índios guaranis no Rio Grande do Sul (1750–1761). Passo Fundo: Ed. da UPF; Porto Alegre: Ed. da UFRGS, 1998.

GOLIN, Tau. *Sepé Tiaraju*. Porto Alegre: Tchê!, 1985.

GUTFREIND, Ieda. A *historiografia rio-grandense*. Porto Alegre: Ed. da UFRGS, 1992.

HENIS, Tadeu. Efemerides de la Guerra de los Guaranies desde el año de 1754, ó Diario de la Guerra del Paraguay. *In*: COLECCIÓN GENERAL DE DOCUMENTOS tocantes a la tercera época de las commociones de los Regulares de la Compañia en el Paraguay. Madrid: Imprenta Real, 1770. Tomo IV.

KERN, Arno Alvarez. *Missões*: uma utopia política. Porto Alegre: Mercado Aberto, 1982.

LOPES NETO, Simões. *Lendas do Sul*. Porto Alegre: Artes e Ofícios, 2002.

NUSDORFFER, Bernardo. Relatório da transmigração e guerra dos Sete Povos do Rio Grande do Sul. *In*: TESCHAUER, Carlos. *História do Rio Grande do Sul dos dois primeiros séculos*: v. 3. 2. ed. São Leopoldo: Ed. da UNISINOS, 2002, p. 241-600.

ORNELLAS, Manoelito. *Tiaraju*. Porto Alegre: Alvorada, 1966.

PORTO, Aurélio. *História das Missões Orientais do Uruguai*: segunda parte. 2. ed. rev. e melh. por Luís Gonzaga Jaeger. Porto Alegre: Selbach, 1954. (Jesuítas no sul do Brasil, vol. 4)

PRITSCH, Eliana Inge. *As vidas de Sepé*. 2004. Tese (Doutorado em Literatura Brasileira) – Universidade Federal do Rio Grande do Sul, Porto Alegre, 2004. 2 v.

QUEVEDO, Júlio. *Aspectos das Missões no Rio Grande do Sul*. 4. ed. Porto Alegre: Martins Livreiro, 1998.

QUEVEDO, Júlio. *Guerra Guaranítica*. São Paulo: Ática, 1996. (Guerras e Revoluções Brasileiras).

ROSA, Othelo. Sepé Tiaraju e o Rio Grande (Parecer da Comissão de História, firmado por Othelo Rosa, Moysés Vellinho e Afonso Guerreiro Lima e aprovado pelo Instituto Histórico e Geográfico do Rio Grande do Sul). *Correio do Povo*, Porto Alegre, 26 nov. 1955.

RUBIRA, Luís. *Sepé Tiaraju e a Guerra Guaranítica*. São Paulo: Callis, 2012.

SCHÜLER, Donaldo. *Na conquista do Brasil*. São Paulo: Ateliê, 2001.

SOUZA, José Otávio Catafesto de; MORINICO, José Cirilo Pires. Fantasmas das brenhas ressurgem nas ruínas: Mbyá-Guaranis relatam sua versão sobre as Missões e depois delas. *In*: KERN, Arno; SANTOS, M. Cristina dos; GOLIN, Tau (Dir.). *Povos indígenas*. Passo Fundo: Méritos, 2009. v. 5. (Coleção História Geral do Rio Grande do Sul).

TEIXEIRA, Ivan. Epopeia e modernidade em Basílio da Gama. *In*: GAMA, José Basílio da. *Obras poéticas de Basílio da Gama*. São Paulo: EDUSP, 1996, p. 17-186.

TESCHAUER, Carlos. *História do Rio Grande do Sul dos dois primeiros séculos*. 2. ed. São Leopoldo: Ed. da UNISINOS, 2002. 3 v.

VERISSIMO, Erico. *O tempo e o vento* – O Continente I e II. 2. ed. rev. São Paulo: Globo, 2002.

VERÍSSIMO, José. *História da literatura brasileira*: de Bento Teixeira (1601) a Machado de Assis (1908). 5. ed. Introdução de Heron de Alencar. Brasília: Ed. da UnB, 1998.

Autores do volume

Ana Cristina Pinto Matias

Professora de Literatura do Ensino Médio Politécnico da Rede Estadual do Rio Grande do Sul. Atuou como professora substituta do Instituto de Letras e Artes da Universidade Federal do Rio Grande (FURG). Graduada, mestre e doutoranda em Letras (História da Literatura) pela FURG. Foi bolsista de Apoio Técnico nível 1A do CNPq.

Ana Lúcia Liberato Tettamanzy

Professora do Instituto de Letras e no Programa de Pós-Graduação em Letras da Universidade Federal do Rio Grande do Sul (UFRGS). Graduada, mestre e doutora em Letras pela UFRGS. Coordena o projeto de pesquisa integrado (CNPq) "Letras e vozes dos Lugares" e o Projeto de Extensão "Quem conta um conto — contadores de histórias". Foi docente da "Ação Saberes Indígenas na Escola — Grupo UFRGS", promovida pela Secretaria de Educação Continuada, Alfabetização, Diversidade e Inclusão do Ministério da Educação. Entre outros escritos, foi coorganizadora do livro *Lugares de fala, lugares de escuta nas literaturas africanas, ameríndias e brasileira* (2018).

Artur Emilio Alarcon Vaz

Professor da Universidade Federal do Rio Grande (FURG). Graduado em Letras pela FURG; mestre em Literatura pela Universidade Federal de Santa Catarina (UFSC); doutor em Estudos Literários pela Universidade Federal de Minas Gerais (UFMG). Organizou diversos livros, entre os quais *Literatura, história e fontes primárias* (2013), *Carlos von Koseritz: novelas* (2014), *Contos: Juana Manuela Gorriti* (2017), *Práticas de ensino de literatura: do cânone ao contemporâneo* (2017) e *O homem maldito: romance brasileiro* (2023).

Denise Espírito Santo

Professora no Instituto de Artes da Universidade do Estado do Rio de Janeiro (UERJ); professora Procientista da UERJ e do Programa de Pós-Graduação em Artes e Cultura Contemporânea (PPGARTES). Graduada no Bacharelado em Teoria do Teatro pela Universidade Federal do Estado do Rio de Janeiro (UNIRIO); mestre em Literatura Brasileira pela Universidade Federal do Rio de Janeiro (UFRJ); doutora em Teoria Literária pela UFRJ. Dramaturga e diretora teatral, com destaque para o projeto "Zona de Contato" (com financiamento FAPERJ). Realizou estágio pós-doutoral na NYU, Performance Studies, e na Universidade de Buenos Aires.

Donaldo Schüler

Professor titular aposentado em Língua e Literatura Grega da Universidade Federal do Rio Grande do Sul (UFRGS). Professor do Programa de Pós-Graduação em Filosofia da Pontifícia Universidade Católica do Rio Grande do Sul (PUCRS). Doutor em Letras e livre-docente pela UFRGS e pela PUCRS. Ministrou cursos em nível de graduação e de pós-graduação no Brasil e no exterior (Estados Unidos, Canadá, Uruguai, Chile, Argentina). Recebeu vários prêmios e comendas, como a Comenda do Infante D. Henrique (Portugal), em 1974. Recebeu o título de Professor Emérito da UFRGS (2007). Entre dezenas de publicações, entre ensaios, traduções, poesia e ficção, é autor de O *tatu* (1983).

Eliana Inge Pritsch

Professora da Universidade do Vale do Rio dos Sinos (UNISI-NOS), atuando nos cursos de Letras e de Realização Audiovisual (CRAV). Graduada em Letras (Português-Latim) pela Universidade Federal do Rio Grande do Sul (UFRGS); mestre em Letras, área de Literatura Brasileira pela UFRGS; doutora em Letras, área de Literatura Brasileira, Literatura Portuguesa e Literaturas Luso-Africanas, pela UFRGS. Foi professora da Faculdade Porto-Alegrense (FAPA).

Flávio Wolf de Aguiar

Professor aposentado de Literatura Brasileira da Faculdade de Filosofia, Letras e Ciências Humanas da Universidade de São Paulo (USP). Escritor, crítico literário, tradutor e jornalista, reside atualmente em Berlim, na Alemanha. Foi professor convidado em diversas universidades da Europa, África, América do Norte e América Latina. Foi premiado quatro vezes com o Jabuti da Câmara Brasileira do Livro, duas pela participação em obras coletivas e duas individualmente, com A *comédia nacional no teatro de José de Alencar* (categoria Ensaio, 1984) e *Anita* (categoria Romance, 2000).

Gerson Roberto Neumann

Professor de Literatura e Língua Alemã na Universidade Federal do Rio Grande do Sul (UFRGS). Graduado em Licenciatura Letras Português-Alemão pela Universidade do Vale do Rio dos Sinos (UNISINOS); mestre em Letras (Ciência da Literatura-Literatura Comparada) pela Universidade Federal do Rio de Janeiro (UFRJ); doutor em Ciências da Literatura pela Freie Universität Berlin (FU-Berlin), com bolsa DAAD. Pós-doutorado com bolsa CAPES/Alexander von Humboldt na Universität Potsdam. É pesquisador-fundador do Centro de Estudos Europeus e Alemães (CDEA) e integrante do Núcleo de Estudos da Tradução (NET) da UFRGS. Ocupa a cadeira de número 21 do Instituto Histórico de São Leopoldo.

Guto Leite (Carlos Augusto Bonifácio Leite)

Professor do Instituto de Letras da Universidade Federal do Rio Grande do Sul (UFRGS). Bacharel em Linguística pela Universidade Estadual de Campinas (UNICAMP); especialista, mestre e doutor em Literatura Brasileira pela UFRGS; Estágio de pós-doutorado e professor visitante na Universidad de Buenos Aires. Autor de sete livros de poesia, um romance e três discos.

João Luis Pereira Ourique

Professor da Universidade Federal de Pelotas (UFPel). Graduado em Letras-Português e Inglês, pelo Centro Universitário Franciscano; mestre em Letras pela Universidade Federal de Santa Maria (UFSM); doutor em Letras (UFSM). Estágios de pós-doutorado na Universidade Federal do Rio Grande do Sul (UFRGS) e na Universidade Federal de Minas Gerais (UFMG). Líder do grupo de pesquisa do CNPq "Ícaro" (UFPel) e pesquisador dos grupos de pesquisa do CNPq "Literatura e Autoritarismo" (UFSM) e

"História da Literatura do Rio Grande do Sul" (UFRGS). É um dos editores da revista eletrônica *Literatura e Autoritarismo*.

Ligia Chiappini

Professora de Teoria Literária e Literatura Comparada na Universidade de São Paulo (FFLCH-USP) e Literatura e Cultura Brasileira na Freie Universität Berlin (LAI-FU-Berlin); em ambas, atua na pós-graduação. Sócia-fundadora e ex-dirigente da Associação de Professores de Língua e Literatura (APLL); do Centro Ángel Rama (São Paulo); e do Centro de Pesquisas Brasileiras (Berlim). Autora de vários livros e artigos, muitos deles sobre regionalismo, literatura gaúcha e, mais especialmente, João Simões Lopes Neto.

Luciana Murari

Professora de História da Escola de Humanidades da Pontifícia Universidade Católica do Rio Grande do Sul (PUCRS), onde atua no Programa de Pós-Graduação em História. Graduada em Ciências Econômicas e mestre em História pela Universidade Federal de Minas Gerais (UFMG); doutora em História Social pela Universidade de São Paulo (USP). Pós-doutorado em História pela PUCRS. Autora de *Brasil, ficção geográfica: ciência e nacionalidade no país d'Os Sertões* (2007) e *Natureza e cultura no Brasil* (2009), além de capítulos de livros e de diversos artigos publicados em periódicos nacionais e estrangeiros. É bolsista de produtividade em pesquisa do CNPq.

Luís Augusto Fischer

Professor de Literatura Brasileira da Universidade Federal do Rio Grande do Sul (UFRGS). Graduado, mestre e doutor em

Letras pela UFRGS. Estágio de pós-doutorado na Sorbonne, Paris VI (2014-2015), França. Professor visitante na Universidade de Princeton (2023), EUA. Autor de vários livros, entre os quais *Machado e Borges* (2008), *Duas formações, uma história: das "ideias fora do lugar" ao "perspectivismo ameríndio"* (2021) e *A ideologia modernista: a Semana de 22 e sua consagração* (2022).

Maria Eunice Moreira

Professora aposentada da Escola de Humanidades da Pontifícia Universidade Católica do Rio Grande do Sul (PUCRS), onde atuava na graduação e na pós-graduação em Letras. Graduada em Letras pela Universidade da Região da Campanha (URCAMP) e em Ciências Jurídicas e Sociais pela Universidade Federal de Santa Maria (UFSM); especialista em Teoria Literária pela PUCRS; especialista em Língua e Literatura Espanhola pelo Instituto de Cooperación Iberoamericana; mestre e doutora em Letras (Teoria Literatura) pela PUCRS. Pós-doutorado na Fundação Biblioteca Nacional de Lisboa (2001), Portugal. Foi editora dos periódicos *Navegações* — Revista de Cultura e Literaturas de Língua Portuguesa e *Letras de Hoje*. É membro do Centro de Literaturas de Expressão Portuguesa (CLEPUL) da Universidade de Lisboa.

Mauro Nicola Póvoas

Professor de Literatura no Instituto de Letras e Artes da Universidade Federal do Rio Grande (FURG), onde atua na graduação e na pós-graduação. Graduado em Letras pela FURG; mestre e doutor em Letras (Teoria da Literatura) pela Pontifícia Universidade Católica do Rio Grande do Sul (PUCRS). Pós-doutorado na Universidade de Lisboa. Autor dos livros *Uma história da literatura: periódicos, memória e sistema literário no Rio Grande do*

Sul do século XIX (2017); *Periodismo e literatura no Rio Grande do Sul do século XIX* (2018); e *Sociedade Partenon Literário: história e temas* (2024).

Patrícia Lima

Graduada em Comunicação Social pela Universidade Católica de Pelotas (UCPel) e em Letras pela Universidade Federal do Rio Grande (FURG); mestre e doutoranda em Literatura Brasileira pela Universidade Federal do Rio Grande do Sul (UFRGS), com pesquisa sobre Simões Lopes Neto e Augusto Meyer, respectivamente. Publicou, com Luís Augusto Fischer, *Inquéritos em contraste — João do Sul* (2016), com as crônicas de Simões Lopes Neto publicadas sob esse pseudônimo, e estudos atinentes.

Sylvie Dion

Professora do Instituto de Letras e Artes e do Programa de Pós-Graduação em Letras (História da Literatura) da Universidade Federal do Rio Grande (FURG). Mestre em Etnologia pela Universidade Laval de Québec e doutora em Literatura Comparada pela Universidade de Montreal. Autora de vários artigos que tratam da literatura oral, das lendas tradicionais e contemporâneas, *faits divers*, cultura e literatura populares. Coorganizadora dos livros *L'amérique française: introduction à la culture québécoise* (1988), traduzido ao português em 1999; *Pequena antologia da poesia quebequense* (2009); e *A literatura na história, a história na literatura: textos canadenses em tradução* (2013).

Este livro foi composto com fonte tipográfica
Transit BT 11pt e impresso sob papel pólen 80g/m^2
pela Pallotti, em Porto Alegre, às vésperas da
70º Feira do Livro, na primavera de 2024.